Hans Licht
Liebe und Ehe in Griechenland

SEVERUS

Licht, Hans: Liebe und Ehe in Griechenland
Hamburg, SEVERUS Verlag 2013
Nachdruck der Originalausgabe von 1925
Mit zahlreichen Abbildungen und Tafeln

ISBN: 978-3-86347-603-8
Druck: SEVERUS Verlag, Hamburg, 2013

Der SEVERUS Verlag ist ein Imprint der Diplomica Verlag GmbH.

Bibliografische Information der Deutschen Nationalbibliothek:
Die Deutsche Nationalbibliothek verzeichnet diese Publikation in der Deutschen Nationalbibliografie; detaillierte bibliografische Daten sind im Internet über http://dnb.d-nb.de abrufbar.

© **SEVERUS Verlag**
http://www.severus-verlag.de, Hamburg 2013
Printed in Germany
Alle Rechte vorbehalten.

Der SEVERUS Verlag übernimmt keine juristische Verantwortung oder irgendeine Haftung für evtl. fehlerhafte Angaben und deren Folgen.

SEVERUS

LIEBE UND EHE IN GRIECHENLAND

ERSTES KAPITEL

Die Liebe des Mannes zum Weibe

1. Hier stock' ich schon, wer hilft mir weiter fort, möchte ich mit Faust ausrufen, nachdem ich in der Darstellung der griechischen Sitten bis zu dem Kapitel vorgerückt bin, das sich mit den verschiedenen Formen zu beschäftigen hat, unter denen sich das Liebesleben abspielte. Nicht etwa, als ob es an Stoff mangelte, ganz im Gegenteil, das zu behandelnde Gebiet erwies sich schon bei der Sammlung des Materials als fast erdrückend in seiner Fülle. Die große, kaum zu überwindende Schwierigkeit liegt vielmehr darin, daß die als Ideal vorschwebende, doch wenigstens annähernd zu erreichende Vollständigkeit es unumgänglich notwendig macht, eine Menge von Dingen zu sagen, die man in deutscher Sprache schwer ausdrücken kann. Krafft-Ebing in seiner bekannten Psychopathia sexualis spricht im Vorwort der ersten Auflage über dieselbe Schwierigkeit und sagt: „Damit diese Blätter nicht Unberufenen als Lektüre dienen, sah sich der Verfasser veranlaßt, einen nur dem Gelehrten verständlichen Titel zu wählen, sowie, wo immer möglich, in terminis technicis sich zu bewegen. Außerdem schien es geboten, einzelne besonders anstößige Stellen statt in deutscher, in lateinischer Sprache zu geben."

Dieser Ausweg ist denn in der Tat auch von manchen Gelehrten gewählt worden. Wenn ich mich trotzdem nicht dazu entschließen konnte, so geschah es einmal deshalb, weil der beständige Übergang von der einen zur anderen Sprache — und im vorliegenden Falle hätte als dritte auch noch die griechische Sprache hinzukommen müssen — nicht nur die Schönheit des Satzspiegels empfindlich beeinträchtigt und selbst von den des Lateinischen und Griechischen kundigen Lesern als recht störend empfunden wird, sondern hauptsächlich in der Erwägung, daß man heutzutage bei dem bedeutenden, zwar tief beklagenswerten, aber nicht wegzuleugnenden Rückgange der klassischen Studien die Lektüre nicht solchen Männern und Frauen unmöglich machen darf, die zwar über eine genügende Allgemeinbildung verfügen, aber die Sprache der Griechen und Römer nicht oder doch wenigstens nicht in dem Umfange beherrschen, um die Kapitel, die nur zu einem Drittel in deutscher, zu den beiden andern Dritteln aber in lateinischer und griechischer Sprache geschrieben sein müßten, mit ausreichendem Verständnis lesen zu können. In diesem Werke ist die Schwierigkeit dadurch behoben worden, daß die betreffenden Stellen in den Ergänzungsband, der nur für Gelehrte bestimmt ist, verwiesen wurden.

2. Wir haben es im vorliegenden Kapitel nur mit dem normalen Geschlechtsverkehr, d. h. zwischen einem männlichen und weiblichen Partner zu tun; alles andere wird in späteren Kapiteln behandelt. Da über die seelische Komponente im griechischen Liebesleben bereits früher ausführlich gesprochen ist, bleibt hier noch die Darstellung der physischen oder rein sinnlichen Seite übrig. Wir erinnern uns, daß nach der Meinung des Altertums und hauptsächlich der Griechen die Liebe, d. h. das Physische in der Liebe eine Krankheit ist oder eine mehr oder weniger heftige Form des Wahnsinns. Mit dem ersten Ausdruck wollten sie sagen, daß die Liebe, also der sinnlich-erotische Trieb auf einer Störung des gesunden Gleichgewichtes des Körpers und der Seele beruhe, so daß unter dem Zwange des erotischen Verlangens die Seele ihre Herrschaft über den Körper verliere, während der Ausdruck Irrsinn so zu verstehen ist, daß erotisches Begehren an sich nur durch die Annahme einer vorübergehenden Trübung der Verstandestätigkeit zu begreifen sei. Es ist interessant genug, daß die moderne Sexualwissenschaft zur Erklärung der erotischen Phänomene die Existenz eines „Andrin" und „Gynäzin" voraussetzt, d. h. chemischer, im Körper sich bildender Stoffe, die rauschartig wirken, also eine vorübergehende Herabsetzung der intellektuellen Fähigkeiten bewirken.

Der große Philosoph Hartmann macht sich, wie schon Schopenhauer, diese Anschauung zu eigen und zieht daraus, scheinbar logisch, die Konsequenzen, wenn er sagt: „Die Liebe verursacht mehr Schmerz als Lust. Die Lust ist nur illusorisch. Die Vernunft würde gebieten, die Liebe zu meiden, wenn nicht der fatale Geschlechtstrieb wäre — ergo wäre es am besten, wenn man sich kastrieren ließe." Ich nenne diese Schlußfolgerung nur scheinbar logisch, denn Hartmann wußte noch nicht oder dachte nicht daran, daß die Kastration den Geschlechtstrieb durchaus nicht aufhebt. Die Griechen wußten das, wie, von vielen anderen Stellen abgesehen, die von Philostratos überlieferte Geschichte beweist, in der ein Eunuch ein unsittliches Attentat auf eine Haremsdame ausübt. Von der Bedeutung der Kastration in der griechischen Kultur werde ich später zu sprechen haben; hier kam es mir nur darauf an, zu zeigen, daß die Griechen wußten, daß das Messer keine Hilfe gegen die Krankheit Liebe bringt. Wenn Theokrit sein bekanntes Gedicht, mit dem er an den Liebesschmerzen seines Freundes, des milesischen Arztes Nikias, teilnimmt, mit den Worten beginnt:

> „Nie ward gegen die Liebe ein anderes Mittel bereitet,
> Nikias, weder in Salbe, so scheint es mir, noch in Latwerge,
> Als der Musengesang. Ein kräftiger Linderungsbalsam,
> Wuchs er unter den Menschen, wiewohl nicht jeder ihn findet",

so beweist er, daß den Griechen das einzige Heilmittel gegen die Liebe, das es gibt, recht wohl bekannt war, das war aber und ist noch heute die bewußte Ablenkung des Geistes durch intensive Beschäftigung, ganz gleich welche es auch sei; harte Arbeit, wie der einfache Fischer in einem anderen theokriteischen Gedichte rät, oder, wie Theokrit in der eben zitierten Stelle vorschlägt, Beschäftigung mit der Dichtung, d. h. geistige Tätigkeit überhaupt[1].

3. Die Griechen wußten aber als die klugen Seelenärzte, die sie waren, nicht nur das Heilmittel gegen die Krankheit Liebe, sie kannten auch die Wege, auf denen sich dieses Seelengift in den Organismus einschleicht, um sich dort festzusetzen.

Die Eingangspforte für den Bacillus eroticus, den Träger der Liebeskrankheit, war nach ihrer Meinung das Auge. „Unwiderstehlich ist", sagt Sophokles, „der bezaubernde Reiz der Augen des bräutlichen Mädchens, ihr unbekämpfbares Spiel treibt in ihnen die Göttin Aphrodite." Bei Euripides heißt es, daß „Eros aus den Augen die Sehnsucht träufelt, süße Wonnen in der Seele derer weckend, die er bezwingen will," und Pindar beginnt eine Ode mit den Worten:

> „Jugend, mächtiger Herold Aphroditens, wonniger Werke der Liebe,
> Der du auf der Knaben, auf der Mädchen süßen Wimpern thronst."

Aischylos spricht von dem „sanften Pfeile der Liebe, der aus den Augen strahlt, der herzzernagenden Krone des Liebreizes" oder von dem „Zaubergeschoß des Mädchenauges".

Achilles Tatios endlich sagt: „Die Schönheit verwundet schlimmer als ein Geschoß und dringt durch die Augen in die Seele ein, denn das Auge ist der Weg für die Wunden der Liebe."

Die in holder Schamhaftigkeit lieblich errötenden Wangen des Mädchens erwecken im Manne die Liebe oder, wie Sophokles so schön sagt: „Eros hat sein Zelt in den weichen Wangen der Jungfrau aufgeschlagen" oder Phrynichos: „Auf den purpurroten Wangen leuchtet das Feuer der Liebe." Wenn dann das Mädchen, wie es einmal bei Simonides heißt,

---

[1] Naturkinder wie Daphnis und Chloë in dem Schäferroman des Longus (s. oben Bd. I, S. 242 ff.) sind freilich anderer Meinung: „Gegen die Liebe gibt es kein Mittel, weder ein Tränklein, noch ein Pülverlein, noch ein Liedlein. Dagegen hilft nur küssen, sich herzen und sich nackt zusammen lagern." Long. past. II 7, 7.

„vom Purpurmund die Stimme schickt", dann ist der Liebende besiegt und wenn dann noch, um mit Aristophanes zu sprechen, dem Mädchen

„Aphroditens Hauch und der sehnsuchtsinnige Eros
In Busen und Schoß hold lächelnd erweckt die schlummernde Glut des Verlangens",

dann ist kein Widerstand mehr, dann bereiten sich vor die „schmeichelnden Werke der Liebe". Lippen auf Lippen gepreßt verharren die beiden Liebenden lange in zärtlicher Umarmung, die Lippen öffnen sich und die Zungen liebkosen einander[1], während die Hände des Jünglings die Brüste des Mädchens umfassen und die prallen Äpfel[2] wollüstig betasten, aus den Küssen werden zärtliche Bisse, zumal auf die Schulter und die Brüste, von denen der Jüngling mit fiebernder Hand das Kleid herabgezogen hat. Längst hat er ihr den „jungfräulichen Gürtel" gelöst; nun trägt er seine schöne Beute auf das mit Blumen geschmückte Lager und vollbringt nach tausend wechselseitigen Zärtlichkeiten und Kosewoten das Opfer der Liebe.

Die einzelnen hier erwähnten Phasen des Liebesspiels, die sich mit Leichtigkeit noch weiter hätten ausmalen lassen, sind sämtlich antiken Schriften entnommen, worüber an verschiedenen Stellen des Werkes Rechenschaft abgelegt wird. Natürlich sollte das Liebesspiel nur in einer, aber typischen Form geschildert werden; in Wirklichkeit waren die Phasen der sinnlichen Liebe selbstverständlich auch bei den alten Griechen in Reihenfolge sowohl als in ihren Formen unerschöpflich.

4. Unter den Küssen erfreute sich der sogenannte Topf- oder Henkelkuß besonderer Beliebtheit. „Nimm bei den Ohren mich und gib den Henkelkuß" hieß es in einer Komödie des Eunikos. Name und Sache gehören ursprünglich dem Kinderleben an: man nahm das Kind an beiden Ohren und küßte es, wobei das Kind mit seinen Patschhändchen ebenfalls nach den Ohren des Küssenden greifen mußte.

Eine nicht minder beliebte Zärtlichkeit der Griechen war der Kuß auf die Schultern oder die Brüste, wozu man in den Gedichten der Anthologie und den Elegien unzählige Belegstellen findet.

---

[1] Die Griechen nannten den Zungenkuß Kataglóttisma, z. B. Arist. nub. 53; das Verbum dazu ist kataglottizein, z. B. Poll. 2, 109.

[2] Plaut. Pseud. I 1, 63 (Gurlitt):

    All unser Lieben, Beisammenleben, Lust und Scherz,
    Geplauder, unsrer süßen Küsse Wechselspiel
    Und die Umklammerung in heißer Liebeslust,
    Der weichen Lippen wonniges Zusammenspiel,
    Der starren Busenknöpfchen zarte Drückerei usw.

Mit dem weiblichen Busen hat die antike Literatur und Kunst einen wahren Kult getrieben. Durch nichts wird der Schönheitsenthusiasmus der Griechen für den weiblichen Busen in helleres Licht gerückt als durch die bekannte Geschichte von Phryne und ihrem Verteidiger Hypereides. Phryne ist schweren Verbrechens angeklagt; der Gerichtshof ist versammelt, schon neigt sich die Wage, die schöne Sünderin soll verurteilt werden. Da reißt Hypereides ihr das Gewand auf und entblößt des Busens strahlende Herrlichkeit, und der Schönheitssinn der Richter ließ sie davor zurückschrecken, die Trägerin solcher Reize zu verurteilen. Eine glühendere Verherrlichung des weiblichen Busens ist in der Tat nicht denkbar. Oder man erinnere sich, was früher (Bd. I, S. 41) von Menelaos erzählt wurde, der beim Anblick der entblößten Brüste der Helena ihres Ehebruchs vergaß und ihr Verzeihung gewährte.

Die Freude des Mannes an diesen Reizen spiegelt sich denn auch in den Werken der griechischen Literatur und Kunst wider. Man müßte ein besonderes Buch schreiben, wollte man die Stellen alle sammeln, in denen der Schönheit des Busens gehuldigt wird und die Wonne des Mannes beim Anblick und zärtlichen Kosen dieser Reize zum Ausdruck kommt.

Von den unzähligen Stellen seien wenigstens einige angeführt. Nonnos nennt die Äpfelchen der weiblichen Brust „Wurfspeere der Liebe". Bei demselben Autor lesen wir, wie der Liebende „der prallen Brust schwellendes Rund drückt", oder wie Dionysos „der Brust des vor ihm stehenden Mädchens die liebende Hand nähert, wie er scheinbar zufällig die ausladende Rundung des Kleides berührt und beim Befühlen der schwellenden Brüste die Hand des weibertollen Gottes bebt". An anderer Stelle im selbigen Gedicht: „Als Lohn halte ich zwei Äpfel in der Hand, die als Zwillingsfrucht auf einer Erde wuchsen." Bei Theokrit fragt das Mädchen: „Was tust du, du Satyr, warum greifst du mir in die Brüste?" Worauf Daphnis erwidert: „Um deine schwellenden Äpfel erst mal zu probieren." Aristophanes: „Und was du für ein schönes Rundchen von Busen hast"[1].

[1] Die älteste mir bekannte Stelle, wo die weiblichen Brüste in griechischer Literatur mit Äpfeln verglichen werden, ist fr. 40 des Komikers Krates (CAF I 142), wo sich auch ihr Vergleich mit den Früchten des Erdbeerbaums (arbutus) findet. Ich gebe noch einige Parallelen aus anderen Literaturen. So heißt es bei Ariost, Rasender Roland,
X 96:
„Könnt' er nicht ganz genau die helle Träne,
Die zwischen Rosen und Ligustern quillt,

Zu der Entkleidungsszene und dem nur schüchternen Widerstande des Mädchens sei Ovid zitiert: „Nun riß ich ihr das Kleid vom Leibe, das so dünn war, daß es nicht viel geschadet hätte, und doch kämpfte sie noch darum, sich mit ihm zu bedecken. Bei diesem Kampfe, den sie ernstlich gar nicht gewinnen wollte, wurde sie nicht schwer durch ihren eigenen Verrat besiegt. Als sie nun nackt vor mir stand, konnten meine Augen an ihrem ganzen Körper keinen Makel erblicken. Was für Schultern, was für Arme sah ich und durfte ich berühren; die wohlgeformten Brüste, wie füllten sie meine liebkosenden Hände! Wie straffte sich, durch keine Runzel entstellt, der Leib unter den strotzenden Brüsten, wie schöngeformt und üppig der Popo, wie jugendschlank die Beine! Was soll ich noch Einzelheiten aufzählen? War doch alles, was ich sah, untadlig, und entzückt preßte ich die Nackte an meinen Körper... Mögen mir noch oft solche Schäferstunden beschert sein!"

An anderer Stelle sagt Ovid: „Sie wird sich vielleicht zunächst sträuben und ‚Du ganz Schlimmer!' sagen, und bei dem Sträuben selbst wird sie sich besiegt wünschen."

              Der herben Äpfel holdes Paar betauen,
              Das goldne Haar vom Wind gefächelt schauen."

VII 14:

              „Der runde Hals erreicht den Schnee an Reine,
              Die Brust ist weiß wie Milch und voll und schön,
              Zwei Äpfel herb und wie von Elfenbeine
              Gehn auf und ab, wie bei der Lüfte Wehn
              Das Meer netzt und entblößt des Ufers Steine."

Konrads trojanischer Krieg (von den Brüsten der Helena):

              „als ob zwên epfel wönneclich
              ir waren dar gestecket."

Bürger:

              „und suche den Baum, den Baum,
              der den Apfel der Liebe dir trug."

Goethe, Faust I, Walpurgisnacht (V. 3772) Faust mit der jungen Hexe tanzend:

              „Einst hatt' ich einen schönen Traum,
              Da sah ich einen Apfelbaum,
              Zwei schöne Äpfel glänzten dran,
              Sie reizten mich, ich stieg hinan."

                  Die Junge:
              „Der Äpfelchen begehrt ihr sehr
              Und schon vom Paradiese her:
              Von Freuden fühl' ich mich bewegt,
              Daß auch mein Garten solche trägt."

Dem Inhalte nach wären hier zu erwähnen noch zwei Epigramme der Palatinischen Anthologie, nämlich des Philodemos und des Dioskurides, die wir beide in anderem Zusammenhange schon früher mitgeteilt haben.

Zu den erotischen und zumal ganz intimen Berührungen wurde mit Vorliebe die linke Hand verwendet. So heißt es bei Ovid: „Dann wünschte ich dich bei mir, um deine Brüste zu betasten und mit der linken Hand dir in das Kleid zu greifen."

Eine detaillierte Schilderung des Geschlechtsaktes selbst kann ich mich nicht erinnern, in den griechischen Quellenschriften gelesen zu haben; das ist wohl kein Zufall, sondern eine Folge des ästhetischen Empfindens der Griechen, die derartiges nur in den eigentlich pornographischen Büchern duldeten; wohl aber finden sich in der römischen Literatur solche Schilderungen mehrfach.

Dschami in Jussuf und Suleika 15. Gesang (von den Brüsten Suleikas):
 „Zwei frische Äpfel, welche einen Zweig geziert."
Vgl. auch Goethe in dem Gedichte „Der Müllerin Verrat."
Gesamtabenteuer III 3, 114:
 „dô sach er stân ir brüstelîn,
 alsam zwei pardîsepfelîn."
Günther, Gedichte (1746) Bd. I, p. 264 (Weltliche Oden und Lieder 48):
 „Dieser Garten wird zur Wüsten
 Und dein Auge mir zur Nacht:
 Denn ein Griff nach deinen Brüsten
 Hat dich so erzürnt gemacht.
 Solcher Äpfel Milch-Korallen
 Heißen die verbotne Frucht,
 Die ich auf den Marmorballen
 Mir zum Tode selbst gesucht."
Daumer I, 134:
 „es gab um einen Apfel einst mein Vater Edens Wonnestand,
 es gibt ihn um die Äpfelchen im Busen hier mein Minnebrand."
Auch im Arabischen. Vgl. „Tausendundeine Nacht", übertragen von M. Henning (Leipzig, Reclam) I, S. 76: „Ein anderes Mädchen von schlankem Wuchs und schwellendem Busen ... mit einem Antlitz wie der Vollmond beim Aufgang, mit zwei Brüsten wie zwei gleiche Granatäpfel" usw.

ZWEITES KAPITEL

Die Masturbation

5. Das wichtigste und häufigste Surrogat der Liebe ist die Selbstbefriedigung oder die Onanie, ein Ausdruck, an dem man, wie falsch er auch ist, wird festhalten müssen, da das von Hirschfeld vorgeschlagene Wort Ipsation sich nicht eingebürgert hat.[1]
Da die Selbstbefriedigung im griechischen Kulturleben eine nicht geringe Rolle spielte, ist es nicht möglich, sie hier ganz zu umgehen, doch muß das meiste darüber in den Ergänzungsband verwiesen werden. Die Onanie galt bei den Griechen nicht wie bei uns als ein Laster. Wie gegen die meisten Sexualphänomene, so hatten sie auch gegen die Masturbation nicht die moralischen Bedenken unserer Zeit. Sie wußten zwar, daß sie im Übermaß betrieben werden und dann schädlich wirken kann, aber sie wußten auch, daß das von jedem Genusse gilt. So betrachteten sie die Onanie als Ersatz, als ein von der Natur geschaffenes Ventil, das Geschlechtskrankheiten und Tausende von Sittlichkeitsverbrechen mit ihren Folgen, uneheliche Mutterschaft, Gefängnis, Selbstmord verhütete.[2]
6. Zur Terminologie der Selbstbefriedigung sei zunächst bemerkt, daß die griechische Sprache dafür beachtenswert viele Ausdrücke hat.[3] So sagte man für masturbieren: cheirurgein[4], anaphlan, apotylun, dephein, dephesthai, aposkolyptein. Bei Aristophanes liest man das Substantivum „ein Anaphlyster". Im Griechischen gewinnt dieser Ausdruck noch dadurch, daß es tatsächlich einen attischen Demos (Gau) Anaphlystos gab.

---

[1] Der Ausdruck „Onanie" ist wohl in alle Kultursprachen übergegangen, zumal seit das erste wissenschaftliche Buch über die Selbstbefriedigung von dem Lausanner Arzt S. A. Tissot im Jahre 1760 geschrieben war mit dem Titel De l'onanisme ou dissertation physique sur les maladies produites par la masturbation. Der Ausdruck geht bekanntlich zurück auf 1. Mos. 38, 9, wo aber Onan, der Sohn des Judah, etwas ganz anderes, als was man heute unter Onanie versteht, nämlich den sogenannten coitus interruptus oder reservatus ausübt. Hirschfeld sagt für Onanie Ipsation in seiner Sexualpathologie, Teil I, Bonn, Marcus und Weber 1917.

[2] Ich habe diese Gedanken eingehender behandelt in dem Aufsatze „Betrachtungen zur Blüherfehde" in Marcuse's Zeitschrift für Sexualwissenschaft, Bd. VIII, Mai 1921, Seite 69 f.

[3] Der in manchen medizinischen Handbüchern gebrauchte Ausdruck Cheiromanie = Leidenschaft mit der Hand ist nicht antik.

[4] Daher stammt das noch heute in der Medizin übliche Wort Chirurg und Chirurgie. Es ist vielleicht nicht jedem „Wundarzt" bekannt, was sein griechischer Name „Chirurg" ursprünglich bedeutet.

Das heute noch gebräuchliche Wort Masturbation kommt von dem lateinischen masturbare, was wahrscheinlich aus manus und stuprare zusammengezogen ist.

7. Die Onanie wurde in Griechenland als Ersatz der natürlichen sexuellen Entspannung betrachtet und von Menschen ausgeübt, denen es an der Gelegenheit zu sexuellem Verkehr fehlte, wovon noch manche Schriftsteller Zeugnis ablegen.

8. Bei der wie heute[1] so selbstverständlich auch im alten Griechenland ungeheuren Verbreitung der Onanie ist es begreiflich, daß auch die bildenden Künstler, zumal in Werken der Kleinkunst, auf Vasen und Terrakotten sich gern derartige Szenen zum Vorwurf wählten. So besitzt das Musée royal zu Brüssel eine Schale, auf der ein bekränzter masturbierender Jüngling dargestellt ist.

9. Wenn in der griechischen Literatur von der Selbstbefriedigung des weiblichen Geschlechts nicht so oft die Rede ist, so hat das seinen Grund selbstverständlich nur darin, daß eben in den alten Schriftquellen von den Frauen überhaupt weniger als von den Männern gesprochen wird, und es wäre sehr verkehrt, daraus den Rückschluß zu ziehen, daß die griechischen Mädchen und Frauen der Onanie nicht ebenso gehuldigt hätten wie die Knaben und Jünglinge. Immerhin reden manche Stellen der Schriftwerke noch heute zu uns von den Heimlichkeiten der griechischen Mädchen. Diese Stellen beweisen, was wir auch ohne sie mit Sicherheit annehmen würden, daß die Selbstbefriedigung der Mädchen auch im alten Griechenland entweder nur durch die Hand oder mit Hilfe dazu passender Werkzeuge erfolgte.

Diese Werkzeuge oder Selbstbefriediger nannten die Griechen Baubon oder Olisbos. Sie wurden hauptsächlich in der reichen und üppigen Handelsstadt Milet fabriziert und von dort nach allen Gegenden exportiert. Näheres erfahren wir aus dem sechsten Mimiambus des Herondas, mit dem Titel „Die beiden Freundinnen oder das vertrauliche Gespräch". Es handelt sich um zwei Freundinnen, die zunächst etwas verschämt, dann aber sehr ungeniert über diese Olisben sich unterhalten. Metro hat gehört, daß ihre Freundin Koritto bereits im Besitze eines

---

[1] Darüber sehr gründlich und ausführlich M. Hirschfeld in seiner Sexualpathologie Bonn, Marcus und Weber 1917, Teil I, S. 131 ff. Daraus zitiere ich: Professor Oskar Berger sagt: „Die Masturbation ist eine so verbreitete Manipulation, daß von hundert jungen Männern und Mädchen neunundneunzig sich zeitweilig damit abgeben und der Hundertste, wie ich zu sagen pflege, der reine Mensch, die Wahrheit verheimlicht."

solchen Olisbos oder, wie sie es nennt, eines Baubon ist. Dieser ist von der Koritto schon einer intimen Freundin geliehen worden, noch ehe sie selbst sich dessen bedient hat; diese, Eubule mit Namen, hat ihn aber indiskret weiter verliehen, so daß ihn auch Metro gesehen hat, die nun vor Verlangen brennt, das Instrument ebenfalls geliehen zu erhalten, gleichzeitig aber auch den Namen des Meisters zu erfahren, der solche Ware liefert. Sie erfährt, daß er Kerdon heißt, doch das genügt ihr nicht, da sie ja zwei Meister dieses Namens kennt, „denen sie freilich diese Kunst nicht zutrauen möchte; es ist auffällig, wie genau sie über die Schuster des Städtchens, ihre Leistungsfähigkeit und Kundschaft unterrichtet ist". Koritto beschreibt darauf den Meister genauer und gerät dabei in Verzückung über die von ihm angefertigten Wunderwerke von Baubonen.

Metro geht dann, um sich auch solch Kleinod zu verschaffen.

Der ganze kulturhistorisch höchst wichtige Mimiambus ist zu lang, um hier völlig mitgeteilt werden zu können; man mag ihn im Urtext oder in der deutschen Übersetzung von Otto Crusius nachlesen.

Einen solchen Olisbos gebrauchten die Mädchen nun teils allein in der verschwiegenen Stille des Schlafzimmers, teils bedienten sich zwei Frauen gemeinschaftlich eines solchen. Auf gemeinschaftliche Benutzung deutet unter anderen eine Stelle in der „Erotes" betitelten Schrift des Lukian, die ich im Jahre 1920 zum ersten Male aus dem Griechischen übersetzt und ausführlich erläutert habe. Sittlich entrüstet ruft Charikles dort aus: „Die Erfindung schamloser Instrumente verwertend, den monströsen Zauberstab unfruchtbarer Liebe, soll das Weib beim Weibe schlafen wie ein Mann; jenes Wort, das bisher nur selten an das Ohr drang — ich schäme mich, es zu nennen — tribadische Unzucht mag zügellos ihre Triumphe feiern."

Der Name Baubon erinnert sichtlich an Baubo, die aus einem später mitzuteilenden Grunde durch ihre Entblößung den Alten zum Symbol der Schamlosigkeit wurde (s. Bild) und nicht erst bei Goethe (Faust I, Walpurgisnacht) auf einem Mutterschwein reitet.

Bacchus und Ariadne. Pompejanisches Wandgemälde

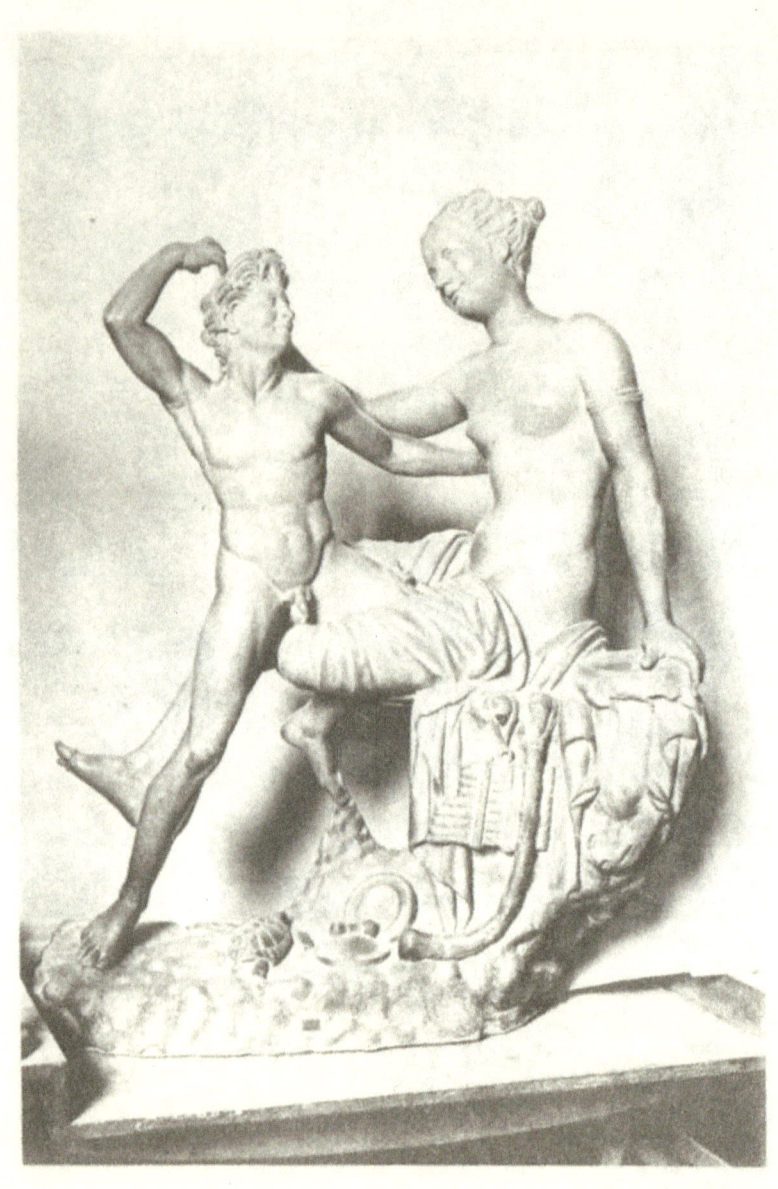

Satyr und Hermaphrodit. Berlin, Antiquarium

DRITTES KAPITEL

Tribadische Liebe

10. Die eben zitierten Worte des Charikles führen uns ungezwungen zu der Besprechung der sogenannten Tribadie. Unter Tribaden[1] versteht man solche Mädchen, die gemeinsam geschlechtliche Handlungen begehen, sei es nun durch Betasten, durch Cunnilinctio, durch den Olisbos oder durch natürliche Ausübung des Beischlafs. Das letztere klingt im ersten Augenblick unmöglich und doch ist es, wie medizinische Autoritäten versichern, gar nicht so selten. Ich habe aus begreiflichen Gründen keinen Anlaß, mich über das rein Anatomische dieser Vorgänge näher auszusprechen, sondern verweise auf die medizinischen Handbücher. Was uns hier interessiert, ist das Literarische, d. h. der Niederschlag, den die Tribadie in der Literatur gefunden hat.

Der Name Tribade ist der bei den griechischen Lexikographen übliche, von den Römern meist übernommene Ausdruck für ein Weib, das gleichgeschlechtlichem Verkehr huldigt; daneben kommt der Ausdruck Hetairistria und Dihetairistria vor, die beide von Hetaira = Freundin abgeleitet sind; spätlateinisch findet sich auch Frictrix, wörtlich Reiberin, von fricare, reiben.

Wie wir durch Lukian wissen, war nach der allgemeinen Anschauung des Altertums der gleichgeschlechtliche weibliche Verkehr zumal auf der Insel Lesbos üblich, weshalb man noch heute von „lesbischer Liebe" spricht. Aus Lesbos stammt nicht nur Sappho, die Königin der Tribaden, sondern auch jene Megilla, die Heldin des berühmten tribadischen Gesprächs in Lukians Sammlung von Hetärengesprächen. Nach Plutarch waren Liebschaften unter Frauen auch in Sparta sehr häufig. Doch sind das natürlich nur gelegentliche Erwähnungen; in der Tat war die gleichgeschlechtliche weibliche Liebe im griechischen Altertum selbstredend ebenso wenig an Zeit und Ort gebunden wie heutzutage.

11. Neben den literarischen Zeugnissen sollen auch bildliche Darstellungen kurz erwähnt werden. Bloch stellt folgende zusammen: „Eine Schale des Pamphaios im Britischen Museum zeigt eine nackte Hetäre, die zwei Olisben zur Hand hat; dieselbe Darstellung trägt, wie es scheint, eine Schale des Euphronios. Das Motiv der letzteren Figur, einer nackten Hetäre mit einem Schenkelband am rechten Beine, ist der lederne Olisbos, dessen sich die Hetäre bedient. Der eiförmige Gegen-

---

[1] Tribade oder Tribas von tribein.

stand, den die Hetäre in der rechten Hand hält, kommt wiederholt auf den Vasen dieser Zeit vor, so z. B. in der Hand eines Epheben im Innenbilde der Schale des Hieron im Louvre. Es ist ein Flakon, aus welchem die Hetäre den Phallos mit Öl beträufelt.

In der Vasensammlung des Berliner Museums befindet sich eine Vase mit einer sehr interessanten Darstellung, die anzudeuten scheint, daß die Frauen sich nach dem Gebrauche eines Olisbos zu waschen pflegten. Furtwängler beschreibt sie folgendermaßen: ‚Eine nackte Frau ist im Begriffe, die Sandale an den linken Fuß festzubinden; sie beugt sich vor, zieht mit beiden Händen die roten Bänder an sich und hat sich, um dem Fuße näher zu sein, etwas ins rechte Knie hinabgelassen; so ist der Raum trefflich gefüllt. Daß sie sich soeben gewaschen hat, deutet ein flaches Becken zu ihren Füßen an. Rechts von ihr erkennt man den Umriß eines großen Phallos im freien Raume, ihr zugekehrt'.

Mehrere Terrakotten in Neapel mit solchen Sujets beschreiben Gerhard und Panofka: Nr. 20 eine sitzende nackte Frau, einen Phallos umarmend, der schlauchartig vorn über ihr liegt. Desgleichen Nr. 24 und Nr. 18.

Nr. 16 eine liegende kahlköpfige Alte, den linken Arm auf das Kissen ihres Lagers gestützt und einen vor ihr liegenden Phallos mit Wehmut betrachtend."

Zu nennen wäre außerdem noch das rotfigurige Vasenbild von einer attischen Hydria (Wasserkrug) des 5. Jahrhunderts v. Chr., jetzt im Berliner Antiquarium. Es stellt ein nacktes Mädchen mit üppigen Brüsten und noch üppigeren Hinterbacken dar, das einen riesigen Phallos in Form eines Fisches unter dem rechten Arme trägt.

12. Eine berühmte Tribade war Philainis aus Leukadia, die wohl auch die erste war, die über tribadische Stellungen ein nach Lukian wohl illustriertes Buch schrieb; allerdings wird in einer Grabschrift, die ihr Aischrion aus Samos gesetzt hatte, ihr dieses obszöne Buch abgesprochen. Ob die von Martial oft erwähnte Philaenis mit der eben genannten identisch ist, läßt sich nicht sicher sagen; wahrscheinlicher ist der Name von Martial erfunden, um für die von ihm geschilderten Ausschweifungen eine Sammeladresse zu haben.

Die bedeutendste Frau aber und die berühmteste, die nach den übereinstimmenden Zeugnissen des Altertums, ebenso aber auch nach dem, was sich von ihrem Nachlaß bis auf unsere Zeit gerettet hat, zu den Tribaden gerechnet werden muß, war Sappho, oder wie sie sich in ihrem äolischen Dialekt selbst nennt Psappha, die gefeierte Dichterin, die zehnte Muse, wie sie die begeisterten Griechen nennen oder wie Strabo einmal sagt, das Wunder unter den Frauen. Sie war geboren etwa 612 v. Chr. zu Eresos auf der Insel Lesbos, nach anderen Nachrichten in Mytilene, als Tochter des Skamandronymos. Sie hatte drei Brüder, von denen der eine, Charaxos, längere Zeit in Naukratis (Ägypten) mit der koketten Hetäre Doriche, genannt Rhodope (Rosenwange) zusammenlebte; sein Leichtsinn wird von Sappho in einem Gedichtfragment getadelt. Der zweite Bruder, Eurygios, ist nur dem Namen nach bekannt, der dritte, Larichos, war wegen seiner hervorragenden Schönheit Mundschenk im Prytaneum (Rathaus) zu Mytilene. Ihre Verheiratung mit Kerkylas aus Andros, nur von Suidas erwähnt, ist unwahrscheinlich und wohl auf die Komödie zurückzuführen, in der schon früh das Privatleben der Sappho durchgehechelt wurde und Sappho ganz im Gegensatz zur Wirklichkeit als mannstoll verspottet wurde[1]. Auch daß sie ein Töchterchen, namens Klaïs, gehabt habe, ist wohl nur Rückschluß aus einigen Stellen ihrer Gedichte, in denen sie von einem Mädchen Klaïs spricht, das ihr „wie Goldblümelein erblüht, prangend in der Anmut Reiz, das sie nimmer für ganz Lydien, nimmer für das schöne Lesbos hingäbe". Da in den sämtlichen Bruchstücken ihrer Dichtung die Liebe zum Manne nur einmal, und zwar absprechend erwähnt wird, dürfte auch Klaïs nicht die Tochter, sondern eine der Freundinnen der Sappho gewesen sein. Ganz in das Bereich der Fabel ist Sapphos Liebschaft mit dem schönen Phaon zu verweisen, die ebenso wie ihr vermeintlicher Todessprung in das Meer, weil Phaon ihrer überdrüssig geworden sein soll, auf das Mißverständnis des den Griechen geläufigen Bildes „Vom Leukadischen Felsen herab ins Meer springen" = „die Seele von Leidenschaften reinigen" zurückzuführen ist.

13. Sapphos Leben und Dichten ist durchaus erfüllt von der Liebe zum eigenen Geschlecht; sie ist mindestens im Altertum, vielleicht aller Zeiten die bekannteste Prophetin dieser Liebe, so daß dafür schon bei den Alten der Name „lesbische Liebe" aufkam. Sappho versammelte einen Kreis junger Mädchen um sich, unter denen Anagora, Euneika, Gongyla, Telesippa, Megara, Klaïs in den Gedichtfragmenten genannt werden; daneben wissen wir von Andromeda, Gorgo, Eranna, Mnasidika, Nossis. Mit diesen Freundinnen verband sie zunächst das poetische und musikalische Interesse: in ihrem „Musenhause" wurden die Mädchen in allen musischen Künsten, Spiel, Gesang, Tanz, unterwiesen. Sie

---

[1] Andros = Männerstadt; Kerkylas, abgeleitet von kerkos = Penis.

liebt ihre Mädchen mit heißer Glut, und diese Liebe spricht noch heute aus den spärlichen Fragmenten ihrer Dichtung mit solcher Leidenschaft, daß es ein zwar gutgemeinter, aber völlig aussichtsloser Versuch war, den Welcker und andere machten, Sappho von dem Vorwurf der gleichgeschlechtlichen Liebe reinzuwaschen. Nach der damaligen Auffassung und Gleichgültigkeit gegen derartige Dinge, galt ihre Neigung nicht als Laster, höchstens daß Sappho von gelegentlichem Spotte nicht verschont blieb, aber nicht wegen ihrer Triebrichtung, sondern wegen der Offenheit, mit der sie ihr Innerstes aufdeckte, und wegen des als Emanzipation empfundenen Heraustretens aus der für die griechische Frau damals noch geforderten Beschränkung auf das häusliche Leben.

Horaz trifft das Richtige, wenn er Sappho die „männliche" nennt. Das Männliche ihres Wesens erklärt ihre Liebe und ist der Schlüssel zum Verständnis ihrer Poesie. Sie wird von der Allgewalt des Eros erschüttert, „wie die Eichen vom Sturme". Ihre Poesie ist durchtränkt von namenlosem Glück wie abgrundtiefem Weh der Liebe; den Qualen der Eifersucht wie dem Schmerze erlittenen Undanks gibt der Gott in ihrer Brust erschütternden Ausdruck. Die liebste ihrer Geliebten war Atthis; selbst aus den kläglich verstümmelten Resten der Sapphischen Gedichte läßt sich noch heute der Herzensroman der beiden, durch hohe Schönheit des Geistes und Körpers ausgezeichneten Mädchen wenigstens in einzelnen Phasen erkennen.

14. In den Anfang der Liebe sind vielleicht die Worte zu setzen, mit denen sie sich selbst die mächtig auflodernde Leidenschaft eingesteht:

> „Eros quält mich von neuem mit Allgewalt,
> Das süßbittre, gewaltige Ungetüm."

Und noch einmal wird sie sich der Macht des Gottes offenbar, der sie nicht widerstehen kann, und gibt ihr in einem neuen Bilde Ausdruck:

> „Wie ein Sturm im Gebirg' auf die Eichen sich wirft mit Macht,
> So erschüttert mein Herz Eros' Allgewalt."

Freilich noch sucht sie die Leidenschaft zurückzudrängen, und ihrem Herzen entringt sich die rührende, den ganzen Zwiespalt ihrer Seele verratende Klage: „Weiß nicht, was ich beginne, geteilt ist die Seele mir." Doch der Kampf mit der Liebe ist vergeblich, sie gesteht es sich ein: „Wie ein Kind zu der Mutter, so fliege ich zu dir." Und als sie merkt, daß es ein vergebliches Beginnen ist, dem Wunsche ihrer Seele zu entsagen, da wendet sie sich mit kindlich frommer Bitte an die große

Trinkgelage. Wandgemälde aus Herkulaneum. Neapel, Nationalmuseum

Eros in einer Blüte

Schmückung der Pandora durch Athene und Hephaistos. London, Brit. Museum

Göttin, die ihr Leid versteht, und ihrem Dichtermunde entquillt jenes unsterbliche Lied an die „listenflechtende" Aphrodite. Ihr war ja vergönnt, zu sagen, was sie leidet, und so ist die Ode der Ausdruck eines frommen, aber von heißer Leidenschaft durchzitterten Herzens. Sie ruft die Göttin um Beistand an in der jetzigen Not ihrer Seele: sie möge wie auch sonst schon vom Himmel herabschweben und ihre Schmerzen lindern. Mit echter Dichterphantasie erneut sich vor ihrem Geiste das Bild der Göttin, wie sie schon früher leibhaftig ihr erschien, mit liebevoller Teilnahme nach dem Grund des Kummers fragte und Erfüllung ihrer Herzenswünsche verhieß. Und an diese Erinnerung knüpft sich die Bitte und die Hoffnung, daß auch diesmal die Unsterbliche ihr gnädig sein und ihr Beistand leisten werde:

„Du rosenthronende Göttin der Liebe,
Zeus' Tochter, Unsterbliche, nicht mit Schmerz,
Listsinnende, und nicht mit Leiden betrübe,
Erhabene Göttin, mein zagendes Herz.

Nein, komm zu mir, wenn du mitunter
Von fern mein brünstig Flehn vernahmst
Und von des Vaters Sitz herunter
Auf goldnem Wagen zu mir kamst.

Ihn deine weißen Tauben zogen
Mit schnellem Flug zur Erde her,
Die Flügel schwingend vom Himmelsbogen
Hinab durchs blaue Äthermeer.

Bald auch erschienen sie, aber voll Liebe
Lächelnd, Unsterbliche, fragtest du mich,
Was deine Sängerin wieder betrübe,
Was ich dich riefe sehnsüchtiglich.

Was in des Herzens schwärmendem Triebe
Ich mir ersehnte; welch sprödes Herz
Willst du nun wieder bestricken mit Liebe?
Wer nur, o Sappho, bereitet dir Schmerz?

Folgt sie dir nicht, bald wird sie es müssen.
Verschmäht sie die Gaben, sie gibt sie dir noch.
Küßt sie dich nicht, bald wird sie dich küssen,
Willst du es nicht, sie tut es dann doch. —

So komm' auch jetzt, und von der Leiden Schwere
Befreie meinen armen Sinn,
Und was das Herz ersehnt, gewähre,
Sei mir auch jetzt Mitkämpferin."

Solch rührender Bitte vermochte die gütige Gottheit nicht zu widerstehen: mindestens erfüllte sie das Herz ihres Schützlings mit Mut und froher Liebeszuversicht, so daß sie es über sich gewann, der Geliebten ihre Seele zu eröffnen in jenem zweiten der uns vollständig erhaltenen Lieder, das Longinus als ein Beispiel des Erhabenen anführt, das durch das Herausheben und Zusammenfassen der Hauptmomente erreicht wird:

> „Mit einem Gotte wollt' ich nimmer tauschen,
> Dürft' ich dir nahe sein zu jeder Stunde,
> Ins Antlitz dir zu schauen, deinem Munde,
> Wenn hold du lächelst, sinnverwirrt zu lauschen.
> Ich Arme! Meine Sinne hält umstrickt
> Ein Zauberbann, sobald ich dich erblickt,
> Die Rede stockt, die Zunge ist gelähmt,
> Ein rieselnd Feuer ist's, das mich durchströmt,
> Geheimnisvoller Klang tönt meinem Ohr
> Und meine Augen deckt ein nächt'ger Flor."

„Muß man nicht staunen," so lesen wir bei Longin weiter, „wie sie Seele, Körper, Ohr, Zunge, Augen, Farbe, alles, so verschiedenartig es auch an sich ist, zusammenfaßt und, die Gegensätze vereinigend, zugleich erkaltet und glüht, die Sinne verliert und wiederfindet; sie zittert und ist dem Tode nahe, so daß nicht nur eine einzige Leidenschaft an ihr zur Erscheinung kommt, sondern ein Konflikt von Leidenschaften."

Diesem Urteile schließen wir uns gewiß an und fügen hinzu, daß wir das Gedicht nicht für ein Abschiedslied halten möchten, wie das einige tun, sondern für das Werbelied einer heißen und offenen Seele, die nach vielleicht langem Kampfe nun endlich den Mut findet, dem geliebten Wesen einen Einblick in ihr Inneres, in noch nicht erfüllte Wünsche zu gewähren. Dieser Auffassung widerspricht nicht, daß sie einen Mann[1] glücklich preist, dem es vergönnt sei, den Anblick der geliebten Freundin zu genießen; denn einmal ist der Ausdruck sehr unbestimmt gehalten, so daß sie wohl eigentlich meint, glücklich sei jeder, der der Geliebten gegenübersitzt, dabei aber vornehmlich an sich selbst denkt, wobei immerhin noch möglich wäre, daß sie sich mit guter Absicht so ausdrückt, weil ihre mit lebhafter Phantasie den Ereignissen vorauseilende Seele bereits von der düsteren Ahnung befallen ist, daß die Geliebte dermaleinst einem Manne angehören wird, so daß also in die Seele der Dichterin sich der Stachel der Eifersucht einbohrt, noch ehe

---

[1] Der Anfang, wörtlich übersetzt, lautet: „Der scheint mir den Göttern gleich zu sein, der dir gegenüber sitzt" usw.

sie selbst das Glück der Liebe genossen hat. Andererseits aber wird unsere Auffassung von dem Gedichte als einem Werbeliede dadurch bestätigt, daß Catull das Lied fast wörtlich übersetzt hat, um damit seiner Geliebten sein Sehnen zu gestehen und um ihre Liebe zu werben. Nun war aber Catulls Clodia eine zu gute Kennerin der Sappho — nannte sie doch Catull nach ihrer Lieblingsdichterin Lesbia —, als daß wir dem feinsinnigen Römer die Ungeschicklichkeit zutrauen dürften, um die Liebe seiner Sappho mit einem Abschiedsgedicht der echten Sappho zu werben.

So hat denn in den beiden Perlen der Sapphischen Poesie die Liebe zu Atthis einen reinen und ergreifenden Ausdruck gefunden, und diese verschloß solchem Liebeswerben der gotterfüllten Sängerin ihr Herz nicht. Die beiden Mädchen fanden sich zusammen zu einem langen Freundschaftsbunde, dem gewiß manches Herrliche entsprang, manches zarte und innige Lied von Freundschaft, Liebe und unschuldsfrohem Genießen des Lebens, und manch hoher, majestätischer Hymnus, wenn der Gott über die Dichterin kam und ihr die Lippen löste. Das alles ist uns durch die Ungunst des Schicksals verlorengegangen, und gelegentlich nur finden wir ein paar Worte des lesbischen Mädchens, die von ihrer Freundschaft für Atthis Zeugnis ablegen. In die Zeit ungetrübten Glückes fällt wohl das Geständnis, das sie eines Tages der Freundin in schöner Stunde macht:

„Hab' dich, Atthis, geliebt, innig,
Eh' du es ahntest noch."

Bei der leidenschaftlichen Glut, die Sappho für Atthis empfand, kann es uns nicht wundern, daß auch die Leiden der Eifersucht unserer Dichterin nicht erspart blieben; ihrem Schmerze gibt sie Ausdruck mit den Worten leisen Vorwurfs, der aber, noch von der Liebe erstickt, nicht gar zu bös gemeint ist:

„Atthis, nimmer mit Lust magst du gedenken mein.
Flatternd steht dir der Sinn zur Andromeda."

War die Eifersucht begründet, oder hat nur eine vorübergehende Trennung der Sappho die rührende, so stimmungsvolle Klage entlockt:

„Schon ist der Mond gesunken,
Und der Plejaden Schein:
In mitternächt'ger Stunde
Ruh' ich noch immer allein."

Und ein andermal entringt sich ihren Lippen die bange Befürchtung: „Gewiß liebst du einen andern der Menschen mehr als mich." Ihre Liebe zu Atthis ist aber um so inniger, als sie schon damals an ihr Wohlgefallen fand, da sie noch ein kleines Mädchen war, der die Stunde der Vermählung noch fern lag.

Daß übrigens Atthis sich später von Sappho trennte, lehrt das Fragment eines Gedichts, das im Jahre 1896 nebst anderen zahlreichen Papyrusstücken von der ägyptischen Abteilung der staatlichen Museen in Berlin erworben wurde. Das leider nicht ohne Verstümmlung erhaltene Gedicht ist an eine gemeinsame Freundin gerichtet, vielleicht an Andromeda, die es mit Sappho besonders schmerzlich empfindet, daß die geliebte Atthis nun im fernen Lydien weilt, „unter Lydiens Frauen, wie der Mond die Sterne überstrahlt, wenn er über dem Meere aufgeht". Daran schließt sich eine tiefempfundene Schilderung einer Mondnacht auf blumigen Gefilden, in den Blütenkelchen funkelt der Tau, und es duftet von Rosen und lieblichem Klee. Und oft wird dir, fährt Sappho fort, Sehnsucht das Herz erfüllen, gedenkst du der süßen Stimme der Atthis.

Wenn somit das, was uns über Sapphos Herzensfreundin Atthis aus den Bruchstücken ihrer Dichtung bekannt wird, recht spärlich ist, so können wir fast noch weniger von den übrigen Freundinnen und Schülerinnen aussagen. Den Schwur ewiger Treue hören wir in den schönen Worten:

„Euch, ihr Holden, bleib' ich von ewig gleicher Gesinnung."

In einem verhältnismäßig längeren, aber leider auch nicht ohne schwere Lücken auf uns gekommenen Fragmente nimmt eine ihrer Schülerinnen, der zumute ist, als ob sie sterben müsse, zärtlichen Abschied von Sappho, die ihr entgegnet, sie solle doch guten Mutes sein, sie aber nimmer vergessen. Sie solle der Göttin gedenken, die sie nun verlasse, und sich all des Schönen erinnern, das sie beide in ihrem Dienste genossen hätten. Und sie mahnt sie der Veilchen- und Rosenkränze, die sie zum Schmucke des Tempels bei Sappho niederlegte, und des Dienstes, in dem sie beide der Göttin ergeben waren.

15. In der Freundschaft der Sappho mit ihren Schülerinnen erblickten die Alten ein Gegenstück zu den innigen Beziehungen des Sokrates zu seinen Schülern, eine gewiß bezeichnende und für die Beurteilung des Verhältnisses sehr beachtenswerte Parallele, die der zur Zeit des römischen Kaisers Commodus lebende Philosoph Maximus Tyrius in folgender Weise bis ins Einzelne ausführt: „Was ist denn die Leidenschaft der lesbischen Sängerin anderes als die Liebestechnik des Sokrates? Denn sie scheinen mir beide in derselben Weise die Liebe zu meinen, jene die der Mädchen, dieser die der Jünglinge. Beide gestehen sie, viele zu lieben und von allen, die schön sind, gefangen zu werden. Was also dem Sokrates ein Alkibiades war und Charmides und Phaedrus, das ist der Sappho eine Gyrinna, Atthis und Anaktoria; und was dem Sokrates die Nebenbuhler sind, wie Prodikus, Gorgias, Thrasymachus und Protagoras, das sind der Sappho Gorgo und Andromeda. Jetzt schilt und widerlegt sie diese und bedient sich dabei derselben Ironie wie Sokrates. „Heil dir, mein Ion", sagt Sokrates. „Heil dir und Segen, des Polyanax Töchterlein", sagt Sappho. Sokrates erklärt, er habe den Alkibiades zwar schon längst lieb gehabt, habe sich ihm aber nicht nähern wollen, ehe er ihn nicht für fähig hielt, seine Reden zu verstehen: „Du schienest mir noch ein kleines Kind zu sein und ohne Anmut", sagt Sappho. Jener macht sich lustig über die Haltung und den Sitz eines Sophisten; diese sagt: „Welch ein ungebildet Weib in bäurischem Kleid." Eros sei, so sagt Diotima zu Sokrates, nicht der Sohn, sondern der Begleiter und Diener der Aphrodite, und auch in einem Liede der Sappho sagt diese zu ihr: „Du und Eros, dein Diener." Diotima sagt, Eros gedeihe im Überfluß und sterbe im Mangel: das hat Sappho in die Worte zusammengefaßt „süßbitter und schmerzbringend". Sokrates nennt den Eros einen Sophisten, Sappho einen Redekünstler. Jener ist sinnlos vor Liebe zu Phaedrus: dieser erschüttert die Liebe das Herz, wie ein Sturm im Gebirge über die Eichen herfällt. Sokrates macht der Xanthippe Vorwürfe, daß sie über seinen nahen Tod jammert; Sappho sagt zu ihrer Klaïs:

„Nein, nicht darf in dem Haus, welches den Musen dient,
Klage schallen, es ziemt solches uns wahrlich nicht."

16. Diese Parallele der Sappho mit Sokrates ist durchaus berechtigt. Bei beiden ist die außerordentliche Empfänglichkeit für körperliche Schönheit das Fundament des freundschaftlichen Verkehrs mit der Jugend und die Voraussetzung des erotischen Charakters dieser Freundschaft. Über Sokrates wird später zu reden sein; was Sappho betrifft, so kann wie schon gesagt, nach den Resten ihrer Dichtung und den übereinstimmenden Zeugnissen des Altertums an der Erotik ihrer Dichtung und ihres Umgangs mit ihren Freundinnen nicht mehr gezweifelt werden. So sagt Ovid, der, was wohl zu beachten ist, die Gedichte der

Sappho noch vollständig lesen konnte, daß es nichts Sinnlicheres als ihre Poesie geben könne, und er empfiehlt deshalb ihre Lektüre den Mädchen seiner Zeit auf das angelegentlichste. An anderer Stelle sagt er ausdrücklich, daß Sapphos ganze Dichtung ein einziger Lehrgang der weiblichen Homoerotik gewesen sei. Apuleius endlich bemerkt, daß Sappho „verliebte und sinnliche Verse geschrieben habe, zwar wollüstig, aber doch auch so anmutig, daß sich die Üppigkeit ihrer Worte durch den süßen Wohlklang ihrer Sprache nun erst recht dem Leser einschmeichle".

Das sind alles Autoren, die die Werke der Sappho noch vollständig lesen konnten und deren Urteil daher entscheidend sein muß, zumal es durchaus mit den auf uns überkommenen Resten der Sapphischen Dichtung übereinstimmt. Aber aus eben diesen Fragmenten geht auch hervor, daß Sapphos Dichtung nicht bloß sinnliche Glut atmete, sondern auch durch den tief seelischen Einschlag verklärt wurde.

Allmählich freilich, und zwar zunächst durch die attische Komödie, mehr noch durch spätere übel angebrachte Gelehrsamkeit wurde das Seelische mehr und mehr geleugnet und Sappho teils zu einem mannstollen Weibe, teils zu einer schamlosen Tribade gemacht. Wir wissen von sechs Komödien, die „Sappho", und von zwei, die „Phaon" betitelt waren. Erhalten sind daraus nur geringe Bruchstücke, doch steht fest, daß darin die heiße Sinnlichkeit der Dichterin unverhüllt und brutal übertrieben und lächerlich gemacht wurde. Nach der Insel Lesbos, der Heimat der Dichterin, kam dann allmählich der Begriff „lesbische Liebe" auf, und „lesbiazein" steht schon von Aristophanes an häufig in der Bedeutung: nach Art der Lesbierinnen Unzucht treiben. Allerdings galten die Lesbier überhaupt als unzüchtig, so daß „Lesbierin" auch mit Hure (Laikastria) identisch ist. Übrigens hatte schon Didymos, der zur Zeit Ciceros lebende Gelehrte, die Frage untersucht, ob Sappho eine Dirne gewesen sei; der unsittliche Charakter des Verhältnisses der Sappho zu ihren Freundinnen wurde hauptsächlich von den Humanisten betont (Domitius Calderinus; Joh. Britannicus) und den Horazerklärern (Lambinus, Torrentius, Cruquius). Wenn man alles überlieferte, zumal die erhaltenen Fragmente aus Sapphos Dichtung, und die Nachrichten des Altertums gewissenhaft prüft, so wird man als sicheres Resultat aussprechen müssen, daß Sappho eine gottbegnadete Künstlerin, ein dichterisches Phänomen allerersten Ranges und gleichzeitig eine Tribade von nicht geringer, aber durch das Gold ihrer Dichtung verklärter Sinnlichkeit war.

Gegen Ende des vierten vorchristlichen Jahrhunderts lebte Nossis, eine Dichterin aus der unteritalischen Stadt Lokris, die sich mit Stolz der Sappho an die Seite zu stellen wagte und ihre Freundinnen in zierlichen Epigrammen anschwärmte, von denen einige erhalten sind. In einem bekennt sie, daß es nichts Süßeres als die Liebe gäbe und daß, wem Venus nicht hold sei, nichts davon wisse, welch köstliche Rosen die Blumen der Liebe seien.

VIERTES KAPITEL

Die Prostitution

1. ALLGEMEINES

17. Wenn ich im bisherigen Verlaufe der Darstellung griechischer Sitte und Kultur wiederholt bemerken mußte, daß es sich um die Bearbeitung völligen Neulands handle, daß für die jeweiligen Kapitel keine nennenswerten Vorarbeiten existieren, so kann diese Klage jetzt, da ich zu der Schilderung des griechischen Prostitutionswesens übergehe, nicht erhoben werden. Eher wäre das Gegenteil berechtigt: man könnte über die Fülle der dieses Thema behandelnden Schriften klagen, deren Menge sich kaum übersehen läßt. Ich werde daher das in den leicht zugängigen Handbüchern dargestellte Material hier nur soweit verarbeiten, als es zur Vollständigkeit des Gesamtbildes nötig ist, und mich dafür mehr mit Einzelheiten beschäftigen, die entlegeneren und daher weniger bekannten Quellen entnommen sind.

18. Im griechischen Altertum dachte man unbefangen über diese Dinge. Nicht nur nannte man die für Geld käuflichen Frauen „Hetären", ein Ausdruck, den man mit „Lebensgefährtinnen" oder „Freundinnen" übersetzen kann, sondern man sprach und schrieb auch offen und unbefangen über diese Priesterinnen der Venus, und die ungeheure Rolle, die sie im privaten Leben spielten, spiegelt sich auch in der Literatur der Griechen wider. Es gab eine Unmenge Schriften über die Hetären, sei es ganz allgemein oder über die Hetären einzelner Städte wie namentlich Korinth und Athen. Selbst der große Grammatiker und Philologe Aristophanes von Byzanz hatte es nicht verschmäht, Untersuchungen über die Lebensgeschichte athenischer Freudenmädchen zu veröffentlichen. Über dasselbe Thema schrieben nach der Aufzählung des Athenaios unter anderen sein Schüler Kallistratos, der berühmte Homerforscher, ferner die Philologen Apollodoros, Ammonios, Antiphanes, Gorgias.

19. Von allen diesen Schriften ist uns wenig mehr als der Titel bekannt. Auf uns gekommen sind aber die geistreichen Hetärengespräche Lukians, von denen ich eins über die tribadische Liebe im Ergänzungsband mitteile. Die anderen findet man weiter unten übersetzt oder zum mindesten ihrem Inhalte nach skizziert.

Auch die noch erhaltenen Hetärenbriefe des Alkiphron waren schon

Aushängeschild eines öffentlichen Hauses. (?) Berlin, Antiquarium

Silen, eine Mänade verfolgend. Berlin, Antiquarium

erwähnt und durch Proben vertreten. Ebenso die „Chrieen" des Machon, d. h. eine Sammlung von Anekdoten, von denen im weiteren Verlauf dieses Kapitels noch mehrmals die Rede sein wird.

20. Von neueren Darstellungen des griechischen Prostitutionswesens erwähne ich Friedrich Jacobs, Vermischte Schriften, Bd. IV, S. 311 ff.; Becker-Göll, Charikles. Bilder altgriechischer Sitte, Bd. II, S. 85 ff., Berlin 1877; P. van Limburg-Brouwer, Histoire de la civilisation morale et religieuse des Grecs, Groningen 1883 ff., Bd. II, S. 174 ff.; Pauly-Wissowa-Kroll, Realenzyklopädie der klassischen Altertumswissenschaft, Bd. VIII, Sp. 1331 ff., Stuttgart 1913, wo weitere Literatur angegeben ist.

21. Terminologie. Mit dem Worte Hetären (ἑταῖραι, eigentlich Kameradinnen, Gefährtinnen) benannten die Griechen zartfühlend die für Geld zu habenden Mädchen, wenn sie den unschönen Namen Huren (πόρναι) vermeiden wollten. Daneben gab es noch viele mehr oder weniger derbe Bezeichnungen, deren die Lexikographen wie Pollux und Hesychios mehrere Dutzende aufzählen. Von den Ausdrücken, die Hesych gesammelt hat, erwähne ich: ἀπόφαρσις, eigentlich die Zerstücklerin; γεφυρίς, eigentlich Brücknerin, d. h. die Dirne, die sich an Brücken umhertreibt; δαμιουργός, eigentlich Gemeindearbeiterin; δημίη, eigentlich Öffentliche; δρομάς, eigentlich Läuferin; ἐπιπαστάς, eigentlich Schlafzimmerinventar; κασαλβάς, so Arist. eccl. 1106 und κασάλβη, nach dem schol. Arist. equ. 355 aus καλεῖν und σοβεῖν zusammengesetzt, weil die Dirnen die Männer „anlocken" und dann wieder „wegschicken", eine mehr als zweifelhafte Erklärung. Dazu das Wort κασαλβάζειν, so bei Aristoph. equ. 355. Hermippos bei schol. Arist. vesp. 1164. Ähnliche Ausdrücke für Hure sind κασαύρα, κασαυράς, κασαυρίς, κασωρίς (Lycophr. 1385) und κασωρῖτις (Antiphanes bei Eust. 741, 38); κάσσα (Lycophr. 131). Dazu gehörig die Ausdrücke für Hurenhaus κασλάβιον, κασαυρεῖον, κασαύριον (Arist. equ. 1282), κασώριον.

An weiteren Ausdrücken für Huren zählt Hesych auf: κατάκλειστος, eigentlich die Eingeschlossene, korinthischer Ausdruck, offenbar für Bordellmädchen; λυπτά, die wahrscheinlich falsch überlieferte Glosse würde eigentlich Wölfin bedeuten, womit wohl die Habgier und Begehrlichkeit der Dirnen bezeichnet werden soll; λωγάς, vielleicht ähnlich wie λαικάς (Aristaen. 2, 16); dazu λαικάστρια (Arist. Ach. 529) und λαικάζειν huren (Arist. Thesm. 57; equ. 167) und λαικᾶν in derselben Bedeutung (Hesych.) und λωγάνιος, eigentlich Würfel, wohl weil die Dirne von jedem in die Hand genommen und hingeworfen wird; μαχλάς (Anth. Pal. V, 301, 2) und μαχλίς, dazu μαχλοσύνη (Hom. Il. XXIV, 30), μαχλότης (schol. Lycophr. 771; Et. M. 524, 24) und μαχλοῦν huren, μαχλεύειν Unzucht treiben (Maneth. IV, 315), μαχλικός unzüchtig (Maneth. IV, 184), alle von dem Worte μάχλος unzüchtig, geil, was man von Weibern sagte, während man bei Männern in derselben Bedeutung λάγνος sagte (vgl. Lobeck zu Phryn. p. 184). Zu diesem Worte, das wohl mit λαγώς Hase zusammenhängt, der wegen seiner Geilheit bekannt war, gehört λαγνεία = eiaculatio seminis (Aristot. hist. an. VI, 21), meist aber = Wollust, Geilheit (Tim. Locr. 103a; Xen. mem. I, 6, 8), ebenso λάγνευμα bei Hippokrates und λαγνεύειν (Hipp.), meist aber = geil sein (Luc. rhet. praec. 23). Andere Ausdrücke bei Hesychios: πῶλος Fohlen; die Hetären hatte Eubulos (CAF II, 193) „die Fohlen der Aphrodite" genannt. Σαλαβακχώ heißt eine Hure bei Aristophanes (equ. 765; thesm. 805); danach wurde das Wort bei den Attikern Bezeichnung für Hure überhaupt. Σινδίς, eigentlich Frau aus dem Lande der Sinder am Fuße des Kaukasus, dann Bezeichnung für Hure; σποδησιλαύρα (Eustath. 1921, 58), eigentlich die Gassenstaubfegerin; στατή, wohl falsch überliefert, von Hesych mit κάρδοπος = Backtrog erklärt; στεγῖτις, eigentlich Zimmerinventar; χαμαιτύπη (Timocl. bei Athen. XIII, 570 f. u. sonst), eigentlich die am Boden Liegende; dazu χαμαιτυπεῖον Hurenhaus (Lucian. Nigrin. 22 u. sonst); χαμαιτύπος (Polyb. VIII, 11, 11) Hurer und Hure; χαμαιτυπία (Alciphr. 3, 64) Hurerei; χαμαιτυπικός hurenmäßig; χαμαιτυπίς Hure, ebenso χαμεταιρίς und χαμευνάς (Lycophr. 319).

Auch für den Bordellbesitzer, Kuppler, Zuhälter usw. hat die griechische Sprache viele, zum Teil recht drastische Ausdrücke, mit deren Aufzählung ich aber die Leser nach diesem längeren sprachlichen Exkurs nicht bemühen will; der philologisch Geschulte mag im Index des IV. Bandes von Moriz Schmidts (großer) Hesychiosausgabe (Jena 1857) Umschau halten, ebenso in dem schon genannten Artikel der Realenzyklopädie von Pauly-Wissowa-Kroll.

2. BORDELLE

22. Die in den Bordellen (πορνεῖα) kasernierten Dirnen nahmen den untersten Rang in der sozialen Stellung der Freudenmädchen ein; sie wurden nicht als Hetären bezeichnet, sondern hießen schlechthin Huren. In Athen führte man die Gründung von Bordellen auf den weisen Solon zurück.

In den Bordellen standen die Dirnen sehr leicht bekleidet oder auch ganz nackt zur Schau, damit jeder Besucher die Wahl nach seinem persönlichen Geschmacke treffen konnte. Das ist ja an sich glaubhaft genug, wird uns aber zum Überfluß noch durch zahlreiche Zeugnisse ausdrücklich bestätigt. So sagt Athenaios:

„Weißt du nicht, wie es in der Komödie ‚Pannychis' des Eubulos heißt von den musikliebenden, geldherauslockenden Vogelstellerinnen, den aufgeputzten Venuspferdchen, wie sie nackt, der Reihe nach in Parade dastehen, in durchsichtigen Spinnefädchen, wie die Nymphen an den heiligen Wassern des Eridanos? Bei ihnen kannst du nach Herzenslust und ohne Gefahr die Wollust für wenig Scheidemünzen kaufen."

In dem Lustspiel „Nannion" heißt es:

„Wer verstohlen nach verbotenem Bette ausspäht, ist der nicht von allen Menschen der unglücklichste? Während er im hellen Sonnenlichte die Mädchen nackt dastehen sehen könnte" usw.

Weiter sagt Athenaios: „Aber auch Xenarchos tadelt in seiner Komödie ‚Der Fünfkampf' Leute, die wie du leben und auf kostspielige Hetären und freie Frauen scharf sind, mit diesen Worten: ‚Schreckliches, Schreckliches und nicht mehr Erträgliches tun in unserer Stadt die jungen Leute. Wo man nur schöngewachsene Mädchen in den Bordellen sieht, — man kann sie anschauen, wie sie mit entblößten Brüsten in Florgewändern der Reihe nach aufgestellt sich in der Sonne darstellen; jeder darf sich die auswählen, die ihm gefällt, eine dünne, dicke, rundliche, lange, krumme, junge, alte, mittelgroße, reife — dabei brauchst du keine Leiter anzustellen, um heimlich einzusteigen, brauchst nicht durch die Dachluke dich einzuschleichen, noch listig dich in Streuhaufen hineinzuschmuggeln: sie selbst ziehen dich ja beinahe mit Gewalt ins Haus zu sich hinein und nennen dich, wenn du schon ein Greis bist, Väterchen, sonst Brüderchen und Jüngelchen. Und jede von ihnen kannst du ohne Gefahr besitzen und für wenig Geld, am Tage oder gegen Abend."

Es scheint, daß der Eintritt in die Bordelle eine Kleinigkeit kostete; nach der früher zitierten Stelle des Komikers Philemon einen Obolos, also etwa 13 Pfennige. Dazu stimmt eine Stelle des Diogenes Laërtios, wo es heißt: „Als Antisthenes einst einen flüchtenden Ehebrecher sah, sprach er: ‚Du Esel, der du das ohne Gefahr für einen Obolos hättest haben können'." Natürlich wird dieser Eintrittspreis je nach Ort und Zeit, wohl auch nach der Qualität der Häuser verschieden gewesen sein, doch wird man annehmen dürfen, daß er in keinem Falle sehr hoch gewesen sein mag, da die Bordelle eben die niedrigste, daher auch billigste Form der Prostitution darstellten. Allerdings ist zu sagen, daß außer dem Eintrittsgeld noch besonderes Entgelt für die Dirnen zu zahlen war, dessen Höhe sich nach den Ansprüchen richtete, die man an die Freudenmädchen stellte. Wenn ich eine Notiz des Suidas richtig verstehe, so schwankte dieses Entgelt zwischen Obolen, Drachmen und in den besseren Häusern sogar Stateren[1].

Von seinen durch das Honorar der Dirnen erzielten Einnahmen hatte der Bordellbesitzer (πορνοβοσκός) an die Stadt eine jährliche Steuer abzuführen, die sogenannte Hurensteuer (τέλος πορνικόν), mit deren Eintreibung ein besonderer Beamter, der Pornoteloens (πορνοτελώνης) oder deren mehrere beauftragt war. Ebenso wurde auch das Honorar, das der Besucher den Mädchen zu zahlen hatte, von besonderen Beamten, den Agoranomen, festgesetzt.

Die Bordelle, wie überhaupt das gesamte Prostitutionswesen standen unter der Aufsicht städtischer Beamter, der Astynomen, die für die Wahrung des öffentlichen Anstandes zu sorgen, wohl auch bei Streitigkeiten zu entscheiden hatten.

In den am Meere gelegenen Städten mögen die meisten Bordelle sich in der Hafengegend befunden haben, wie uns das für Athen durch Pollux ausdrücklich bezeugt wird. Aber auch in dem Kerameikos genannten Stadtbezirk gab es nach Hesychios zahlreiche Bordelle aller Abstufungen. Der Kerameikos, das Töpferviertel, erstreckte sich vom Markte in nordwestlicher Richtung bis zu dem sogenannten Dipylon, dem Doppeltor, und dann jenseits dieses Tores unter dem Namen Äußerer Kerameikos neben der nach Eleusis führenden heiligen Straße. Es ist interessant genug, daß man die Heiligkeit dieser religiösen Feststraße nicht durch die zahlreichen Bordelle beeinträchtigt empfand. Durch diesen Bezirk führte aus dem Stadtinnern eine lange, breite Straße, die Dromos (Korso) hieß, und die an beiden Seiten mit Säulenhallen geschmückt war, in denen sich zahlreiche Kaufläden befanden.

23. Über die Einrichtung der Bordelle, ihre Ausstattung und den inneren Betrieb ist von den griechischen Schriftstellern nicht viel überliefert worden, doch darf man annehmen, daß sie sich von den römischen und italischen Bordellen nicht wesentlich unterschieden haben, über die wir gut unterrichtet sind. Ja, es ist noch heute möglich, ein griechisch-römisches Freudenhaus zu besuchen. Jeder Kenner Pompejis

---

[1] Ein Obolos betrug etwa 0,13, eine Drachme 0,78, ein Stater 20 Mark.

weiß, was ich meine: in reg. IV ins. 12 Nr. 18 an der Ecke des vicolo del balcone pensile liegt das Haus il lupanare, in dem Pompejis Jugend sich austobte, woran noch heute zahllose obszöne Wandmalereien und Inschriften erinnern. Interessant ist, daß ein Separateingang von der Straße direkt in den zweiten Stock mit einer Galerie (pergula) führte.

Die Bordelle der Römer (lupanaria oder fornices) nennt Horaz und der Verfasser der „Priapeischen Gedichte" übelriechend, was auf Schmutz und Unreinlichkeit deuten würde, so daß nach einer Bemerkung des Seneca die Besuchenden den Geruch davon mit sich nahmen, was Juvenal in seiner bissigen Satire von der im Bordell sich preisgebenden Kaiserin Messalina mit grimmigem Behagen bemerkt. In jedem Bordell befanden sich natürlich eine Anzahl von Zimmern oder Kammern, die man Cellae nannte; über jeder war der Name des sie bewohnenden Mädchens angeschrieben, vielleicht auch der Mindestpreis, der ihm zu zahlen war. Die Schriftsteller erwähnen noch die verschiedenen Decken (lodices, lodiculae), die über das Lager oder auch auf dem Fußboden ausgebreitet wurden, und selbstverständlich die Lampe (lucerna).

Der Preis mußte an die Dirnen vorausbezahlt werden, wie aus einer Stelle des Juvenal hervorzugehen scheint. Die Dirnen hießen nach Persius auch Nonariae, weil die Häuser nicht vor der neunten Stunde, d. h. vier Uhr nachmittags, geöffnet werden durften, um „die Jugend nicht von ihren Übungen abzuhalten". Um die Vorübergehenden anzulocken, standen oder saßen die Dirnen auch wohl vor den Lupanarien, weshalb sie auch prostibula oder prosedae hießen; das erste Wort ist von prostare abzuleiten, woher ja auch der Ausdruck Prostitution kommt. Hatte ein Mädchen in ihrer Zelle Besuch, so schloß sie die Tür ab, nachdem sie vorher an die Tür ein Schild mit der Aufschrift „Besetzt" (OCCUPATA) gehängt hatte. Zu einer bestimmten Stunde, wohl gegen Morgen, wurden, wie man nach einer Stelle im Juvenal vermuten darf, die Bordelle geschlossen. Daß die Wände mit obszönen Gemälden und Bildern massenhaft geschmückt waren, würde man vermuten, auch wenn es die Funde aus dem pompejanischen Freudenhause nicht ausdrücklich bestätigten.

Bei der Auffassung der Alten vom Geschlechtlichen hatte der Besuch der Bordelle nichts Anstößiges, wie aus mehreren Stellen der antiken Schriftsteller zweifellos hervorgeht. So sagt Horaz in der bekannten Satire, in der er über das Geschlechtsleben spricht, unter anderem folgendes: „Als ein sehr namhafter Mann einst ein Bordell besucht hatte, sprach er: ‚Gepriesen sei in alle Ewigkeit die vernünftige Ansicht des

alten Cato¹. Sobald nämlich die Begierde das Blut in den Adern der
Jünglinge zur Siedehitze bringt, ist es recht und billig, daß sie hierher
gehen und nicht ehrbare Ehefrauen verführen.'"

Wir kehren nach dieser Abschweifung in das römische Prostitutionswesen nach Griechenland zurück.

24. Eine Zwischenstufe zwischen den Bordelldirnen und den Hetären
nehmen die zahllosen herumstreichenden Dirnen ein und die Mädchen,
die die Prostitution als Nebenerwerb betrachteten. Über die Straßen-
prostitution braucht hier nicht weiter gesprochen zu werden, da sie sich
in nicht wesentlich anderen Formen abgespielt haben wird als bei uns.
Unendlich mannigfaltig war, wie das in der Natur der Sache liegt, die
Art, wie die Dirne mit dem Kunden, oder umgekehrt, anbändelte. Davon sind uns in der palatinischen Anthologie einige interessante Proben
erhalten, von denen ich eine in Bd. I, Seite 220 f. mitteilte.

Hier ein zweites Beispiel:

„Grüß' dich, Mädchen." — „Und dich." — „Wer ist's, die da kommt?" — „Was
verschlägt dies?" — „Frag' ich aus Ursach' doch." — „Meine Gebieterin ist's." —
„Hat man Hoffnung?" — „Auf was?" — „Auf ein Schäferstündchen." — „Was
bringst du?" — „Gold." — „Sei mutig." — „Und so vieles." — „Du richtest
nichts aus."

Von Asklepiades haben wir ein Epigramm des Inhalts, daß er seinen
Freund auf den Markt schickt, um für ein lustiges Mahl mit einem
Dirnchen einzukaufen, nämlich drei große und zehn kleine Fische und
vierundzwanzig Krebse (Garneelen); doch soll er auch, und das ist
charakteristisch für den Griechen, nicht vergessen, sechs Rosengirlanden
einzukaufen.

Eine Zecherei von vier Jünglingen mit vier Dirnen malt ein Epigramm des Poseidippos aus: ein großer Krug mit Chierwein reicht nicht
aus, so daß der bedienende Knabe zum Weinhändler Aristios geschickt
wird, um „zunächst" noch einen Halben zu holen. Daß derartige Szenen
zumal auf Vasenbildern häufig wiederkehren, ist früher erwähnt worden.

Die Art, wie diese ambulanten Priesterinnen der Venus vorgingen,

---

¹ Dazu bemerkt der Horazerklärer Acro: „Als Cato einmal an einem Bordell
vorüberging, kam gerade ein Jüngling aus ihm, der sich vor ihm genierte und sich
heimlich um die Ecke schleichen wollte. Cato aber rief ihn an und sagte, daß an
seinem Tun nichts zu tadeln sei. Da nun Cato in der Folgezeit den Jüngling öfters
aus diesem Bordell herauskommen sah, hielt er ihn mit den Worten an: ‚Ich lobte
dich damals in der Annahme, daß du ab und zu hierherkämest, nicht aber, daß du
hier wohntest.'" Vgl. auch Hor. sat. II, 7, 47 ff.

wenn sie Männer einfangen wollten, wird nicht anders gewesen sein als heutzutage, darum soll hier nur etwas wirklich Originelles erwähnt werden. Durch Zufall hat sich der Schuh einer solchen Straßendirne erhalten. Auf der Sohle dieses Schuhs, die man in dem bekannten Monumentalwerk von Daremberg-Saglio abgebildet findet, ist das Wort *ΑΚΟΛΟΥΘΙ*, d. h. „Folge mir!", aufgenagelt, so daß beim Dahinschreiten das Wort sich in der weichen Straßenerde abformte und den Passanten keinen Zweifel über das Gewerbe des Mädchens aufkommen ließ.

Asklepiades erwähnt, daß er einmal mit einem Mädchen sich vergnügt habe, namens Hermione, die einen mit Blumen bestickten Gürtel trug, auf dem die Worte zu lesen waren: „Liebe mich immer und sei nicht eifersüchtig, wenn mich auch andere haben." Allerdings wird es sich hier kaum um eine ambulante Dirne niedriger Art, sondern um eine Hetäre handeln.

Die ambulanten Dirnen trieben sich natürlich überall umher, wo ein einigermaßen reger Straßenverkehr bestand; in besonders großer Zahl waren sie daher in den Häfen und den zu diesen führenden Gassen zu finden. Sie nahmen ihre Kunden entweder in eigene oder gemietete Wohnungen oder gaben sich ihnen in dunklen Ecken und Winkeln oder auch in den Gräberstraßen zwischen den hohen Grabdenkmälern, auch wohl in den öffentlichen Bädern hin. Auch gab es Kupplerhäuser und Absteigequartiere, die den „Zimmern auf Stunden" in unseren Großstädten verglichen werden können, und die man im Griechischen $\mu\alpha\tau\rho\nu\lambda\lambda\varepsilon\tilde{\iota}\alpha$ nannte; doch boten auch die Kneipen und Gasthäuser, zumal in der Hafengegend, zu jeder Zeit für solche Zwecke Unterschlupf.

Daß neben den berufsmäßigen ambulanten Dirnen auch das leichtlebige Völkchen der Flöten- und Zitherspielerinnen, Akrobatinnen usw. für Geld und gute Worte zu haben war, bedarf wohl nicht erst ausdrücklicher Bemerkung.

3. DIE HETÄREN

25. Auf ungleich höherer Stufe stehen und nehmen im griechischen Privatleben eine viel wichtigere Stellung ein die Hetären. Von den Bordellmädchen unterschieden sie sich zumal durch ihre gesellschaftliche Achtung und ihre Bildung. „Viele unter ihnen", sagt Helbig, „zeichnen sich durch feine Bildung und schlagfertigen Witz aus, wissen die ausgezeichnetsten Persönlichkeiten ihrer Zeit, Feldherren, Staatsmänner, Literaten, Künstler, dauernd an sich zu fesseln und veranschaulichen in der bezeichneten Weise die aus feinen geistigen und sinnlichen Genüssen gemischte Existenz, welcher die Mehrzahl der damaligen Griechen huldigte. Fast bei jeder bedeutenderen Persönlichkeit, welche in der Geschichte des Hellenismus hervortritt, sind bekannte Hetären nachweisbar. Die Mehrzahl der Zeitgenossen fand darin nichts Anstößiges. Zur Zeit des Polybios waren die schönsten Häuser in Alexandria mit den Namen berühmter Flötenspielerinnen und Hetären bezeichnet. Porträtstatuen solcher Frauen wurden in Tempeln und anderen öffentlichen Gebäuden neben denen verdienter Feldherren und Staatsmänner aufgestellt. Ja, das gesunkene Ehrgefühl der griechischen Freistaaten ließ sich sogar herbei, Hetären, die mächtigen Persönlichkeiten nahestanden, durch Kränze und bisweilen selbst durch Altäre und Tempel zu ehren."

26. Noch eine andere Ehrung der Hetären ist uns bekannt, wie sie charakteristischer nicht gedacht werden kann. Es liegt in der Natur der Sache, daß das Hetärenwesen am meisten in den Großstädten und den Mittelpunkten des Fremdenverkehrs blühte und ganz besonders wieder in der mächtigen, auf dem Isthmus, daher an zwei Meeren gelegenen See- und Handelsstadt Korinth. Das Leben in dieser reichen, von der Natur so begünstigten Metropole des antiken Handels kann man sich nicht üppig und ausschweifend genug vorstellen. Die Inschrift, die man an einem Bordell in Pompeji gefunden hat,

HIC HABITAT FELICITAS
HIER WOHNT DIE LUST

hätte man mit derselben Berechtigung in Riesenlettern über den Hafen von Korinth schreiben können. Was an Ausschweifungen menschliche Phantasie nur erfinden konnte, hatte hier in Korinth Heimstätte und Berechtigung, und mancher, der sich aus dem Strudel der natürlich sehr kostspieligen großstädtischen Vergnügungen nicht wieder herausfinden konnte, büßte dabei Ruf, Gesundheit, Vermögen ein, so daß ein Vers sprichwörtlich wurde:

„Nicht jedem Manne frommet nach Korinth die Fahrt."

Zumal die Priesterinnen der käuflichen Liebe bevölkerten die Stadt in unabsehbaren Scharen. In der Gegend der beiden Häfen wimmelte es von Bordellen aller Abstufungen, und zahllose Dirnen flanierten durch die Straßen. Gewissermaßen den Brennpunkt des nichtehelichen Liebeslebens und die Hochschule des Hetärentums bildete der berüchtigte Venustempel, an dem nicht weniger als tausend Hetären oder Hierodulen (Tempeldienerinnen), wie man sie euphemistisch nannte, ihres freundwilligen Amtes walteten.

Auf dem unebenen Boden der Burg, der jedem zum mindesten aus Schillers Gedicht „Die Kraniche des Ibykus" bekannten Feste Akrokorinth, erhob sich auf einer mit mächtigen Blöcken ummauerten Terrasse weithin sichtbar den Schiffern des östlichen wie des westlichen Meeres der Aphroditetempel. Heute steht an der Stelle, wo einst die tausend Tempelmädchen den Fremdling gastlich aufnahmen, ein türkisches Bethaus.

Nun war es im Jahre 464 v. Chr., daß das Hellenenvolk in Olympia wieder einmal die großen Spiele feierte, und daß den Sieg im Stadion und zugleich im Fünfkampf (Pentathlon) der ebenso edle wie reiche Xenophon aus Korinth, der Sohn des Thessalos, errang. Zur Feier des Sieges hatte der gewaltigste aller griechischen Dichter, Pindaros, ein prachtvolles, uns noch erhaltenes Siegeslied gedichtet, das vielleicht in Gegenwart des Dichters selbst, sei es nun bei der feierlichen Einholung des Siegers durch die Mitbürger oder bei dem Zuge in den Tempel des Zeus zur Kranzweihe vorgetragen wurde.

Bevor Xenophon in den schweren Kampf geschritten war, hatte er ein großartiges Gelübde getan: falls ihm der Sieg zufiel, wollte er der Aphrodite hundert junge Mädchen für ihren Tempel weihen. Der feierlichen Erfüllung dieses Gelübdes hat Pindar ein Lied gewidmet: das ist die vorhin von uns erwähnte Ehrung der Hetären, wie sie nie vorher und nachher wieder den Hetären zuteil wurde und wie sie eben nur in Griechenland denkbar war. Leider ist uns von diesem Gedichte nur der Anfang erhalten, der in der Übertragung von Mommsen also lautet:

„O vielbesuchte Mädchen im reichen Korinth, treuwandelnd dort im Dienst
                                                           der Peitho,
ihr, die fromm ihr sendet empor grünen Weihrauchs lichte Tränen,
und in dem Geiste — wie oft! zur himmlischen Mutter der Liebe lenkt den
                                         Flug, zur Aphrodite,
die von oben süße Verzeihung gewährt
euch, o Mägdlein, daß ihr die Frucht weicher Jugend
bettend euch in lieblicher Lust pflücken mögt. Macht innrer Drang doch
                                         alles schön.
. . . .
Kypros' Herrin! Xenophon hat diesem Hain hier zugeführt
wohl Scharen von Mädchen zu hundert, weidend den Anger zusamt."

27. Bei einer so vorurteilsfreien Auffassung des Prostitutionsproblems ist es begreiflich, daß auch die Literatur, und zwar nicht vorwiegend wie bei uns die medizinische und forensische, sondern die belletristische Literatur sich eingehend mit den Aphroditepriesterinnen beschäftigte. Es existierte bei den Griechen eine ausgedehnte Hetärenliteratur, von der einige Werke vollständig, wie die berühmten Hetärengespräche des Lukian, andere in mehr oder weniger umfangreichen Bruchstücken erhalten sind. In den Hetärengesprächen entwirft uns Lukian ein höchst farbenreiches Gemälde von dem bunten Leben der Hetären in seinen mannigfaltigsten Abstufungen.

Unter dem Titel „Chrien", d. h. „Allerlei Wissenswertes", hatte Machon aus Sikyon, der meist in Alexandria lebte, und dessen Lebenszeit sich dadurch bestimmt, daß er der Lehrer des Grammatikers Aristophanes von Byzanz war, in iambischen Trimetern allerlei Anekdoten aus der Chronique scandaleuse der Diadochenhöfe gewandt und witzig zum besten gegeben. Daß in diesem Buche, dessen Verlust sehr zu beklagen ist, die Hetären eine bedeutende Rolle spielten, ist von vornherein wahrscheinlich und wird uns durch die ausführlichen Exzerpte, die Athenaios aus diesem Werke angefertigt hat, bestätigt. Abgesehen von Machon haben dem Athenaios noch viele andere Bücher über das Leben der Hetären zur Verfügung gestanden, aus denen er, zumal im 13. Buche seines „Sophistengastmahls", eine Fülle von Einzelheiten mitteilt, Blumen und Blüten, aus denen wir im folgenden eine knappe Auswahl treffen wollen.

28. Die namhaftesten Hetären, Leben, Anekdoten, witzige Aussprüche. Wir eröffnen den Reigen mit einigen Hetären, die gleichzeitig als Heldinnen von Lustspielen auf der Bühne erschienen. Natürlich ist das nicht so zu verstehen, als ob sie als Schauspielerinnen aufgetreten wären, denn damals wurden die weiblichen Rollen noch von Männern dargestellt, sondern wir meinen diejenigen Hetären, die von den Lustspieldichtern zu Trägerinnen der Handlung einer Komödie gemacht wurden.

Klepsydra war die Heldin eines Lustspiels des Eubulos; irgendwelche Reste davon sind nicht erhalten. Sie hieß eigentlich Metriche, und Klepsydia wurde sie von ihren Freunden genannt. Der Name bedeutet Wasseruhr; so nannte man sie, weil sie ihre Gunstbezeigungen „genau nach der Uhr" erteilte.

Pherekrates hatte nach der Hetäre Korianno eine Komödie gleichen Namens geschrieben; aus den spärlichen Bruchstücken geht nur so viel hervor, daß darin die Weinfreudigkeit der Aphroditepriesterinnen verspottet wurde. Auch das alte Lustspielmotiv war dabei verwertet, daß Vater und Sohn sich in dasselbe Mädchen verliebten und sich gegenseitig um seine Gunst stritten, wobei es zu sehr temperamentvollen Auseinandersetzungen zwischen dem Sohn und seinem Erzeuger gekommen ist, von denen uns die Fragmente noch eine kleine Probe bieten.

Von Eunikos gab es eine Komödie Anteia, doch wissen wir weder von der Hetäre dieses Namens noch von dem Lustspiel Näheres zu sagen, aus dem sich nur ein einziger Vers erhalten hat:

„Nimm bei den Ohren mich und gib den Henkelkuß."

Von den Hetären und gleichnamigen Komödien Thalatta des Diokles, Opera des Alexis und Phanion des Menander ist uns nichts Näheres bekannt.

29. Derselbe Menander hatte noch eine andere Hetäre in einer Komödie auf die Bühne gebracht, nämlich keine geringere als die Thaïs: in ihr strahlt für uns der erste Stern am Himmel der griechischen Buhlerinnen auf. Thaïs aus Athen konnte sich rühmen, die Geliebte Alexanders des Großen gewesen zu sein. Sie ist eine der nicht wenigen Hetären, die die Macht ihrer Schönheit zu politischen Taten mißbrauchten. Nicht weit der Ruinen von Niniveh hatte Alexander in der Schlacht bei Gaugamela (331 v. Chr.) das vielfach überlegene Heer der Perser geschlagen. Während ihr König Dareios sich durch die Flucht rettete, zog Alexander in Babylon ein, nahm die Stadt Susa und hielt dann Einzug in der alten Perserresidenz Persepolis. Dort feierte er ein rauschendes Siegesfest, an dem ein Schwarm von Hetären, darunter die schönste von allen, Thaïs, teilnahm. Als die bacchische und erotische Trunkenheit das Blut in Siedehitze gebracht hatte, rief Thaïs dem Könige zu, jetzt sei der Augenblick gekommen, alle bisherigen Ruhmestaten mit Unsterblichkeit zu krönen. Alexander sollte den persischen Königspalast in Flammen aufgehen lassen und so die Verbrechen sühnen, welche die Perser begingen, als sie seinerzeit unter Xerxes die Tempel und Heiligtümer auf der Akropolis zu Athen verbrannten. Der Vorschlag fand bei der trunkenen Jugend, die mit dem König das Siegesfest feierte, stürmischen Beifall, auch den König peitschte der ungeheuerliche Gedanke auf. Schon sind Fackeln zur Stelle, unter Gesang, Flötenspiel und Syrinxklängen zieht man zum Königspalast, Thaïs wie eine rasende Bacchantin an der Spitze des Zuges. Dort steht die stolze Pracht der Residenz des Achämenidenherrschergeschlechts. Alexander schleudert die erste brennende Fackel, Thaïs die zweite, dann fliegen sie von allen Seiten, und bald ist der wundervolle Bau ein einziges Flammenmeer.

Nach dem Tode Alexanders stieg die Geliebte und Hetäre Thais zur Würde der Königin empor, indem sie Ptolemaios I., der König von Ägypten, heiratete. Daß sie von Menander zur Heldin eines Lustspiels gemacht wurde, ist schon erwähnt; leider erlauben die überaus dürftigen Fragmente nicht, über den Inhalt auch nur Vermutungen zu äußern. Ein sehr bekannter Vers ist uns aus diesem Stücke erhalten, es sind die im Altertum oft zitierten, vom Apostel Paulus im I. Korintherbrief erwähnten Worte „Böser Umgang verdirbt gute Sitten". Nach anderen freilich stammt der Vers von Euripides, und schließlich wäre auch möglich, daß Thais vielleicht in dem Lustspiel des Menander diese Worte zitiert hat. Als gute Euripideskennerin zeigt sie sich ein anderes Mal, wo sie auf eine etwas anrüchige Frage mit einem Verse aus der „Medea" des Euripides launig und witzig antwortet.

Als sie nämlich auf dem Wege zu einem nach Schweiß riechenden Liebhaber gefragt wurde, wo sie hinginge, sagte sie: „Um dem Aigeus, dem Sohne des Pandion, beizuwohnen." Die Pointe des Witzes ist doppelt und in der Tat ausgezeichnet. Bei Euripides spricht die verbannte Medea diese Worte: sie will nach Athen, zum Könige Aigeus flüchten, um bei ihm, d. h. unter seinem Schutze, zu wohnen. Thais aber gebrauchte das Wort in seiner erotischen Bedeutung. Die zweite Pointe liegt darin, daß sie den Namen Aigeus von aig-, dem Stamme des Wortes ableitet, das im Griechischen „Bock" bedeutet (ὁ αἴξ); der Bock hat aber einen höchst unangenehmen Geruch.

Dieses Bonmot der Thais führt uns zu der Mitteilung von weiteren Hetärenaussprüchen, die dem Leser einen Einblick in die oft von starken Zweideutigkeiten gewürzten Unterhaltungen der griechischen Jeunesse dorée gewähren. Daß die Hetären in der klassischen Literatur wohl bewandert waren, was ja Ovid, der Altmeister der Liebeskunst, auch den galanten Damen seiner Zeit als selbstverständliche Bedingung ihrer gesellschaftlichen Bildung hinstellt, ergibt sich nicht am wenigsten aus der Vorliebe, mit der sie Dichterzitate anwenden.

30. Lamia aus Athen war eine der gefeiertsten Hetären zur Zeit des Demetrios Poliorketes. Von Beruf Flötenspielerin hatte sie es durch ihre Kunst und Gunst zu so ansehnlichem Wohlstande gebracht, daß sie den Sikyoniern[1] ihre zerstörte Gemäldegalerie wieder aufbaute. Derartige großzügige Stiftungen griechischer Hetären waren keine Seltenheit; so hatte nach dem Bericht des Polemon die Hetäre Kottina in Sparta das

---

[1] Sikyon, Stadt in der Peloponnes, drei Stunden westlich von Korinth.

Bronzestandbild einer Kuh geweiht und ähnliche Beispiele finden sich zahlreich bei den alten Schriftstellern.

Einmal mußte Demetrios an Lysimachos Gesandte schicken. Als diese nach Erledigung der politischen Geschäfte mit Lysimachos plauderten, bemerkten sie an seinen Beinen und Armen mächtige Narben. Lysimachos erzählte ihnen, daß diese Bisse von einem Löwen herrührten, mit dem er einst zu kämpfen gehabt habe. Lachend erwiderten die Gesandten, auch ihr König Demetrios zeige am Nacken die Spuren von den Bissen einer gefährlichen Bestie, der Lamia.

31. Ein Verehrer der Gnathaina schenkte ihr ein Fläschchen Wein und bemerkte dabei, daß es ein sechzehnjähriger sei. „Für seine Jahre ist er dann noch recht klein", sagte sie spöttisch[1].

Bei Athenaios lesen wir noch eine Menge, zum Teil witzigerer und pikanterer Aussprüche der Gnathaina, die sich aber, da sie meist auf Wortspielen beruhen, ohne umständliche Erläuterungen und Umschreibungen, wodurch das Salz verlorengehen würde, nicht übersetzen lassen.

Das Gewerbe der Gnathaina wurde von ihrer Enkelin Gnathainion (Wangelinchen) fortgesetzt. Es begab sich, daß ein vornehmer, schon an die neunzig Jahre alter Fremdling, der zum Kronosfeste in Athen weilte, die Gnathaina mit ihrer Enkelin auf der Straße erblickte und, da sie ihm wohlgefiel, nach dem Preise einer Nacht fragte. Gnathaina, die aus der vornehmen Kleidung des Fremden auf seinen Reichtum schloß, forderte tausend Drachmen (750—800 Goldmark). Das ging dem Alten denn doch über die Hutschnur und er bot die Hälfte. „Nun gut, Alterchen," sagte Gnathaina, „mir gib, was du willst; ich weiß ja doch ganz genau, daß du meiner Enkelin das Doppelte geben wirst."

32. Die Königinnen der Liebe Lais und Phryne. Hetären des Namens Lais gab es zwei; sie werden in mannigfaltigen Anekdoten und Epigrammen beide gleich gefeiert, ohne indessen immer streng unterschieden zu werden. Die ältere Lais stammte aus Korinth, lebte zur Zeit des Peloponnesischen Krieges und war ebenso wegen ihrer Schönheit wie wegen ihrer Habsucht berühmt. Zu ihren Verehrern zählte kein geringerer als der Philosoph Aristippos; sie ist den Deutschen zumal durch Wielands großen Roman „Aristipp", in dem sie eine bedeutende Rolle spielt, bekannt geworden. Nach den Worten des Properz hatte ganz Griechenland vor ihrer Tür geschmachtet. Die jüngere war in Hykkara auf Sizilien geboren, als Tochter der Timandra, der Freundin des Alkibiades. Unter ihren Liebhabern werden der Maler Apelles und der

---

[1] „Klein" bedeutet im Griechischen auch „wenig".

Redner Hypereides genannt. Später folgte sie einem Hippolochos oder Hippostratos nach Thessalien und soll dort von Weibern, die auf ihre Schönheit neidisch waren, erschlagen worden sein.

Im folgenden greifen wir aus dem reichen Vorrat von Anekdoten, die sich an den Namen Lais knüpfen, einige heraus, ohne den vergeblichen Versuch zu machen, die beiden Trägerinnen des Namens voneinander zu scheiden.

33. Als Lais noch nicht Hetäre, sondern noch Jungfrau war, ging sie einst zur Peirene, der berühmten Quelle bei Korinth, um Wasser zu schöpfen. Den gefüllten Krug auf dem Kopfe oder auf der Schulter tragend[1], kehrt sie heim: da sieht Apelles das liebliche Bild, und seine Künstleraugen können sich an der wunderbaren Schönheit des Mädchens nicht satt sehen. Bald darauf nimmt er sie mit in den Kreis seiner Zechgenossen; die aber lärmen und spötteln, was denn die Jungfrau beim Männerumtrunk wolle, er hätte lieber eine Hetäre mitbringen sollen. Apelles aber erwiderte: „Wundert euch nicht, ihr Freunde, ich werde sie bald genug zur Hetäre machen."

Besonders gerühmt wurde an Lais die Schönheit ihres Busens, und von nah und fern strömten die Maler hinzu, um diese göttliche Brust im Bilde festzuhalten.

Aristipp, dem man als Philosophen seinen Verkehr mit der Lais wohl manchmal zum Vorwurf machen mochte, sprach bei solch einer Gelegenheit einmal das berühmt gewordene Wort: „Ich habe die Lais, nicht sie mich."

Des weiteren wird erzählt, daß Aristipp alljährlich zwei Monate lang während des Poseidonfestes mit Lais auf der Insel Ägina zusammengelebt habe. Da ihm nun sein Hausverwalter vorhielt, daß er für Lais so viel Geld ausgebe, während doch Diogenes, „der Hund", umsonst ihre Gunst genösse[2], antwortete er: „Ich bin der Lais gegenüber freigebig, damit ich sie genieße, nicht aber, daß sie nicht auch ein anderer habe."

Nicht so vornehm dachte Diogenes selbst, der einmal zu Aristipp in seiner gesucht derben Sprache sagte: „Wie kannst du mit einer Dirne verkehren?! Entweder werde also auch Zyniker oder gib den Verkehr auf." Aristipp erwiderte: „Kommt es dir ungereimt vor, wenn man in

---

[1] Goethe, Römische Elegien I, 3, 57:
    Rhea Silvia wandelt, die fürstliche Jungfrau, der Tiber
    Wasser zu schöpfen hinab, und sie ergreifet der Gott.

[2] Im Original (Athen. XIII 588 e) drückt er sich wesentlich derber aus: συγκυλίεται.

ein Haus zieht, in dem vordem schon andere gewohnt haben?" — „Keineswegs", sagte Diogenes. — „Oder", fragte Aristipp weiter, „wenn man mit einem Schiffe fährt, in dem schon viele andere gereist sind?" — „Durchaus nicht." — „Dann ist also auch nichts dagegen einzuwenden, wenn man einem Weibe beiwohnt, das schon viele andere besessen haben."

34. Phryne, mit ihrem eigentlichen Namen Mnesarete, stammte aus dem boiotischen Städtchen Thespiai; sie war die schönste, berühmteste, aber auch gefährlichste aller Hetären in Athen, so daß sie von dem Lustspieldichter Anaxilas mit der Charybdis verglichen wird, die den Schiffsherrn mitsamt dem ganzen Fahrzeug verschlingt.

Ihre Unsterblichkeit verdankt sie nicht nur ihrer wunderbaren Schönheit, sondern auch einer Skandalgeschichte, die damals in Athen das Tagesgespräch bildete. Aus irgendeinem Grunde, der hier nicht erörtert zu werden braucht, war Phryne vor Gericht angeklagt. Der berühmte Redner Hypereides, der ihre Verteidigung übernommen hatte, sah ihre Sache fast verloren. Da durchzuckt schneller Entschluß ihm das Hirn, er zerreißt seiner schönen Klientin das Gewand vor der Brust und enthüllt des Busens strahlende Herrlichkeit. „Die Richter aber ergriff heilige Scheu vor der Gottheit, so daß sie es nicht wagten, die Prophetin und Priesterin der Aphrodite zu töten."

35. Athenaios, aus dessen Erzählung wir die letzten Worte zitiert haben, sagt dann weiter: „Es war aber Phryne tatsächlich mehr an den Teilen schön, die man nicht zu zeigen pflegt, und es war nicht leicht, sie nackt zu sehen, denn sie pflegte einen enganliegenden Chiton zu tragen und benutzte nicht die öffentlichen Bäder. Als aber an der Eleusinienfeier und am Poseidonfeste das ganze Griechenvolk versammelt war, legte sie vor aller Augen die Gewänder ab, löste das Haar und stieg nackt in das Meer: das gab dem Apelles die Anregung zu seiner aus dem Meer emporsteigenden Aphrodite. Auch Praxiteles, der berühmte Plastiker, gehörte zu ihren Verehrern und formte nach ihrem Modell seine Knidische Aphrodite."

Phryne fragte einst den Praxiteles, welches seiner Werke er für das schönste hielte. Da er es aber nicht sagen wollte, ersann sie eine List. Als sie einmal bei ihm weilte, stürmte ein Diener mit allen Zeichen des Schreckens herein und sagte, das Atelier stände in Flammen, schon sei viel, doch noch nicht alles zerstört. Entsetzt sprang Praxiteles auf und rief: „Alles ist verloren, wenn das Feuer meinen Satyr und meinen Eros vernichtet hat!" Lächelnd beruhigte ihn Phryne und sagte ihm, er solle nur dableiben, sie habe sich die Geschichte mit dem Feuer nur ausgedacht, um in Erfahrung zu bringen, welches seiner Werke er selbst am höchsten stelle.

Diese Geschichte macht dem Geist der Phryne alle Ehre, und man begreift, daß Praxiteles in seiner Freude ihr erlaubte, sich aus seinen Bildwerken eins als Geschenk auszusuchen. Phryne wählte den Eros, behielt ihn aber nicht für sich, sondern weihte ihn dem Erostempel in ihrer Vaterstadt Thespiai, wodurch sie den kleinen Ort zu einem Jahrhunderte hindurch vielbesuchten Wallfahrtsorte machte, worüber in meinem Erotesbüchlein Näheres zu finden ist. Wie staunen wir heute über eine Zeit, da gottbegnadete Künstler ihre Hetären mit Kunstwerken beschenkten, deren Herrlichkeit uns noch heute mit Entzücken erfüllt, und diese solchen Lohn der Gottheit weihten! Die Größe dieser Tat bleibt auch dann noch bestehen, wenn man ruhig zugibt, daß ein starkes Motiv ihrer Handlungsweise auch die persönliche Eitelkeit gewesen sein mag. Daß sie davon nicht frei war, beweist die Tatsache, daß sie sich erboten hatte, die zerstörten Mauern der Stadt Theben mit ihrem Gelde wieder aufzubauen, falls die Thebaner sich verpflichteten, diese Inschrift anzubringen:

ZERSTÖRT VON ALEXANDER
NEUAUFGEBAUT VON PHRYNE DER HETÄRE,

eine Geschichte, aus der hervorgeht, daß das Handwerk der Phryne goldenen Boden hatte, was auch sonst von den alten Schriftstellern ausdrücklich hervorgehoben wird.

Die Bewohner von Thespiai erwiesen sich übrigens für die großartige Dedikation der Erosstatue dankbar und beauftragten Praxiteles, ein goldverziertes Standbild der Phryne zu verfertigen. Auf einer Säule aus pentelischem Marmor wurde es in Delphi zwischen den Standbildern des Königs Archidamos und des Philippos aufgestellt, woran kein Mensch Anstoß nahm außer dem kynischen Philosophen Krates, der erklärte, das Standbild der Phryne sei ein Denkmal der Schande Griechenlands.

Ein andermal hatten, wie Valerius Maximus erzählt, einige übermütige Jünglinge in Athen eine Wette abgeschlossen, daß der wegen seiner Sittenstrenge berühmte Philosoph Xenokrates doch den Reizen der Phryne unterliegen werde. Bei einem üppigen Gelage wurde Phryne geschickt in die Nähe des tugendhaften Mannes placiert; schon hatte Xenokrates dem Weine reichlich zugesprochen, und die schöne Hetäre ließ es an herausfordernder Entblößung, an aufreizenden Reden und Berührungen nicht fehlen. Aber alles war vergeblich, an dem unbeugsamen Willen des Philosophen scheiterten die Verführungskünste der Buhlerin; ja, sie mußte sogar noch spöttische Reden sich gefallen lassen, daß sie trotz ihrer Schönheit und Raffiniertheit einem alten, noch dazu halbtrunkenen Manne unterlegen sei. Aber Phryne ließ sich nicht verblüffen; als die Zechgenossen den Preis der verlorenen Wette von ihr verlangten, weigerte sie sich mit der Begründung, die Wette hätte von einem Menschen aus Fleisch und Blut gegolten, nicht von einer gefühllosen Bildsäule.

36. Man wird aus dem bisher Mitgeteilten ersehen haben, daß es den griechischen, zumal den attischen Hetären an Esprit und Witz nicht gefehlt hat und daß die Fülle der gesellschaftlichen Talente, die den meisten zu eigen waren, ihr Gewerbe veredelte, so daß man begreift, nicht nur daß die ersten Männer der Nation auf den Umgang mit den Hetären nicht verzichten mochten, sondern auch, daß ihnen kein Mensch daraus einen Vorwurf machte. Ist doch die Liebe des gewaltigen Staatsmannes Perikles, der Gatte und Vater war, zu Aspasia fast weltberühmt geworden, und war doch auch Aspasia nichts anderes als eine Hetäre, wenn auch vielleicht die geistig und gesellschaftlich am höchsten stehende von denen, die uns aus dem griechischen Altertume bekannt sind.

In Milet geboren, kam sie frühzeitig nach Athen, wo es ihr bald durch die Schönheit, Klugheit und geselligen Talente gelang, die bedeutendsten Männer ihrer Zeit in ihrem Hause zu vereinigen. Selbst Sokrates verschmähte es nicht, bei ihr zu verkehren, und Plato läßt ihn merkwürdigerweise die berühmte Leichenrede der Aspasia in den Mund legen. Perikles verstieß seine Gattin, um sie zu heiraten, seitdem stieg ihr politischer Einfluß derart, daß Plutarch sie sogar den Krieg zwischen Athen und Samos wegen ihrer Vaterstadt Milet anstiften läßt. Jedenfalls bot die Bevorzugung der Aspasia durch Perikles seinen Gegnern willkommenen Vorwand zu Angriffen: man wollte nichts davon wissen, daß eine Frau im politischen Leben etwas zu sagen haben sollte, die noch dazu keine Athenerin war, sondern aus dem Auslande zugezogen und gar aus dem wegen der Sittenlosigkeit seiner Frauen berüchtigten Ionien. Die Ehe der Aspasia mit Perikles war nach athenischer Auffassung eine Mesalliance, die schöne Mileserin galt nicht als legitime Gattin, sondern als Kebsweib, als eine Frau zweiter Klasse. Daher wurde sie von den Komikern weidlich durchgehechelt, und da man Perikles den großen Olympier nannte, so lag für Aspasia der Spitzname Hera nahe; aber auch als Omphale und Deianeira erscheint sie in der attischen Komödie, wodurch ihre Macht auf den großen Staatsmann verhöhnt werden sollte, der wie der gewaltige Herakles im Frondienste der Omphale und unter dem Pantoffel der Deianeira so unter der Willkür der hergelaufenen Fremden schmachtete. Heute nicht mehr kontrollierbarer Klatsch aller Art setzte sich an ihr fest; man wollte wissen, daß sie freie Frauen an ihren Mann verkuppelte, ja nach einer Notiz des Athenaios sollte sie ein richtiges Bordell unterhalten haben. Selbst Aristophanes scheute nicht davor zurück, den Ausbruch des großen Krieges mit dem angeblichen Freudenhause der Aspasia in Verbindung zu bringen, wenn er in den „Acharnern" den Dikaiopolis also wettern läßt:

„Als aber ein Haufe junger Leute gen Megara ging
Und kottabostrunken[1] da die Hure Simaitha fing,
Da wurden die Megarer bullenwild ob so großen Leids,
Und raubten Aspasien zween Huren ihrerseits.
So kam der Anfang dieses Kriegs gewitterschwer
Von den drei Lustdirnen über alle Hellenen her.
Denn Perikles, der Olympier, jähen Zornes entbrannt,
Der blitzte, donnerte, quirlte zu Brei das Hellenenland,
Gab Kriegsmanifeste recht im Trinkliedsstil verfaßt:
,Nicht zu Wasser und Land, nicht in Hafen und Markt, nicht als Wandrer
noch Gast,
Nie suche noch finde hier sich ein Megarer Ruh noch Rast.'"

Als sie wegen Asebie (Gottlosigkeit) und Kuppelei verklagt war, verteidigte sie Perikles und erwirkte ihre Freisprechung. Nach dem Tode des Perikles heiratete sie den Lysikles, einen Mann geringer Herkunft, der dadurch zu bedeutendem Einflusse gelangte.

Nach dem großen Vorbilde nannte Kyros der Jüngere seine Geliebte namens Milto, die aus Phokaia stammte, ebenfalls Aspasia. Sie begleitete ihn auf seinem Feldzuge gegen seinen Bruder Artaxerxes und

---

[1] Der Kottabos war ein beim Zechgelage sehr beliebtes Spiel, von dem es mehrere Arten gab. Das Wesentliche dabei war, daß man etwas Wein aus dem Munde oder aus dem Becher in kleine Wagschalen, die über kleinen Bronzefiguren pendelten, so spritzen mußte, daß die Schale sich auf die eine Figur und dann durch den Gegenstoß auch auf die andere Figur senkte und so abwechselnd. Oder aber man spritzte den Wein in kleine schwimmende Schalen, so daß diese durch die hineingespritzte Schwere zum Sinken gebracht wurden. Siehe Abbildungen auf Vasen. Beschreibungen des Kottabosspiels bei Athen. XV 666 ff.; Poll. VI 109 ff.; schol. Arist. pax 343, 1208, 1210 und schol. Lucian Lexiph. 3. Becker-Göll, Charikles (Berlin 1877) II 366 ff.

wurde, als Kyros bei Kunaxa 401 v. Chr. gefallen war, die Beute des Perserkönigs Artaxerxes Mnemon, den sie gleichfalls durch ihre Liebenswürdigkeit bestrickte. Später wurde sie Streitobjekt zwischen ihm und seinem Sohne Dareios. Der Vater verzichtete, aber unter der Bedingung, daß sie Priesterin der Anaïtis[1] werden müsse. Deshalb empörte sich der Sohn gegen den Vater, mußte aber seinen Aufstand mit dem Leben büßen.

37. Zur Vervollständigung des über das Leben der griechischen Hetären Gesagten gebe ich noch einige Kleinigkeiten, wie sie sich überall in der Literatur der Griechen verstreut finden, und zwar zunächst aus der palatinischen Anthologie. Maikias besucht die Hetäre Philainis, die die Untreue ihres Geliebten nicht zugeben will, aber die quellenden Tränen strafen sie Lügen. Ebenso häufig, wenn nicht noch häufiger war natürlich, daß die Hetäre ihrem Liebhaber untreu wurde oder ihn versetzte. Asklepiades klagt, daß die Hetäre Niko, die ihm doch feierlich geschworen hatte, ihn mit Anbruch der Nacht zu besuchen, nicht kommt. Die Meineidige! Schon geht die Zeit der letzten Nachtwache zur Neige. Löscht die Lichter aus, ihr Knaben — nun kommt sie nimmer. Falls es erlaubt ist, mit diesem Epigramm des Asklepiades ein anderes desselben Dichters in Verbindung zu setzen, so hatte diese Hetäre Niko damals schon eine Tochter, namens Pythias, die demselben Berufe nachging wie ihre Mutter; das Handwerk wäre dann sozusagen in der Familie geblieben, und wir hätten eine Parallele zu der früher genannten Hetäre Gnathaina und ihrer Enkelin Gnathainion. Aber auch mit der Pythias hat der Dichter böse Erfahrungen gemacht: einmal hat sie ihn zu sich bestellt, und als er kommt, findet er verschlossene Türen. Indem er die Göttin der Nacht als Zeugin der erlittenen Unbill anruft, wünscht er der treulosen Pythias, daß sie bald Ähnliches vor der verschlossenen Pforte eines Liebhabers erleiden möge.

38. Neben der Untreue und Unbeständigkeit ist es zumal die begehrliche Habsucht der Hetären, über die von den Liebhabern geklagt wird, wovon man überall in der griechischen Dichtung den Niederschlag findet. In einem Epigramm des Hedylos oder nach anderer Angabe des Asklepiades ist von den drei Hetären Euphro, Thais und Boïdion die

---
[1] Anaïtis, eine ursprünglich babylonische Gottheit, deren Kultus sich in den verschiedenen Ländern verschieden gestaltet hat. In Armenien war er mit Tempelprostitution verbunden (Strab. XI 532), in Kappadokien und im Pontos wurde die Göttin in den heiligen Städten von zahlreichen männlichen und weiblichen Hierodulen verehrt (Srab. XII 559, XV 733).

Rede: drei Kauffahrteischiffer haben sie an die frische Luft gesetzt, nachdem sie sie bis aufs Hemd ausgeplündert haben, so daß sie nun ärmer sind, als wenn sie Schiffbruch erlitten hätten. „Darum meidet", so schließt das Epigramm, „samt euren Schiffen diese Vampyre der Aphrodite, die gefährlicher sind als die Sirenen."

Diese Klage ist uralt und ein immer wiederkehrendes Motiv der erotischen Literatur von den Zeiten an, da Liebe für Geld käuflich zu haben war. Ich erinnere, um wenigstens noch ein Beispiel zu bringen, an die Worte des Chremylos in des Aristophanes Komödie „Der Reichtum":

> „Und auch die schönen Hetären von Korinth, so heißt's,
> Wenn irgendein Armer ihrer froh zu werden wünscht,
> So gönnen sie keinen Blick ihm, doch wenn ein Reicher kommt,
> So drehen und blähen sie den Popo, wer weiß wie sehr!"

Ein durch seine wirkungsvolle Kürze überaus drastisches Beispiel für die ewige Geldempfänglichkeit der Hetären gibt der von Alkiphron mitgeteilte Brief der Philumene an Kriton: „Warum bemühst du dich mit langen Briefen? Ich brauche fünfzig Goldstücke aber keine Briefe. Wenn du mich also liebst, dann gib; wenn du aber dein Geld mehr liebst, dann belästige mich nicht weiter. Damit Gott befohlen!"

39. Daher ist es ganz erwünscht, daß auch über die Preise, die von den Hetären gefordert wurden, in der Anthologie Angaben gemacht werden. Die athenische Hetäre Europa war im Durchschnitt mit einer Drachme zufrieden, wenn man ein Epigramm des Antipater verallgemeinern darf. Dafür ist sie aber auch in jeder Beziehung willig und macht es ihren Besuchern so angenehm wie möglich; an weichen Decken auf dem Lager läßt sie es nicht fehlen, ja wenn es kalt ist, spart sie auch die teuren Kohlen nicht. Noch tiefer in der Lohnskala geht Bassos, der mit grimmigem Humor feststellt, daß er nicht Zeus sei, um Gold in den offenen Schoß der Geliebten fließen lassen zu können, noch gedenke er durch die Künste des Gottes ihr zu imponieren, der sich in einen Stier verwandelte, um Europa zu entführen oder in einen Schwan, um Leda zu beglücken — er zahle einfach der Hetäre Korinna „die üblichen" zwei Obolen und damit basta.

Das wäre freilich ein außergewöhnlich niedriger Preis, und man wird sich sehr hüten müssen, daraus verallgemeinernde Rückschlüsse zu ziehen. Dazu würden weder die immer wiederkehrenden Klagen über die Begehrlichkeit der Hetären stimmen, noch auch die wenig liebenswürdigen Ausdrücke, mit denen sie nicht selten bedacht werden. So

Aphrodite in einer Muschel

Liebespaar. Innenbild einer Schale. Newhaven

Liebesszene. Pompejanisches Wandgemälde. Neapel, Nationalmuseum

nennt Meleagros einmal eine Hetäre „ein übliches Bettvieh" (κακὸν κοίτης θηρίον) und Makedonios Hypatikos nennt die Hetären „die Lohnarbeiterinnen der bettfrohen Aphrodite".

40. Wenn ihre Tages- oder, wohl richtiger gesagt, ihre Nachteinnahmen nicht durchschnittlich sehr hoch gewesen wären, so hätten wohl die Hetären nicht so kostbare Weihegeschenke aufbringen können, von denen schon früher die Rede war, wozu jetzt noch einiges ebenfalls aus der Palatinischen Anthologie nachgetragen werden soll. Simonides, falls das Epigramm wirklich von ihm ist, erwähnt zwei Hetären, die der Aphrodite Gürtel und Stickereien weihten; der Dichter redet zu einem Handelsmanne und bemerkt launig, daß sein Geldbeutel wohl wisse, wo diese kostbaren Gaben herstammen.

Besonders häufig hören wir von Weihegaben der Hetären an Priapos, ganz natürlich, war doch dieser, wie ich früher ausführlich darlegte, der Gott der sinnlichen Liebe. Nach dem Epigramm eines ungenannten Dichters hat die schöne Alexo zur Erinnerung an das heilige Nachtfest mit Wollbinden umflochtene Kränze aus Krokos, Myrrhen und Efeu dem „süßen und weibisch kosenden" Priapos geweiht. Ein anderer ebenfalls ungenannter Dichter sagt, daß die Hetäre Leontis, nachdem sie bis zum Aufgange des Morgensternes sich mit dem „goldigen" Sthenios vergnügt hatte, das Saiteninstrument der Aphrodite und den Musen geweiht habe. Oder war dieser Sthenios ein Dichter, an dessen Poesie sie sich erfreute? Vielleicht trifft beides zu, jedenfalls läßt der Wortlaut beide Erklärungen offen.

Die Epigramme des Asklepiades und Meleagros, in denen von eigenartigen Weihegaben der Hetären die Rede ist, sollen im Ergänzungsbande in Übersetzung mitgeteilt werden.

Von einem leider wieder nicht genannten Dichter stammt das schöne Epigramm auf die Hetäre Niko. Sie hat der Aphrodite als süße Gabe eine Iynx gestiftet, jenes magische Zauberrad, von dem ich früher (Bd. I, S. 174) ausführlich sprach, jenes Rad, „das einen Mann über das weite Meer und die Knaben aus ihrem keuschen Schlafgemache zu locken vermag, das mit Gold kunstvoll eingefaßt, aus durchsichtigem Amethyst geschnitzt und mit der weichen Flocke eines Lammes umwunden ist".

41. Eine außerordentlich wichtige Rolle im Leben der Hetären spielt natürlich die Kosmetik im weitesten Umfange des Wortes; ich gebe aus der Unmenge der alten Schriftquellen, die davon handeln, einige besonders charakteristische Proben. Zunächst belehrt uns ein Epigramm des Paulus Silentiarius, daß auch die Jünglinge, wenn sie zu ihren Hetären gingen, besonderen Wert auf sorgfältig gewählte Kleidung legten. Das Haar wurde zierlich gelockt, die Nägel sorgfältig beschnitten und glänzend gemacht; dazu wurde ein besonders geschmackvolles purpurgefärbtes Kleid angelegt. Lukillos spottet über eine schon ältliche Hetäre, die mit allen möglichen Toilettekünsten, Haarfärbemitteln, Bleiglanz und Schminke über ihr runzliges Antlitz hinwegtäuschen will: gib dir keine Mühe, so meint er grimmig, aus einer Hekabe wird durch Schminke keine Helena. Von demselben Lukillos lesen wir das bissige Epigramm: „Manche behaupten von dir, Nikylla, daß du deine Haare färbst — wo du sie doch schon schwarz auf dem Markte gekauft hast." Ein Fragment des Aristophanes enthält einen ganzen Katalog von Gebrauchsgegenständen der weiblichen Kosmetik; unter anderem werden genannt: Schermesser, Spiegel, Schere, Wachsschminke, Soda, falsches Haar, Purpurbesatz, Binden, Bänder, rote Schminke (Anchusa), Bleiweiß, Myrrhe, Bimsstein, Busenbinde (Büstenhalter, vgl. oben Bd. I, S. 86), Gesäßbinde[1], Schleier, Algenschminke, Halsketten, Augenschminke[2], Pyjama[3], Goldschmuck fürs Haar, Haarnetz, Gürtel, Mantille, Morgenrock[4], auf beiden Seiten purpurgesäumtes Kleid und rings mit Purpur umbrämtes[5] Kleid; Schleppkleid[6], Hemd, Kamm, Ohrringe, edelsteingeschmückte Kolliers, Ohrgehänge, Ohrgehänge in Traubenform, Armspangen, Haarspangen, Armbänder, Halsketten, Fußspangen,

---

[1] Was damit gemeint ist, gestehe ich nicht sicher zu wissen; der griechische Ausdruck ὀπισθοσφενδόνη kann aber nicht anders übersetzt werden. Vielleicht handelt es sich um eine Binde, die dazu bestimmt war, allzu üppig entwickelte Hinterbacken etwas einzuschnüren und dadurch in ihrem Volumen zu reduzieren oder aber die Binde wurde direkt unter den Hinterbacken umgelegt und diente dazu, diese zu heben und dadurch üppiger hervortreten zu lassen. So ist leicht möglich, daß dieselbe Binde je nachdem entgegengesetzten Zwecken diente. Das Simplex σφενδόνη bedeutet übrigens bei Pollux 5, 96 eine von den Frauen benutzte Kopfbinde, bei den Ärzten wie Hippokrates und Galenos die Monatsbinde.

[2] Das sogenannte ὑπόγραμμα oder στίμμι, Spießglanzerz, das man brannte und zu Pulver verrieb. Man verwendete es zum Untermalen der Augen, aber auch um Brauen und Wimpern schwarz zu färben; vgl. Poll. 5, 101. Etym. m. 782, 9.

[3] Griechisch τρυφοκαλάσιρις; Nachweise bei Kock z. d. St. und in den Lexicis.

[4] So übersetze ich das sonst als weibliches Kleidungsstück mir nicht bekannte τρύφημα.

[5] Das erstere hieß παρυφές, vgl. Poll. 7, 53, das andere ἔγκυκλον, nach Photius unter παράπηχυ.

[6] Die vielgenannte und oft besprochene ξυστίς, vgl. darüber die Wörterbücher und Charikles Bd. III, S. 258.

Knöchelspangen, Schmuckketten, Fingerringe, Schönheitspflaster[1], Haarunterlage, Selbstbefriediger[2], Edelsteine, Halsbänder, gedrehte Ohrgehänge und unzähliges andere, wovon unsereins nicht einmal den Namen weiß.

Wie es die Hetären verstehen, vorhandene Reize zu erhöhen und fehlende vorzutäuschen, schildert der Komiker Alexis in einem launigen Fragmente, das ich schon früher (Bd. I, S. 86) Gelegenheit hatte mitzuteilen.

42. Zu dem Gewerbe der Hetären gehörte nicht nur die sorgfältige Ausübung der Kosmetik, wie wir sie in einigen Proben soeben kennenlernten, sondern auch eine große Gewandtheit im Benehmen, Kenntnis der männlichen Schwächen und ein nicht geringes Raffinement, diese Schwächen in möglichst viel klingende Münze umzuwandeln. Man kann sagen, daß mit der Zeit richtige Hetärenkatechismen entstanden, die zunächst sich wohl durch mündliche Überlieferung fortpflanzten, mit der Zeit aber auch schriftlich niedergelegt wurden. Vollständig sind solche Hetärenbücher nicht auf uns gekommen, aber die Schriften der Alten enthalten Stellen genug, um uns über die Anlage dieser Bücher eine ausreichende Vorstellung machen zu können. Bekannt ist ein Gedicht des Properz, in dem eine Kupplerin einen richtigen Lehrvortrag hält über die Art, wie ein Mädchen möglichst viel Geld aus ihrem Liebhaber herauspressen kann. Vor allem, so lehrt die Kupplerin, darfst du nichts von Treue wissen, mußt die Kunst der Lüge und Verstellung verstehen und dich nicht an die Gesetze der Schamhaftigkeit kehren. Ja, du mußt so tun, als wenn du noch andere Liebhaber hättest: das hält den Mann hin und stachelt dadurch seinen Eifer an. Wird der Liebhaber dann etwa mal rabiat, so daß er dir das Haar rauft, so schadet das nichts, im Gegenteil dadurch bietet sich neue Gelegenheit zu Erpressungen, indem du dir die Versöhnung durch Geschenke abkaufen läßt. Wenn er dann wieder dir Geld gegeben hat und nun der Minne Sold verlangt, dann mußt du ihn von neuem hinhalten, wozu der Aberglaube manchen Vorwand bietet. Sage ihm, es sei gerade der Isistag oder sonst ein religiöser Festtag, an dem man sich des intimen Umgangs enthalte. Erwecke immer wieder von neuem seine Eifersucht, indem du in seiner Gegenwart Briefe schreibst oder dafür sorgst, daß du immer an Hals und Brust Spuren von Bissen zeigst, von denen er glauben wird,

---
[1] So verstehe ich den Ausdruck κατάπλασμα, der Pflaster bedeutet, da ein medizinisches Pflaster in diesen Zusammenhang nicht passen würde.
[2] Der sogenannte ὄλισβος, worüber ich ausführlich oben S. 15 sprach.

daß sie von einem anderen Liebhaber herrühren. Nicht Medeas hingebende Liebe sei dir Vorbild, sondern die Hetäre Thais, wie sie in Menanders Komödien sich darauf versteht, ihre Liebhaber auszuplündern. Dein Portier sei genau instruiert: nur reichen Leuten soll er im Falle eines nächtlichen Besuches öffnen; klopft ein Armer, so bleibe die Tür verschlossen. Auch niedere Männer weise nicht zurück, wie etwa Soldaten oder Matrosen: ist ihre Hand auch rauh, die Hauptsache ist, daß sie dir Geld bringt. Selbst Sklaven, wenn sie nur mit Geld kommen, darfst du nicht verschmähen, wie man sie auf dem Forum zum Verkauf ausbietet. Was hast du von einem Dichter, der dich mit seinen Versen anhimmelt, dir aber keine Geschenke machen kann? Solange dein Blut noch feurig durch die Adern kreist und deine Wangen von Runzeln noch frei sind, nütze die Zeit und die Jugend, die ja so schnell entflieht.

43. Einen ähnlichen Kuppelhetärenkatechismus lesen wir in den „Amores" des Ovid. Nach der Einleitung, die uns mit dem Namen, den geheimen Künsten und Zaubereien und dem ehrlosen Berufe der alten Kupplerin bekanntmacht, gibt der Dichter, der durch einen Zufall Zeuge der Unterweisung war, der Alten das Wort zu einer bis ins kleinste ausgearbeiteten προαγωγεία. Ein Jüngling ist in dich verliebt, sagt sie zu dem Mädchen, wie selbstverständlich bei deiner Schönheit. Wärst du nur auch so reich wie schön, mein Schade wäre es gewiß nicht. Doch die Zeit ist günstig und reich ist er und schön dazu. Du errötest? Rot steht deinem weißen Teint gut, aber die Röte der Scham paßt nicht zu dir, das überlaß den ehrbarlich-züchtigen Weiblein der alten Zeit. Jetzt weht ein anderer Wind: Keuschheit ist ein Privilegium alter Jungfern. Hat doch selbst Penelope, das Muster der Keuschheit, die wahre Manneskraft geschätzt. Denke an das kommende Alter und nütze deine Schönheit, solange du sie noch hast: je mehr Liebhaber, desto besser. Dein jetziger ist ja nur ein armer Dichterkümmerling: Genie ist Nebensache, Hauptsache, daß er möglichst viel bezahlt. Unter dieser Bedingung dürftest du selbst einen Sklaven beglücken. Auch mit der berühmten Familie deines Galans kannst du mir nicht imponieren, noch mit seiner Schönheit, die mag er in deinem Interesse ausnutzen. Allmählich nur mußt du ihn aussaugen, ihn mit Liebe kirren, aber zahlen lassen, ihn immer wieder mit seinen Wünschen vertrösten, dann wieder nachgeben, aber nur, wenn er zahlt. Mußt dich gekränkt stellen, aber die Sache nicht übertreiben, damit aus der Plänkelei nicht Ernst wird. Auch spare mit Tränen nicht und nicht mit Schwüren. Hauptsache: laß dir immer was schenken, auch deiner Schwester, Mutter,

Amme. Sei unermüdlich in der Erfindung von Gründen dazu. Vergiß nicht, den Liebhaber eifersüchtig zu machen, das stärkt die Liebe. Was er dir nicht schenkt, laß dir borgen, schmeichle es ihm mit süßen Reden ab, du brauchst es ihm ja nicht wiederzugeben. Du wirst mir ewig für meine Lehren dankbar sein. Die Entrüstung des Dichters: „Könnt' ich dir nur an den dürren Leib, du schändlich kupplerisches Weib!" und Verwünschung der Alten beschließt die Nasonische Studie, die der Komödie und Elegie entlehnten Motive in elegante lateinische Verse zu bringen.

44. Der letzte Satz enthält die Rechtfertigung, warum ich in einer Darstellung der griechischen Sitten mich auch auf lateinische Quellen berufen konnte. Was die beiden römischen Dichter Properz und Ovid hier schreiben, ist griechisches Gemeingut, Widerspiegelung griechischen Lebens, wie es von der Komödie geprägt und von der Liebeselegie der Alexandriner übernommen und schließlich in das Rüstzeug der römischen Dichtung übergegangen ist. Übrigens hatte ich schon früher Gelegenheit, einen griechischen Hetärenkatechismus wenigstens kurz zu analysieren, nämlich den des Herondas (Bd. I, S. 70). Gleichfalls erwähnt wurden schon (Bd. I, S. 237) die Hetärengespräche des Lukian, die ja für das vorliegende Thema Material in überreicher Fülle enthalten. So lesen wir in dem sechsten dieser Gespräche folgende mütterliche Belehrungen.

Krobyle: Du hast es nun selbst gesehen, meine liebe Korinna, daß es nicht gar so schwer war, wie du glaubtest, aus einer Jungfrau zum Weibe zu werden, da du es durch einen schönen Jüngling wurdest und als ersten Lohn eine Mine mitbrachtest, von der ich dir morgen eine Halskette kaufen werde.

Korinna: Ja, Mütterchen! Aber es sollen auch einige funkelnde Edelsteine daran sein, wie bei der Kette der Philainis.

Krobyle: Natürlich! Höre aber jetzt noch mehr von mir, was du tun sollst und wie du dich den Männern nähern mußt. Einen anderen Lebensunterhalt haben wir ja nicht, liebe Tochter, und weißt du nicht mehr, wie kümmerlich wir die zwei Jahre, seitdem dein seliger Vater starb, gelebt haben? Freilich, solange er noch lebte, hatten wir alles reichlich; denn er verdiente als Schmied ein schönes Geld und sein Name war bekannt im Piräus und alle Leute schwören, daß es solchen Schmied wie den Philinos überhaupt nicht mehr gibt. Nach seinem Tode verkaufte ich zunächst seine Zangen, Amboß und Hammer für zwei Minen und davon lebten wir. Dann habe ich bis jetzt durch Weben und

Spinnen mit Mühe und Not unsern täglichen Lebensunterhalt erworben. Ich tat es aber, meine Tochter, in der Hoffnung auf dich.

Korinna: Meinst du die Mine?

Krobyle: Nein, sondern ich rechnete darauf, daß du, wenn du in die passenden Jahre kämest, mich ernähren, dich selbst aber mit Leichtigkeit schmücken und reich sein und kostbare Kleider und Dienerinnen haben werdest.

Korinna: Wie sagst du da, Mutter? Was meinst du?

Krobyle: Daß du mit den Jünglingen verkehren sollst, mit ihnen zechen und mit ihnen schlafen; und das alles für Geld.

Korinna: So wie Lyra, die Tochter des Daphnis?

Krobyle: Ja freilich.

Korinna: Aber das ist doch eine Hetäre.

Krobyle: Das ist nicht so schlimm. So wirst auch du reich werden wie jene und wirst viele Liebhaber finden. Warum kommen dir die Tränen, Korinna? Siehst du denn nicht, wie viele Mädchen Hetären sind und wie umworben sie sind und wieviel Geld sie verdienen? Von der Lyra wenigstens weiß ich, o heilige Unschuld! daß sie, bevor sich die Blume ihres Leibes entfaltete, in Lumpen einherging. Aber jetzt siehst du ja selbst, wie sie auftritt: in goldenem Schmuck und bunten Kleidern, dazu hat sie vier Mägde.

Korinna: Und wie hat denn die Lyra diesen Wohlstand ins Haus gebracht?

Krobyle: Zuerst zog sie sich immer sehr sorgfältig an, war zu allen Männern liebenswürdig und freundlich, nicht etwa, daß sie bei jeder Gelegenheit kicherte, wie du es machst, sondern indem sie süß und verführerisch lachte. Dann aber war sie sehr geschickt im Verkehr mit den Männern, indem sie keinen hinterging, der sich ihr näherte oder nach ihr schickte, sich aber auch keinem in die Arme warf. Wenn sie einmal für Geld an einem Trinkgelage teilnahm, sah sie nie einer angetrunken — denn das ist albern, und die Männer mögen solche Mädchen nicht —, auch überfüllte sie sich nicht unziemlich mit Essen, sondern sie aß von den Speisen wie ein Sperling, geräuschlos und nicht die Bissen schmatzend im Munde hin- und herschiebend, dazu trank sie lautlos und nicht gierig, sondern in abgemessenen Zwischenräumen.

Korinna: Wenn sie nun aber rechten Durst hatte, liebe Mutter?

Krobyle: Dann beherrschte sie sich erst recht, meine liebe Korinna. Sie spricht auch nicht mehr als nötig, macht auf keinen der Gäste schlechte Witze, aber den, der sie gemietet hat, läßt sie nicht aus den

Augen. Darum können sie die Männer so gut leiden. Wenn es dann zu Bett geht, läßt sie sich nichts Unanständiges oder Ungehöriges einfallen, sondern sie ist nur auf das bedacht, daß sie ihn für sich einnimmt und verliebt macht. Deshalb sind auch alle Männer mit ihr zufrieden. Wenn du ebenfalls das alles lernen möchtest, dann könnten auch wir noch recht gute Tage erleben. Denn du bist ihr ja in jeder Beziehung vorzuziehen — doch, ihr Götter, ich will mich nicht überheben noch versündigen.

Korinna: Sage mir, Mutter, sind alle, die uns mieten, so wie der Eukritos, bei dem ich gestern schlief?

Krobyle: Nein, nicht alle: manche sind noch schöner, einige sind auch schon männlicher, andere wieder sind alles andere als schön.

Korinna: Und mit diesen soll ich auch schlafen?

Krobyle: Erst recht, meine Tochter! Diese zahlen ja auch mehr. Die Schönen aber denken, du könnest dich mit ihrer Schönheit begnügen. Du mußt aber immer nach mehr streben, wenn du willst, daß alle Mädchen auf der Straße mit dem Finger auf dich zeigen[1] und sagen: „Seht ihr die Korinna, die Tochter der Krobyle, wie sie alles im Überfluß hat und wie beneidenswert ihre Mutter durch sie geworden ist?" Was meinst du? Willst du so tun? Aber gewiß, ich weiß es, und du wirst bald alle überstrahlen. Jetzt aber geh ins Bad, falls etwa der Knabe Eukritos auch heute kommen sollte. Versprochen hat er es ja.

45. Im ersten Hetärengespräche unterhalten sich die Hetären Glykera und Thais über einen vornehmen Offizier, der sich unbegreiflicherweise, nachdem er früher die schöne Abrotonon, danach die Glykera geliebt hatte, nunmehr in ein häßliches Mädchen vergafft hat. Mit wohligem Behagen zählen sie die Häßlichkeiten des Mädchens auf: ihr spärliches Haar, die bläulichen Lippen, der dünne Hals mit den stark hervortretenden Adern, die lange Nase. Sie sind aber gerecht genug, ihre große schlanke Gestalt und ihr verführerisches Lachen anzuerkennen. Sie können sich die Geschmacksverirrung des Offiziers nur dadurch erklären, daß er von der Mutter des Mädchens, einer berüchtigten Giftmischerin und Zauberin, die den Mond herunterzuzaubern versteht und nächtlicherweile umherfliegt, verhext worden sei.

---

[1] Mit den Fingern auf jemand zu zeigen galt im Altertum, wie aus dieser und anderen Stellen hervorgeht, nicht als ungehörig, ja für den Betroffenen meist als ehrenvoll. Bekannt ist der Vers des Persius (1, 28): „Aber es ist doch schön, wenn mit Fingern auf einen gezeigt wird und man dabei hört: ‚Dieser ist es!'"

4. DER ABERGLAUBEN IM LIEBESLEBEN

46. Der Aberglauben spielt ja im Liebesleben und damit auch in der Praxis der Hetären eine bedeutungsvolle Rolle, worauf ich schon bei der Besprechung des zweiten Gedichtes des Theokrit hinzuweisen Gelegenheit hatte (Bd. I, S. 225). Daß alle Aufklärung nichts nützte, die abergläubischen Vorstellungen vielmehr nicht auszurotten waren, ergibt sich unter anderem daraus, daß noch Ovid in der „Liebeskunst" nachdrücklich vor den „Thessalischen Künsten" warnen zu müssen glaubt, wenn er sagt: „All dieser Hokuspokus, wie das berühmte Hippomanes (vgl. Bd. I, S. 225), Zauberkräuter, Beschwörungsformeln und Liebestränke sind wirkungslos, wie das Beispiel einer Medea und Kirke beweisen: beide waren berühmte Zauberinnen, und doch vermochte ihre schwarze Kunst nicht, die Untreue ihrer Männer, Iason und Odysseus, zu verhüten." Aber solche Stimmen der Aufklärung blieben vereinzelt, die große Masse glaubte fest daran, wie sie das ja noch heute tut, und gar das Völkchen der Hetären, denen die Liebe materieller Lebensinhalt war und sein mußte, wird sich nie vom Aberglauben ganz haben frei machen können.

Ohne den Anspruch auf nur annähernde Vollständigkeit zu erheben, will ich hier einiges von dem Aberglauben der Griechen nachtragen, soweit es sich auf das sexuelle Leben bezieht. Nach Plinius war der Saft der Pflanze κραταιόγονον für die Geburt von Knaben maßgebend: um sie zu erzeugen, mußten die Eltern vierzig Tage lang dreimal nüchtern den Saft trinken. Dieselbe Wirkung schreibt Glaukias der Distel zu. Daß Agnus (Keuschlamm) wegen seiner den Geschlechtstrieb schwächenden Wirkung von den Frauen am Thesmophorienfeste in das Bett gestreut wurde, habe ich schon früher (Bd. I, S. 106) erwähnt. Malvensaft erregte nach Xenokrates die Leidenschaft der Frauen, ebenso drei ihrer Wurzeln, wenn man sie sich anband. Band man sich Malvensamen in einem Säckchen an den linken Arm, so schützte das vor Pollutionen. Die größere Wurzel des Knabenkrautes mußten nach Dioskorides Männer essen, wenn sie Knaben erzeugen wollten, die kleineren Frauen, wenn Mädchen gewünscht wurden. Trank man sie frisch in Ziegenmilch, so wurde der Geschlechtstrieb angeregt; aß man sie getrocknet, wurde er vermindert. Legte man Männern die Pflanze Pesoluta unter, so wurden sie impotent. Stimulierend wirkte auch das Satyrion, wenn man es in der Hand trug; von seiner Wurzel glaubte man dasselbe wie von der des Knabenkrautes. Die Wurzel des Cyclaminus (Saubrot) als Amulett beschleunigte die Entbindung; trat eine Schwangere darüber, so abortierte sie. Auch brauchte man die Wurzel zu Liebestränken. Wer von der Seerose trinkt, hat das mit einer Impotenz von zwölf Tagen zu büßen. Wenn man das Habrotonum (Stabwurz) unter das Bett legte, hatte man eine Steigerung des Geschlechtstriebes zu erwarten; auch war es ein unfehlbares Mittel gegen das sogenannte Nestelknüpfen. Trug man Spargelwurzel als Amulett, so wurde man unfruchtbar.

Die Asche der Pflanze Brya mit Ochsenurin gemischt machte impotent; nach den Magiern durfte man sie auch mit Urin eines Eunuchen mischen. Die Pflanze Telephilon (Fernlieb) diente nach Theokrit zu Liebesorakeln: man faßte wohl ein Blatt der Pflanze mit drei Fingern schlauchartig zusammen und stieß es gegen den Arm; wenn es dann knallte, so war das ein gutes Zeichen.

Um sich gegen den üblen „Wolf", d. h. das Wundlaufen zwischen den Glutäen, zu schützen, mußte man sich Absinthium (Wermut) an das Gesäß stecken. Das Mark der Granatapfelbaumzweige erhöhte die sexuelle Potenz, worüber Theophrast geradezu unglaubliche Geschichten erzählt. Ein Mittel zur Erhöhung der Potenz war auch, daß man den rechten Hoden eines Esels im Armband trug.

47. Wenn eine Schwangere Hoden, Gebärmutter oder Lab eines Hasen aß, so gebar sie Knaben. Der Genuß eines Hasenfötus sollte die verlorene Fruchtbarkeit dauernd wiederherstellen. Wenn in einem Hühnerhof Hennen krähten, so war das ein sicheres Anzeichen dafür, daß der Besitzer des Anwesens unter dem Pantoffel stand. Weil der Hahn der Leto in ihren schweren Wehen beigestanden hatte, brachte man schwangeren Frauen einen Hahn, in dem Glauben, dadurch die Entbindung zu erleichtern. Aß eine Frau gleich nach der Empfängnis die Hoden eines Hahnes, so konnte sie darauf rechnen, einen Knaben zu gebären. Wenn man dort urinierte, wo es schon ein Hund getan hatte, so „versiegte die Kraft der Lenden", und man wurde impotent. Wollte man die Entbindung einer Schwangeren erleichtern, so berührte man ihre Lenden mit der Nachgeburtshaut eines Hundes, die freilich die Erde noch nicht berührt haben durfte.

Von der Hyäne hatte man den merkwürdigen Aberglauben, daß sie alle Jahre das Geschlecht wechsle, eine Meinung, die Aristoteles bekämpfte. Ein nach dem Vollmonde im Mörser zerstoßener, mit feinem Salz und Wasser verriebener weiblicher Krebs sollte Karfunkel und Krebsleiden der Gebärmutter heilen.

Wollte man Männer impotent machen, so beschmierte man sie mit

Mäusekot. Trug eine Frau den Fisch Mullus (Meerbarbe) bei sich, so verlor ihr Menstruationsblut die giftigen Wirkungen. Vom Raben glaubte man, daß er sich mit dem Weibchen durch den Schnabel begatte; daher erfolgte eine Schwergeburt, wenn man ihn in das Haus einer Schwangeren brachte. Wenn eine Schwangere ein Rabenei aß, so abortierte sie durch den Mund. Wenn eine Frau zur Zeit der Empfängnis Kalbfleisch mit der Pflanze Aristolochia gekocht ißt, so wird sie einen Knaben gebären. Von der Kuhmilch glaubte man, daß sie die Empfängnis befördere.

48. Von großer Bedeutung im Aberglauben sind auch die Geschlechtsteile. Rieß hat darüber folgendes zusammengestellt: „Die weibliche Scham zu zeigen, brach den Zauber, weshalb man sie in Nachbildung oder in stellvertretenden Symbolen als Amulett trug. Hierher gehört auch die Gebärde der Fica. Verstärkt wurde die Wirkung, wenn die Frau menstruierte. So entblößte man die weibliche Scham dann gegen Hagel und Unwetter, gegen Stürme zur See, wo sie auch ohne Menstruation wirkte. Sonst darf man bei den meisten Fällen, wo die menstruierende Frau in der Landwirtschaft vorkommt, nämlich fast stets zur Vernichtung der Abhaltung von Ungeziefer durch Umgang, kaum an diese gute Kraft denken. Es wird hier vielmehr die böse Eigenschaft der menstruierenden Frau in Kraft treten, mit der sie alles vernichtet und verdirbt, womit sie in Berührung kommt, was Plinius lebhaft beschreibt. Berührte sie die Raute, so vertrocknete diese; Gurke und Kürbis welkten schon durch ihren bloßen Anblick oder sie trugen doch wenigstens bittere Früchte. Junge Weinstöcke gehen von der Berührung zugrunde. Das Leinen wird schwarz, das Rasiermesser stumpf, das Erz rostet, die Pferde abortieren usw. Selbst Spiegel, denen sich eine solche Frau zeigte, wurden dunkel, doch wenn sie dann auf die Rückseite des Spiegels sah, wurde er wieder hell. Besonders furchtbar wirkte die erste Menstruation nach dem Verluste der Jungfräulichkeit oder die einer Jungfrau überhaupt. Selbst das Menstrualblut an sich, ohne Verknüpfung mit einer Person, war wirksam. Gegen Hagel vergräbt man solches, das von einer Jungfrau kommt, mit Lorbeer im Acker. Ein Lappen mit Menstrualblut, unter einem Nußbaum vergraben, läßt diesen vertrocknen. Aber an die Pfosten des Hauses gestrichen, hält es allen Zauber ab. Sogar den Harn einer solchen Frau fürchtete man noch: bei einigen Pferdekrankheiten gebrauchte Hierokles Menschenurin, aber nicht von einer menstruierenden Frau. Auch die sordes virilitatis brauchte man gegen Skorpione. Und durch Coitus konnte sich ein

Mann von den Folgen des Skorpionenstichs befreien; sie gingen dann freilich auf die Frau über.

Besonders kräftig war der Harn; er bricht jeden Zauber. Der Sklave eines mit Porphyrios befreundeten Mannes verstand die Vogelsprache, da schlug seine Mutter, während er schlief, ihr Wasser in seine Ohren ab und nahm ihm so diese Kenntnis. Wieder muß er auch Träger des Zaubers sein können, denn auf seinen eigenen Harn zu speien, war inter amuleta, d. h. gehörte zu den Zaubermitteln. Beides zeigt sich in seiner Anwendung; die gute Kraft am besten in ihren Heilwirkungen. Vor allem ist es hier der eigene Urin, der hilft. Gegen den Biß der Assel hilft, einen Tropfen Urin auf den Scheitel zu tun. Die Flecken der Menstruation lassen sich nur auswaschen mit dem Urin derselben Frau. Gegen Schlangenbiß trinkt man den eigenen Urin. Demnächst ist der Harn eines unschuldigen Knaben heilkräftig. In ihn legt man die Nüsse fünf Tage vor dem Pflanzen. Andererseits hebt der Harn von Verschnittenen jede Fruchtbarkeit auf.

Geringer ist die Kraft des Kotes. Nach Aischines half er verbrannt gegen verschiedene Krankheiten. Das Kindspech brachte man in den Mutterleib gegen Unfruchtbarkeit.

Heilkräftig ist auch die Frauenmilch, besonders von einer Frau, die einen Knaben geboren hat; sie schützt gegen tollwütige Hunde. Die Milch der Mutter eines Mädchens ist aber nur Schönheitsmittel. Salbe aus der Milch von Mutter und Tochter zugleich schützt fürs ganze Leben gegen Augenkrankheiten."

49. Über die Bedeutung der männlichen Geschlechtsteile in den abergläubischen Vorstellungen der Griechen wird im Ergänzungsbande bei Besprechung des Phalluskultes alles Nötige gesagt werden, so daß hier in diesem Zusammenhange nur weniges zu bemerken ist. Das griechische Wort βασκαίνειν kehrt in dem lateinischen Verbum fascinare wieder; beide Ausdrücke bedeuten „bezaubern", aber auch „Zauber aufheben", woran ja noch heute das Wort „faszinieren" erinnert. Der im Altertum am meisten gefürchtete Zauber ist aber der böse Blick, dem jeder und zu jeder Zeit ausgesetzt ist, auch ohne daß von seiten eines andern eine böse, schadenwollende Absicht vorzuliegen braucht. Man kann sagen, daß man alle Wesen damit behaftet glaubte, in deren Blick oder Augenstellung etwas Eigentümliches lag, so daß dadurch der Rückschluß auf böse Gesinnung nahelag; die Furcht davor ist ja noch heute im Süden sehr groß.

Die Mittel, die man gegen den bösen Blick zu haben glaubte, sind außerordentlich zahlreich. In unserem Zusammenhange können natürlich nur die genannt werden, die zum Liebesleben Beziehung haben. Das Gemeinsame aller dieser Mittel ist, daß sie durch plötzliches Erschrecken oder Verblüffen den Blick des gefürchteten Beschauers ablenken sollen. Diese Verblüffung glaubte man am wirksamsten dadurch zu erreichen, daß der Blick auf Abbildungen oder Nachbildungen der Geschlechtsteile fiel. Natürlich nicht etwa so, daß „sich das Auge ohne weiteres aus Scham abwende", wie noch Kuhnert behauptet, sondern der Gedanke war im Gegenteil, daß das „feindliche" Auge durch den Anblick des Obszönen derart gefesselt, „fasziniert" wird, daß es nur das Obszöne noch sieht und damit für alles andere ungefährlich wird[1]. So erklärt es sich, daß man Geschlechtsteile, und zwar mit Vorliebe männliche, überall dort anmalte oder in plastischer Nachbildung anbrachte, wo man den bösen Blick besonders fürchten zu müssen glaubte. So erscheint der Phallus fast überall: an Häusern und Toren, auf öffentlichen Plätzen, nicht selten in kolossaler Größe, an den Geräten des täglichen Lebens, wie Gefäßen und Lampen, an Kleidung und Schmuck, an Ringen, Spangen usw., auch allein trug man ihn an einem Henkel; man glaubte die Wirkung zu erhöhen, wenn man ihn gelegentlich wie ein Tier formte, mit Krallen und Flügeln, oder wenn man ihm kleine Glocken anbrachte, da der Klang des Metalls als wirksam gegen Zauber und gespenstisches Wesen aller Art galt. So erklärt sich die Sitte der phallischen Amulette, die dem modernen Beschauer, falls er die inneren Gründe nicht kennt, als der Gipfel aller Schamlosigkeit erscheinen müssen. Doch habe ich schon früher darauf hingewiesen, daß man im Süden auch heute noch phallische Amulette mit Leichtigkeit sehen und kaufen kann.

50. Im Altertum sind die Amulette in cunnischer Form weit seltener, was aber leicht zu erklären ist. Die Griechen schrieben dem Manne die größere Kraft und damit seinen Genitalien die größere Wirksamkeit bei der Abwehr des bösen Blicks zu.

Statt die weiblichen Geschlechtsteile im Amulett darzustellen, zog man es vor, ihre Symbolik zu verwenden, also etwa eine Muschel oder

---

[1] Zu dieser zuerst hier von mir gegebenen Erklärung stimmt der Ausdruck des Plutarch (symp. quaest. V 7, 3): „Das Auge wird durch die Absonderlichkeit des Anblicks ‚abgezogen'", nämlich von dem Anblick des anderen, also auf den Gegenstand, d. h. das Fascinum, konzentriert. Nur so kann der Ausdruck ἕλκεσθαι bei Plutarch erklärt werden, nicht aber, daß das Auge ‚aus Scham sich abwendet'.

 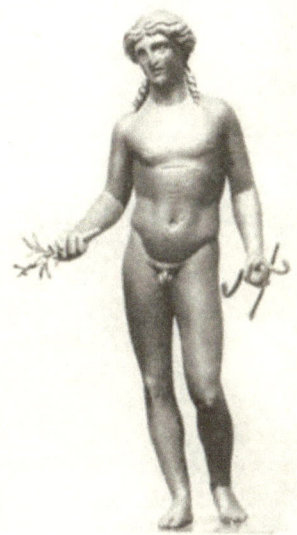

Aphrodite   Apollo

Berlin, Antiquarium

Idol der Aphrodite   Aphrodite

Zypern

Aphrodite mit Herme. Berlin, Antiquarium

Bleitäfelchen aus Dodona

Diese Täfelchen wurden, mit Fragen an das Orakel beschrieben, in zusammengefalteter Form der
Tempelbehörde eingereicht

die oft genannte, auch in den erhaltenen Amuletten oft wiederkehrende Fica[1]; griechisch σῦκον = Feige.

Aber, wie gesagt, unendlich häufiger begegnen uns in den massenhaft erhaltenen antiken Amuletten die männlichen Geschlechtsteile, so oft, daß das lateinische Wort Fascinum, das ursprünglich jeden Abwehrzauber gegen den bösen Blick bedeutet, zu einem Spezialausdruck für das männliche Glied wurde.

Man stellte all diese Amulette in der verschiedensten Größe und dem verschiedensten Material her, trug sie einzeln oder eine ganze Menge an Schnüren, da man auch damals schon glaubte „viel hilft viel". Man konnte sie auch unsichtbar tragen oder aufstellen: so sehr war man von ihrer Kraft überzeugt, daß man ihr bloßes Vorhandensein schon als wirksam genug erachtete.

51. Natürlich spielte auch im eigentlichen Liebesleben der Aberglaube eine große Rolle. Man konnte durch Zauberei eine verhaßte Nebenbuhlerin behexen, so daß ihr die Haare ausgingen oder sie andere körperliche Reize einbüßte. Neidische und eifersüchtige Mädchen konnten aber auch vorübergehend oder dauernd einen Mann seiner besten Kraft berauben: das sogenannte Nestelknüpfen war auch den weisen Frauen des Altertums und deren mehr oder weniger hübschen Klientinnen durchaus bekannt. Man hatte dazu verschiedene Methoden. Entweder bediente man sich eines Zauberspruches oder eines narkotisierenden Mittels, z. B. eines schwachen Aufgusses von Schierling, den man dem bedauernswerten Opfer in ein Getränk zu mischen Gelegenheit fand, oder man verwendete die magische Puppe. Man brauchte dazu von dem Manne, der behext werden sollte, nur ein Wachsbild zu formen und ihm eine Nadel an der Stelle einzustechen, wo man die Leber vermutete. Dadurch machte man ihn impotent, denn die Leber galt den Alten als Sitz der sinnlichen Begierden.

Geheimnisvolle Kraft, darunter auch die, impotent zu machen, schrieb man auch dem wollenen Faden zu. Ja, nach Clemens Alexandrinus hatten vor ihm die Männer besonders große Angst.

52. Wir wollen den Leser mit der Aufzählung des mannigfachen Hokuspokus nicht ermüden, von dem man sich im griechischen Altertum die verschiedenartigsten Wirkungen im Liebesleben versprach; da alles letzten Endes ja doch auf dieselbe Naivität hinausläuft, dürfte das Mitgeteilte genügen. Wie verbreitet dieser Aberglaube war, geht

---

[1] Vgl. Grimm, Deutsches Wörterbuch III, Sp. 1444, wo viele Stellen aus der Literatur angeführt werden.

auch daraus hervor, daß man die Regeln und Vorschriften, mit denen man Liebe erwecken, Untreue in Treue verwandeln, kurz alle verliebten Wünsche erfüllen zu können glaubte, in ein System brachte und schriftlich niederlegte, so daß allmählich eine ganze Literatur solcher Bücher entstand, mit deren Hilfe sich Verliebte in allen nur erdenklichen Nöten in die allzeit offenen Arme des Aberglaubens flüchten konnten. Ich will auch aus dieser Literatur eine längere Probe geben, was jetzt besonders interessieren dürfte, da es einem aufmerksamen Beobachter nicht entgehen kann, daß zur Zeit die sogenannte „okkulte Wissenschaft" außerordentlich an Boden gewonnen hat. Spiritismus und Theosophie sind die Zauberwörter, in denen einem Teile der verängstigten Menschheit das Heil winkt. Ungezählte Sitzungen okkulter Vereine offenbaren täglich in den Mittel- und Großstädten den in mystischer Verzücktheit erschauernden Gläubigen ihre Geheimnisse; die weisen Frauen, die unter der Assistenz des rückenkrümmenden Katers aus dem Kaffeesatz und den Karten die Zukunft zu ergründen wissen, haben nicht über schlechten Geschäftsgang zu klagen. So glaubte man im griechischen Altertum, daß man durch richtiges Ausnutzen der Naturkräfte, aber auch durch Zwang, der direkt auf die Götter ausgeübt werden konnte, sich allerlei Schönes, z. B. Reichtum und Gesundheit, vor allem aber Liebe sichern oder einen Feind mit Krankheit und Tod behexen könne. Je älter die Zeit, um so einfacher sind die dabei üblichen Zauberformeln, die allmählich, zumal in der hellenistischen Zeit, durch den Einfluß der orientalischen Geheimwissenschaft so kompliziert wurden, daß man sie schriftlich aufzeichnete. Die einzelnen Vorschriften wurden zu ganzen Zauberbüchern zusammengestellt, von denen sich, allerdings erst aus der spätesten Zeit des griechischen Altertums mehrere, etwa zwölf, erhalten haben. Das bedeutendste und interessanteste dieser Zauberbücher befindet sich jetzt in der Nationalbibliothek von Paris; es ist im vierten nachchristlichen Jahrhundert niedergeschrieben, also zu einer Zeit, da der alte Aberglauben dem neuen noch nicht völlig erlegen war. Aus dieser kulturgeschichtlich sehr wertvollen Handschrift gebe ich hier nach der Ausgabe von Wünsch zum ersten Male in deutscher Übersetzung einige, freilich nur geringe Proben und füge das für den Nichtphilologen zum Verständnis Notwendige in Klammer bei. Zur Einführung sei bemerkt, daß es sich um einen Liebeszauber handelt, also um ein Rezept, wie man die Liebe eines Mädchens erzwingen kann, und zwar dadurch, daß man von der Göttin Hekate erwirkt, im Sinne des Zaubernden das Mädchen zu beeinflussen. In der orientalischgriechischen Magie ist Hekate mit der Mondgöttin Selene gleichbedeutend, diese aber verschmilzt wieder mit Artemis und der Unterweltsgöttin Persephone, so daß Hekate entsprechend ihren dreifachen Funktionen dreigestaltig dargestellt wird; dadurch wird sie aber auch zur Göttin der Dreiwege, die durch die abergläubische Phantasie von jeher mit Spukgestalten bevölkert wurden. Der Gedanke, der diesem Liebeszauber zugrunde liegt, ist nun der, daß die Göttin das Mädchen, das von dem Zaubernden begehrt wird, zu ihm „hinquälen" soll; damit die Göttin aber das tut, wird ihr in einer „Verleumdung" vorgeredet, daß jenes Mädchen sich gegen sie vergangen habe. Es ist billig, über solche Naivität zu lächeln; man vergesse aber nicht, was heute manche Menschen ihrem Gotte zumuten, wobei man noch nicht einmal an die Sitten jener Volksstämme zu denken braucht, die ihren Gott um so mehr zu ehren glauben, je mehr sie sein Bildnis anspeien.

53. Ein vollständiges griechisches Zauberrezept besteht aus folgenden Teilen. Zuerst wird die mächtige Wirkung des Rezeptes gepriesen, dann werden die Bestandteile des bei dem Zauber nötigen Opfers mitgeteilt und gezeigt, wie das Opfer beim Zauber zu verwenden ist, daran schließen sich die Formeln des Logos, des Gebetes, wonach nochmals Rauchwerk in das Opferfeuer geworfen werden muß. Es werden dann Vorsichtsmaßregeln mitgeteilt, damit der Zauber nicht dem Zaubernden selbst schädlich werde; die Geister waren nämlich auch damals schon recht empfindlich. Es folgen Anweisungen über Anfertigung eines Amuletts und ein zweites Gebet, um die gewünschte Wirkung desto sicherer zu erzielen, sowie ein oder mehrere Hymnen in Versen, in denen die Macht der Göttin gepriesen wird, und als Gegenstück ein Gedicht, das die Übeltaten des zu bezaubernden Mädchens enthält, damit, wie schon gesagt, die Göttin es verfolge und dem Zaubernden „zuquäle". Der lobpreisende Hymnus ist im Versmaß der Heldendichtung, im epischen Hexameter, das Schmähgedicht in Jamben geschrieben, die sich für Schelten besonders eignen seit jener Zeit, als die dadurch berühmt gewordene Waschfrau den Dichter Archilochos mit den klassischen Worten: „Weg da, du Kerl, du stößt mir ja die Wanne um" aus den höheren Sphären der Dichtung in die prosaische Wirklichkeit zurückrief.

Doch lassen wir nunmehr das alte Zauberbuch selbst sprechen.

(Anpreisung.) „Zubereitung des die Mondgöttin bannenden Rauchopfers. Es führt ohne Widerstand und noch am selben Tage die Seele (des zu Beschwörenden) herbei; es zwingt (den Feind) auf das Krankenbett und tötet sicher; es schickt wonnige Träume und hat sich bei den meisten Zaubereien als wunderbar wirksam erwiesen. Dieses Opfer führte Pankrates, der Priester von Heliopolis, dem Kaiser Hadrian vor und bewies ihm damit die Kraft seiner göttlichen Magie: der Bann erfolgte in einer Stunde, Krankheit in zwei, der Tod in sechs; den Kaiser selbst versenkte es in Träume, während derer er alles, was um ihn herum gezaubert wurde, richtig sah und verkündete. Staunend über die Kunst des Propheten ließ er ihm doppeltes Honorar reichen."

(Rezept.) „Nimm eine Spitzmaus und vergöttere sie im Quellwasser (gemeint ist töte sie; dieses Wort darf aber des bösen Omens wegen nicht gebraucht werden), dasselbe tue mit zwei Mondkäfern, aber im Flußwasser; dann nimm einen Flußkrebs, Fett von einer gesprenkelten jungfräulichen Ziege, Mist von dem Hundskopfaffen, zwei Ibiseier, je zwei Drachmen (etwa 9 g) Gummi, Myrthenharz, Krokus, je vier Drachmen italischer Wasserwurz und Weihrauch und eine Zwiebel ohne Nebentriebe. Alles das tue in einen Mörser, stampfe es sorgfältig und hebe es für den Bedarfsfall auf in einem Behälter aus Blei. Wenn du es dann anwenden willst, so nimm etwas davon und steige mit einem Kohlenbecken auf den Söller des Hauses, und wenn der Mond aufgeht, opfere die Mischung unter folgendem Gebete, und sogleich wird Selene erscheinen."

(Gebet.) „Vor mir zerteile sich der Wolken düstrer Schleier und es strahle mir die Göttin Aktiophis und höre auf mein heiliges Gebet, denn ich bin gekommen, um die Verleumdung aufzudecken der schändlichen und unfrommen N. N. (hier hat natürlich der Zaubernde den Namen des betreffenden Mädchens einzusetzen). Sie hat deine heiligen Mysterien den Menschen verraten. N. N. hat auch gesagt: ‚Ich sah die große Göttin das Himmelsgewölbe verlassen und auf der Erde wandeln mit nackten Füßen, ein Schwert in Händen und stumm.' N. N. hat auch gesagt: ‚Ich sah, wie sie Blut trank.' N. N. hat das gesagt, ich nicht. — Aktiophis Ereschigal Nebutosualethi Phorphorbasa Tragiammon (von der orientalischen Magie beeinflußte Zaubernamen der Göttin, die hier aus Raummangel nicht näher erklärt werden können): begib dich zur N. N., nimm ihr weg den Schlaf, wirf in die Seele ihr den Feuerbrand und strafe sie mit Wahnsinnsunrast, verfolge sie und führe sie von jedem Orte und von jedem Hause her zu mir.

Nach diesen Worten opfere und stoße laute Rufe aus (um die Aufmerksamkeit der Göttin zu erhalten) und rückwärts gehend steige hinab, und sofort wird die Seele der Beschworenen erscheinen: Du aber öffne ihr die Tür, denn sonst muß sie sterben (da sie ja von der zürnenden

Göttin verfolgt wird und während des Wartens eingeholt werden würde).

Willst du nun jemand krank machen, so bediene dich desselben Gebets, doch füge hinzu: ‚Mache N. N., die Tochter der N. N., krank.' Soll sie sterben, dann sprich: ‚Nimm, Herrin, den Atem aus der Nase der N. N.' Willst du einen Traum senden, so bete: ‚Tritt zu ihr in der Gestalt der Göttin, der N. N. dient.' Verlangst du selbst einen Traum, so sprich: ‚Tritt zu mir, Herrin, und gib mir während des Schlafes Rat über die und die Sache', und sie wird zu dir treten und dir alles ohne Trug sagen. Wende den Zauber aber ja nicht leichtfertig an, sondern nur dann, wenn ein ernsthafter Grund vorliegt."

(Das Amulett.) „Es gibt auch Vorsichtsmaßregeln, daß du nicht zu Falle kommst. Wer nämlich unvorsichtig solchen Zauber treibt, den pflegt die Göttin Luftsprünge machen zu lassen und von der Höhe auf die Erde zu schmettern. Deswegen hielt ich es für nützlich, aus Vorsicht auch das Amulett zu beschreiben. Doch halte es geheim! Nimm ein Blatt von bestem Papyrus und trage es während des Opfers um deinen rechten Arm. Auf dem Blatte sollen die Worte stehen: ‚Mulathi Chernuth Amaro Mullandron! Behüte mich vor jedem bösen Dämon, sei es nun ein männlicher böser oder ein weiblicher.' Doch halte es geheim, mein Sohn!"

Es folgen im Urtext die eben genannten Hymnen, die lobpreisenden auf die Göttin in Hexametern, die schmähenden in Jamben. Die Lobhymnen sind den orphischen sehr ähnlich, feierlich und geheimnisvoll klingen die Worte und erwecken eine Stimmung, nicht unähnlich dem Dämmerlicht in dem Marmordome von Mailand. Die Jamben aber, die, wie schon gesagt, die Greuel enthalten, mit denen die zu Beschwörende die Göttin verleumdet haben soll, lassen uns tief in die Nacht des Aberglaubens blicken, von der noch im vierten Jahrhundert n. Chr. die Ungebildeten (nur diese?) umdüstert waren. Die Einzelheiten können ohne ausführliche Erläuterungen nicht verständlich gemacht werden; nur soviel sei gesagt, daß das Trinken von Blut und das Essen vom Fleisch eines Menschen gläubigen Gemütern damals mit dem Wesen einer Gottheit vereinbar erschien. So stellt das Zauberbuch, von dem wir hier nur einen kleinen Ausschnitt mitteilen, ein beachtenswertes Dokument aus alter Zeit dar: wer mag wissen, wie viele sich dieses und ähnlichen Hokuspokus bedient haben, um an das Ziel ihrer Wünsche zu gelangen — oder auch nicht zu gelangen.

Nach diesem Rezepte zaubert heute freilich niemand mehr. Doch

nicht die Sache, nur die Form hat gewechselt, und ewig wahr bleibt
Schillers Wort: Mit der Dummheit kämpfen Götter selbst vergebens.

5. LUKIANS HETÄRENGESPRÄCHE

54. Nach diesem Exkurse über Liebeszauber kehren wir zu den Hetärengesprächen des Lukian zurück.

Im zweiten beklagt sich die Hetäre Myrtion gegenüber ihrem Liebhaber Pamphilos, daß er sie nun verlasse, um die Tochter eines Schiffsmaklers zu heiraten. So waren alle Liebesschwüre eitel, nun hat er seine Myrtion vergessen und noch dazu, wo sie schon im achten Monate schwanger ist, „das Schlimmste, was einer Hetäre begegnen kann". Sie wird nämlich das Kind nicht aussetzen, zumal wenn es ein Knabe werden sollte, sondern sie wird es Pamphilos nennen und als schmerzlichen Trost aufziehen. Übrigens habe er sich ein wenig schönes Mädchen zur Frau ausgesucht, mit ihren wasserblauen schielenden Augen.

Pamphilos erwidert ihr, sie sei wohl albern, daß sie solche Ammenmärchen auftische, oder sie habe wohl Katzenjammer, obschon sie gestern gar nicht viel getrunken hätten. Schließlich stellt sich heraus, daß das Ganze auf einem Mißverständnis beruht: Doris, die allzu eifrige Magd der Myrtion, hatte Kränze an dem Hause des Pamphilos gesehen und hochzeitliche Festlust aus ihm schallen gehört; brühwarm hatte sie das ihrer Herrin erzählt und daß des Schiffsmaklers Tochter dort ihren Einzug als junge Frau gehalten habe. Nur freilich hatte sie in der Eile das Haus des Pamphilos mit dem seines Nachbars verwechselt. Nun herrscht natürlich große Freude; wie die beiden Liebenden die glückliche Lösung des Mißverständnisses feierten, das zu erraten wird von Lukian der Phantasie des Lesers zartfühlend überlassen.

55. Eifersucht ist die Grundlage auch des dritten Hetärengesprächs, das ich hier vollständig mitteile.

Mutter: Warst du verrückt, Philinna, oder was wandelte dich sonst an bei dem Trinkgelage gestern? Heute in aller Frühe kam Diphilos zu mir und erzählt mir unter Tränen, was er gestern von dir habe erdulden müssen. Du seist nämlich betrunken gewesen, mit einem Male aufgestanden und habest, obwohl er es dir verbot, einen frechen Tanz aufgeführt, dann habest du seinen Freund Lamprias geküßt und als er dir deswegen Vorwürfe machte, habest du dich um ihn überhaupt nicht mehr gekümmert, sondern seist zum Lamprias gegangen und hättest ihn nicht mehr aus deinen Armen losgelassen, während der gute Philinos vor Eifersucht bald erstickte. Ja, und in der Nacht habest du nicht einmal sein Bett geteilt, sondern trotz seiner Tränen habest du dich von ihm abgewendet, auf einen Schemel gesetzt und ein Liedchen vor dich hingetrillert, bloß um ihn zu kränken.

Philinna: Aber was er mir antat, Mutter, hat er dir natürlich nicht erzählt. Ich glaube nicht, daß du ihm das Wort reden würdest, da er mich so betrübte, daß ich für ihn Luft war und er sich nur mit der Thais, der Freundin des Lamprias, unterhielt, solange dieser noch nicht anwesend war. Da er aber sah, wie mich das kränkte und ich ihm meinen Schmerz durch Zeichen zu verstehen gab, da nahm er die Thais beim Ohrläppchen her, zog ihr den Kopf zurück und küßte sie so wild, daß er kaum die Lippen von ihren Lippen wieder los bekam. Ich konnte die Tränen nicht zurückhalten, er aber lachte und sagte der Thais viel ins Ohr, was offensichtlich auf mich ging, und Thais lachte immer, indem sie zu mir hinsah. Als sie aber den Lamprias kommen sahen und sich satt geküßt hatten, lagerte ich mich doch wieder an seiner Seite am Zechtische, damit er nicht einen Vorwand gegen mich habe. Dann stand Thais auf und tanzte, wobei sie ihre Waden reichlich weit entblößte — als wenn sie allein schöne Beine hätte; als sie den Tanz beendet hatte, schwieg Lamprias und sagte nichts, Diphilos aber konnte sich gar nicht genug tun, die Eurhythmie ihres Tanzes zu loben und wie die Bewegungen ihrer Beine sich der Musik angepaßt hätten und wie schön ihre Waden seien und anderes Geschwätz, als wenn er die Sosandra des Kalamis[1] vor sich gehabt hätte und nicht die Thais, von der du doch aus dem Bade her weißt, wie sie in Wirklichkeit ist. Thais aber konnte es nicht lassen, auf mich zu sticheln. „Wenn sie sich nicht wegen ihrer dünnen Beine genierte," sprach sie, „würde sie auch tanzen." Was sollte ich darauf sagen, Mutter? Natürlich stand ich auf und fing an zu tanzen. Was hätte ich anderes tun sollen? Hätte ich das Gespött ertragen und durch Schweigen bestätigen können? Sollte ich dulden, daß Thais die Königin des Abends blieb?

Mutter: Du warst zu eifersüchtig, Tochter. Es hätte dich nicht bekümmern sollen. Doch erzähle weiter.

Philinna: Die anderen Gäste spendeten mir Beifall, Philinos allein legte sich auf den Rücken und blickte zur Zimmerdecke empor, bis ich müde wurde und mit Tanzen aufhörte.

Mutter: Daß du aber dann den Lamprias küßtest, zu ihm gingst

---
[1] Kalamis, berühmter Bildhauer; über die hier genannte Statue vgl. noch Lucian. imag. 6.

und ihn umarmtest, ist das wahr? Du schweigst? Das ließe sich auch tatsächlich nicht entschuldigen.

Philinna: Ich wollte ihn doch auch ärgern.

Mutter: Darauf hast du dich also geweigert, mit ihm das Lager zu teilen? Du konntest singen, während er Tränen vergoß? Bedenkst du denn gar nicht, Tochter, daß wir bettelarm sind? Hast du vergessen, was wir von ihm für Geschenke erhalten haben und daß wir den letzten Winter wohl nicht überstanden hätten, wenn uns die gütige Aphrodite diesen nicht als rettenden Engel geschickt hätte?

Philinna: So soll ich es mir deswegen gefallen lassen, wenn er mich kränkt?

Mutter: Böse darfst du ihm schon sein, aber ihn nicht wieder kränken. Weißt du nicht, daß dadurch die Liebe leidet, wenn sich der Mann selber Vorwürfe machen muß? Du hast dich aber wirklich ihm gegenüber übel benommen, nun siehe zu, daß wir nicht, wie es im Sprichwort heißt, das Seil allzu straff ziehen, bis daß es reißt.

56. Das vierte Hetärengespräch hat zur Voraussetzung, daß der Liebhaber der Melitta ihr untreu geworden ist. Sie klagt ihrer Freundin Bakchis ihr Leid und erzählt ihr, daß der Jüngling sich ohne jeden Grund von ihr fernhalte. Er habe am Kerameikos an einer Wand angeschrieben gefunden: „Melitta liebt den Hermotimos" und ein wenig darunter „Der Schiffsherr Hermotimos liebt die Melitta." Das sei aber alles dummes Zeug, sie kenne gar keinen Schiffsherrn Hermotimos. Nun möge die Freundin doch sehen, ob sie nicht eine von den alten Frauen auftreiben könne, von denen es heißt, daß sie durch ihre Beschwörungen und Zauberformeln einen untreuen Liebhaber zu seiner Pflicht zurückrufen und zerbrochene Liebe wieder zusammenleimen können. Zum Glück kennt Bakchis eine solche Hexe, „ein noch ziemlich rüstiges, derbes Weib, eine Syrerin", die ihr selbst einmal in ähnlicher Liebesnot geholfen hat und auch nicht einmal teuer ist: nur ein Brot verlangt sie und eine Drachme in bar. „Außerdem", so sagt Bakchis, „muß auf dem Tische liegen eine Portion Salz, sieben Obolen, Schwefel und eine Fackel; ferner ein Krug Wein, den sie ganz allein austrinken wird. Dann muß irgendwas von deinem Liebsten dasein, irgendein Kleidungsstück oder Schuhe oder ein Büschel seiner Haare oder sonst etwas der Art." — „Ja, Schuhe von ihm habe ich da." — „Die hängt sie dann an einen Nagel und schwefelt sie aus, indem sie auch etwas Salz in das Feuer streut. Dazu spricht sie deinen und seinen Namen. Dann holt sie aus ihrem Busen ein Rädchen heraus, das sie dreht, und dazu spricht sie

mit ebenso schnell gehender Zunge eine Beschwörung, fremdartige und schrecklich anzuhörende Worte. So machte sie es damals bei mir und nach kurzer Zeit kam der ungetreue Liebhaber wieder zu mir. Mehr kann man doch wahrhaftig nicht verlangen. Dann lehrte sie mich noch ein Abwehrmittel gegen die Phoibis, die mir damals meinen Liebsten ausgespannt hatte: ich mußte auf ihre Fußspur achten, bis sie verblaßte, dann mußte ich auf die Spur ihres linken Fußes meinen rechten setzen und umgedreht und dabei sprechen: ‚Ich bin auf dich getreten und bin dir über.‘ So tat ich denn auch damals."

Kaum hat Melitta das gehört, als sie die Freundin bestürmt, die weise Frau herbeizuholen; gleichzeitig befiehlt sie ihrer Magd, alles zum Liebeszauber Nötige zu beschaffen.

57. Das fünfte Hetärengespräch, das der lesbischen Liebe gewidmet ist, teile ich im Ergänzungsbande mit; das sechste las man schon oben Seite 53 ff.

Im siebenten Gespräche zwischen einer Mutter und ihrer Tochter Musarion wird die ganze niedrige Gesinnung, freilich auch weltkluge Erfahrung der nur auf den Gelderwerb bedachten mütterlichen Kupplerin dargestellt, während das unerfahrene Töchterlein noch an ideale Liebe glaubt und von der Heirat mit dem bildschönen, freilich auch bettelarmen Geliebten schwärmt. Die Naivität des Mädchens ist ebenso köstlich geschildert wie die nur auf das Materielle gerichtete Praxis der Mutter, so daß zu beklagen ist, daß die notwendige Rücksicht auf den Raum die Wiedergabe dieses prachtvollen Kabinettstücks verbietet.

58. Das achte Gespräch findet statt zwischen der Hetäre Ampelis, die seit zwanzig Jahren, und der Chrysis, die seit achtzehn Jahren Hetäre ist. Nach kurzen Bemerkungen über den Nutzen der Eifersucht in Liebessachen und der bisweilen nicht zu unterschätzenden Zweckmäßigkeit, den Liebhaber bis zu Wutausbrüchen zu reizen, erzählt Ampelis aus ihrer reichen Erfahrung, wie sie einst einen Liebhaber, der für jede Nacht immer nur fünf Drachmen (etwa vier Mark) gab, durch geschickte Erregung seiner Eifersucht und durch langes Hinhalten bis zu solcher Leidenschaft gebracht habe, daß er ihr, um wieder zugelassen zu werden, nicht weniger als ein Talent zahlte (etwa 4500 Mark), wofür sie ihm dann acht Monate hindurch allein gehört habe.

Das neunte Gespräch ist zu unbedeutend, als daß es hier skizziert oder gar übersetzt werden müßte.

Aus dem zehnten Gespräche geht hervor, daß auch Schüler gelegentlich Hetären besuchten; ich komme auf dieses Gespräch, das auch aus anderen Gründen für die griechische Sittengeschichte bedeutungsvoll ist, später noch zurück.

Im elften Gespräche sehen wir einen Jüngling namens Charmides mit der Hetäre Tryphaina auf einem Lager. Aber anstatt den Freuden der Liebe zu huldigen, schluchzt der Jüngling wie eine kleines Kind. Nach langem Zureden gelingt es der Tryphaina, von ihm den Grund zu erfahren, nämlich daß er wahnsinnig verliebt in die Hetäre Philemation ist, aber nicht an das Ziel seiner Wünsche kommen kann, da sie einen sehr hohen Preis fordert, den er nicht zahlen kann, da er vom Papa sehr knapp gehalten wird. So habe sie ihn denn abgewiesen, aber dem Moschion ihre Tür geöffnet, natürlich hauptsächlich um ihn zu kränken; da habe er denn auch sie betrüben wollen und sei daher zu ihr, der Tryphaina, gegangen. Diese aber weiß ihn von seinem Kummer zu heilen. Sie weist ihm nämlich einwandfrei nach, daß die angebetete Philemation zwar durch allerlei Lug und Trug der Toilettekunst sich ein jugendliches Aussehen zu geben vermag, daß sie aber in Wirklichkeit schon fünfundvierzig Jahre alt ist. Es sei wirklich kein neidenswertes Glück, diesen „Aschenkrug" ganz nackt zu sehen und zu haben. Charmides ist durch diese Enthüllungen mit einem Male bekehrt: er entfernt das trennende Laken, das er zwischen sich und Tryphaina im Bette aufgetürmt hatte, um nicht von ihr berührt zu werden und sinkt ihr mit den Worten „Die Philemation soll der Teufel holen" gerührt und liebebedürftig in die Arme.

Nach dem, was bisher von den griechischen Hetären erzählt wurde, braucht nur kurz noch darauf hingewiesen zu werden, daß es sich im Verkehr mit diesen durchaus nicht nur um einen einmaligen Liebesgenuß handelt, was natürlich auch oft genug der Fall gewesen sein wird, sondern wir haben es hier nicht selten mit mehr oder weniger lange dauernden Liebesverhältnissen zu tun, bei denen Treue und Untreue, Zank und Eifersucht eine große Rolle spielten.

59. Ein Gemälde der Eifersucht entrollt auch das zwölfte Hetärengespräch. Die Hetäre Ioessa hält ihrem Liebhaber Lysias in langen Vorwürfen vor, wie er sie absichtlich kränke und in ihrer Gegenwart geflissentlich andere Hetären bevorzuge. „Zuletzt bissest du von einem Apfel ein Stückchen ab und spieest es geschickt zielend der Pyrallis in den Busen, ohne auch nur den Versuch zu machen, mir das zu verheimlichen. Die Pyrallis aber küßte es und steckte es zwischen ihre Brüste unter das Busenband. Das alles und noch viel mehr tust du mir an, obwohl ich niemals von dir Geld gefordert habe, dir nie die Tür verschlossen hielt mit den Worten: ‚Es ist schon einer bei mir‘, und viele, darunter reiche Freier um deinetwillen abgewiesen habe. Aber bedenke, es gibt eine Göttin, zu strafen und zu rächen. Du wirst dich aber vielleicht doch betrüben, wenn du eines Tages hörst, daß ich tot daliege, sei es nun, daß ich mich aufhänge oder in den Brunnen springe, damit ich dich nicht mehr mit meinem Anblick belästige. Dann magst du triumphieren, daß du eine große und herrliche Tat vollbracht habest. Was schaust du mich finster an und knirscht mit den Zähnen? Hier, meine Freundin Pythias mag zwischen uns richten!"

Pythias bläst natürlich in das Horn der Freundin. „Das ist ja ein Stein, aber kein Mensch", meint sie, „allerdings hast du ihn auch unverantwortlich verwöhnt."

Schließlich kommt auch Lysias zu Worte. Er dreht den Spieß um und meint, Ioessa habe gar keinen Grund zur Klage, da er sie neulich in den Armen eines anderen überraschte. Auf den Rücken seines Freundes kletternd sei er durch das Fenster in ihr Schlafzimmer gestiegen, habe sich an ihr Bett geschlichen und bemerkt, daß sie nicht allein dalag, vielmehr einen Bettgenossen hatte und noch dazu, wie er durch leises Betasten feststellte, „ein bartloses zart-mädchenhaftes Jüngelchen, das am ganzen Körper kein Härchen hatte und stark parfümiert war".

Das kleine Eifersuchtsdrama findet einen alle befriedigenden Ausgang, als festgestellt wird, daß der vermeintliche Jüngling kein anderer als die Freundin Pythias war, die damals, um die Freundin in ihrer Trauer nicht allein zu lassen, die Nacht bei ihr geblieben war. Noch ist Lysias nicht völlig beruhigt. „Damals war sie ohne Haar und jetzt nach kaum einer Woche hat sie ihr volles Haar wieder", meint er zweifelnd. „Ja, das ist leicht zu erklären", entgegnet man ihm lachend. „Sie mußte wegen einer Haarkrankheit sich das Haar abschneiden lassen und trägt seitdem eine Perücke. Beweise es ihm, nimm deine Perücke ab und zeige ihm, wer das Jüngelchen in Wahrheit war, auf das er, als auf einen vermeintlichen Ehebrecher, so eifersüchtig war!" Dies geschieht und man beschließt nach feierlichem Umtrunk die Versöhnung, an der auch Pythias, das schuldig-unschuldige Objekt der Eifersucht, teilnehmen soll. Diese willigt gern ein, unter der Bedingung freilich, daß Lysias niemandem das Geheimnis ihrer Perücke ausplaudern soll.

60. Im dreizehnten Hetärengespräche führt der Miles gloriosus, der eitle, vermeintlich ruhmbedeckte, prahlende, aber innerlich hohle Offizier das große Wort. Mit polterenden Reden und unendlichem Wortschwall, mit widrigem und albernem Geschwätz prahlt er von seinen Heldentaten, worin ihm von seinem ebenso dummen und hohlen Freunde Xenidas lebhaft sekundiert wird. „Ja, das ist alles wahr," sagt Xenidas, „und du weißt ja selbst, wie ich mit Bitten in dich drang, dein kostbares Leben nicht gar zu sehr der Gefahr auszusetzen. Denn ich hätte nicht mehr leben können, wenn du gefallen wärest!" Das Lob des Freundes ermuntert den Herrn General zu weiteren Rodomontaden. Aber — nun kommt der Knalleffekt der psychologisch feinen Satire. Weit entfernt, von seinen Heldentaten entzückt zu sein, wie er natürlich gehofft hatte, erklärt die etwas humaner geartete und nicht ungebildete Hetäre, daß sie mit solchem bluttriefenden Massenschlächter nichts zu tun haben wolle, und gibt ihm kurzerhand den Laufpaß. Doch lassen wir den Ausgang des Gespräches Lukian selbst berichten.

Leontichos: Ich aber faßte mir ein Herz und trat aus der Schlachtreihe hervor, nicht minder gut bewaffnet als der Paphlagonier, denn auch ich war in einer Rüstung von gediegenem Golde, so daß sogleich ein großes Geschrei entstand auf unserer Seite sowohl wie auch auf der feindlichen. Sprich, Xenidas, mit wem mich da alle verglichen.

Xenidas: Mit wem sonst, hol' mich der Teufel, als mit Achilleus, dem Sohne der Thetis und des Peleus!

Leontichos: Als es nun zum Zweikampfe kam, verwundete mich der Feind unbedeutend, indem er nur sozusagen die Haut mir oberhalb des Knies ritzte, ich aber durchbohrte mit der Lanze seinen Schild durch und durch, so daß die Lanze bis in die Brust drang. Dann rannte ich auf ihn zu und säbelte ihm mühelos mit dem Schwerte den Kopf ab, zog ihm seine Rüstung aus, die ich als Siegesbeute behielt; dann spießte ich seinen Kopf auf meiner Lanze auf, und so kehrte ich mit Siegestrophäen beladen und von Blute triefend zu meinen Reihen zurück.

Hymnis: Mach', daß du fortkommst, Leontichos, wenn du solche scheußliche Greueltaten von dir erzählen kannst. Wer sollte dich auch nur anschauen, wenn dich das Morden so freut, oder mit dir zusammen trinken oder gar mit dir schlafen? Ich jedenfalls gehe jetzt.

Leontichos: Ich zahle dir die doppelte Taxe!

Hymnis: Es ist mir ganz unmöglich, mit solchem Menschenschlächter zusammen zu sein.

Leontichos: Fürchte dich nicht, Hymnis. Solches tat ich im Lande der Paphlagonier, jetzt aber bin ich ein friedlicher Mensch.

Hymnis: Nein, du bist ein fluchbeladener Mensch, und an deinen

Händen klebt das Blut von des Paphlagoniers Kopfe, den du an deiner Lanze aufgespießt hast. Und mit solchem Menschen sollte ich Zärtlichkeiten tauschen und der Liebe pflegen?! Das sei ferne! Eher täte ich den Scharfrichter umarmen.

Leontichos: Wenn du mich nur in meiner Uniform und meinen Waffentaten hättest sehen können, da würdest du dich unfehlbar in mich verliebt haben.

Hymnis: Schon beim bloßen Anhören wurde mir schlecht, ein Schauder befiel mich, und ich glaubte die Schattenbilder und Leichen der von dir Erschlagenen zu sehen und zumal den unglücklichen paphlagonischen Offizier, dem du das Haupt gespalten hast. Was glaubst du wohl, wäre mir geschehen, wenn ich deine Heldentaten hätte mitansehen müssen und die in ihrem Blute daliegenden Toten?! Ich wäre doch auf der Stelle vor Entsetzen gestorben, ich, die ich nicht einmal mitansehen kann, wenn ein Hähnchen geschlachtet wird.

Nach diesen und einigen andern Worten („Lebe wohl, du Held von einem Offizier, und morde weiter, soviel du willst!") kehrt Hymnis tatsächlich dem blutrünstigen Prahler den Rücken und flüchtet zu ihrem Mütterlein. Der Bramarbas, dessen Gier nun einmal entflammt ist, sucht durch Xenidas die Vermittlung wiederherzustellen. Dieser weiß wohl, daß der größte Teil seiner Heldentaten purer Schwindel ist, und nur durch das ihm sehr zögernd abgerungene Geständnis, daß er unverschämt aufgeschnitten habe, was Xenidas der Hymnis sagen solle, keimt die Hoffnung in ihm auf, die Hymnis doch bald in seinen Armen zu halten.

61. Das vierzehnte Hetärengespräch ist für die Kenntnis des hier zu schildernden Milieus von so großer Wichtigkeit, daß ich es in unverkürzter Übersetzung wiedergebe.

Dorion: Jetzt verschließt du mir deine Tür, Myrtale, ausgerechnet jetzt, wo ich durch dich zum Bettler werde; als ich dir aber noch viel schenken konnte, da war ich dir Geliebter, Mann, Herr, kurz, alles. Seitdem es aber nicht mehr zu verschweigen ist, daß ich verarmt bin und du den bithynischen Großkaufmann als Liebhaber gefunden hast, da bin ich für dich Luft und darf weinend vor deiner verschlossenen Tür stehen, während er in der Nacht von dir geliebt wird, allein bei dir ist und die ganze Nacht bei dir bleiben darf und du sogar schon von ihm schwanger zu sein behauptest.

Myrtale: Das macht mir ja selbst Kummer genug, mein lieber Dorion, und zumal wenn du sagst, wieviel du mir geschenkt hast, und daß du durch mich arm geworden bist. Zähle mir doch mal alles von Anfang an auf, was du mir für Geschenke gemacht hast.

Dorion: Einverstanden, Myrtale! Laß uns rechnen. Also zuerst sikyonische Schuhe für zwei Drachmen. Schreib auf: zwei Drachmen.

Myrtale: Dafür durftest du aber auch zwei Nächte bei mir sein.

Dorion: Als ich dann aus Syrien zurückkam, brachte ich dir ein alabasternes Parfümfläschchen mit, das wieder — beim lebendigen Gott! — zwei Drachmen gekostet hatte.

Myrtale: Ich aber schenkte dir, ehe du in See stachst, das hübsche bis zu den Oberschenkeln reichende Hemd, das du beim Rudern tragen solltest, das der Untersteuermann Epiuros bei mir liegengelassen hatte, als er eine Nacht bei mir gewesen war.

Dorion: Dafür hat es mir der Epiuros auch neulich in Samos wieder abgenommen, da er es als das seine erkannte, wobei es freilich zu einem sehr schweren Streite kam. Dann brachte ich dir aber aus Zypern Zwiebeln mit und fünf Heringe und vier Barsche. Nun? Und acht Kommißbrote in Weidenkörbchen und einen Korb voll karischer Feigen und später mit Goldfäden verzierte Sandalen, du Undankbare! Auch noch einen großen Käse!

Myrtale: Alles das mochte zusammen vielleicht fünf Drachmen betragen haben.

Dorion: Ja, Myrtale, was eben solch armer Matrose von seinem bißchen Lohn aufbringen kann! Jetzt habe ich schon die ganze rechte Ruderbank unter meinem Kommando, und du willst nichts mehr von mir wissen! Dabei habe ich neulich am Aphroditefeste der Göttin eine Silberdrachme zu Füßen gelegt, daß sie mir deine Gunst verschaffe. Deiner Mutter habe ich zwei Drachmen für Schuhe gestiftet und deiner Zofe oftmals, bald zwei, bald vier Obolen in die Hand gedrückt. Das ist aber alles zusammen für einen Matrosen doch ein ganzes Vermögen.

Myrtale: Die Zwiebeln und die Heringe??

Dorion: Ja, denn mehr konnte ich nicht geben. Würde ich mich wohl zum Ruderdienst hergeben, wenn ich ein reicher Mann wäre? Dein Bithynier hat aber deiner Mutter nicht einmal eine Knoblauchsbolle mitgebracht. Gern wüßte ich wohl, was du von ihm für Geschenke bekommen hast.

Myrtale: Nun gut! Erstlich dieses köstliche Hemd. Er kaufte es mir und dann diese dicke Perlenschnur.

Dorion: Die hat er gekauft? Die hattest du doch schon lange vor ihm!

Myrtale: Nein, die du meinst, die war viel dünner und hatte außerdem auch keine Smaragden. Weiter schenkte er mir diese Ohrringe und den schönen Teppich und neulich erst zwei bare Minen (etwa 150 Mark) und bezahlte die Miete für mich, nicht aber wie du ein Paar billige Sandalen und Käse und sonstige Kinkerlitzchen.

Dorion: Davon sprichst du natürlich nicht, was für eine Jammergestalt dein neuer Bettgenosse ist. Daß er schon über fünfzig Jahre alt ist, kahl am ganzen Vorderkopfe und im Gesicht rot wie ein Krebs! Hast du dir auch mal seine Zähne angeschaut? Er verfügt — Gott soll mich strafen! — in der Tat über viele Reize, zumal wenn er den Mund zum Singen auftut und recht elegant sein will, der richtige Esel, der Zither spielen will, wie man so treffend sagt. Aber ich wünsche dir viel Glück zu solchem Liebhaber, wie du ihn ja verdienst, und möge euch ein Kind werden, das seinem Vater gleicht. Ich werde schon eine andere finden, die Delphis vielleicht oder Kymbalion oder meine Nachbarin, die Flötenspielerin, oder sonst ganz gewiß eine. Teppiche freilich und Halsketten oder zwei Minen in bar haben nicht alle als Hetärenlohn.

Myrtale: Ja, sie ist beneidenswert, die dich zum Liebhaber bekommt! Ich gratuliere ihr zu deinen kyprischen Zwiebeln und deinem Vollfettkäse!

Das fünfzehnte und letzte Hetärengespräch läßt uns die brutalen Folgen der Eifersucht erkennen, die zu wüsten Prügelszenen führt, bei denen es nicht ohne Nasenbluten und schwerere Verletzungen abgeht. Auch in diesem Gespräch ist der Held ein bramarbasierender Kriegsmann.

6. TEMPELPROSTITUTION

62. Wenn uns Lukians Hetärengespräche einen tiefen Einblick in das Leben und Treiben der galanten Damen Griechenlands gewähren, so lassen sich auch aus anderen Schriftquellen noch viele interessante Einzelheiten mitteilen. So lesen wir bei Athenaios: „Seit alten Zeiten besteht in der Stadt Korinth der Gebrauch, wie auch der Historiker Chamaileon in seinem Buche über Pindar bezeugt, daß die Stadt, wenn sie in großer Prozession zur Aphrodite betet, zu ihrem Bittgange auch die Hetären in möglichst großer Zahl heranzieht: diese beten dann zu der Göttin und sind auch später beim Opfer und dem Opferschmaus zugegen. Und als damals der Perser seine ungeheuren Truppenmassen gegen Griechenland heranwälzte, da zogen auch die Hetären in den Aphroditetempel und beteten um die Rettung des Vaterlandes; das wird auch von den Historikern Theopompos und Timaios bestätigt. Als darauf die Korinthier der Göttin eine noch heute vorhandene Weihetafel stifteten und auf ihr auch die Hetären nannten, die sich an dem Bittgange beteiligt hatten, dichtete Simonides folgendes Epigramm: ‚Diese Mädchen vereinigten sich zu innigem Gebete an die himmlische Kypris für die Griechen und ihre tapferen Vorkämpfer; die göttliche Aphrodite dachte darum nicht daran, den bogentragenden Persern die Hochburg der Griechen zu überliefern.' Und Privatleute geloben der Aphrodite, nach Erhörung ihres Gebetes ihrem Tempel Hetären zuführen zu wollen."

So Athenaios, der dann zum Beweise seiner Behauptung als Beispiel die Spende des Korinthiers Xenophon anführt, der, wie schon früher (Seite 37) mitgeteilt, nach seinem Siege in Olympia hundert Mädchen dem Aphroditetempel zuführte.

63. Es handelt sich hier sichtlich um religiöse oder Tempelprostitution. Davon zu sprechen hatte sich schon früher (Bd. I, S. 115, 166 f., 175) Gelegenheit geboten. Wie es in Abydos am Hellespont einen Tempel der Aphrodite Porne gab, so auch auf Zypern, in Korinth und an anderen Orten; nach dem Historiker Demochares, dem Neffen des Demosthenes, hatten die Athener sogar berühmten Hetären, der Lamia und Leaina, eigene Aphroditeheiligtümer gestiftet. In Abydos war das Heiligtum deshalb der Aphrodite geweiht worden, weil eine der Hetären, als die Burg von fremder Macht besetzt war, die Wächter mit Liebe und Wein betrunken gemacht und dann die Burgschlüssel der Behörde ausgeliefert hatte, so daß die schlafenden Wächter überfallen und die Stadt befreit werden konnte.

Von dem Heiligtum der Aphrodite Porne in Korinth sagt Strabo noch folgendes: „Der Aphroditetempel war so reich, daß er mehr als tausend Hetären als Hierodulen halten konnte, die von Männern und Frauen der Göttin geweiht waren. Um dieser Mädchen willen strömten die Fremden in Masse herbei, so daß die Stadt dabei reich wurde. Die Schiffsherren ließen dort nämlich nur gar zu leicht ihr Geld, und so entstand das Sprichwort:

,Nicht jedem Manne frommet nach Korinth die Fahrt.'

Wie man erzählt, hatte eine Hetäre einer anderen auf den Vorwurf, daß sie nicht fleißig sei und von der Arbeit am Webstuhle nichts wissen wolle, geantwortet: ‚Und dabei habe ich doch in kurzer Zeit nicht weniger als drei Webebäume aufgebraucht.'"

Religiöse Prostitution gab es schon in dem babylonischen Mylittakultus und in dem ähnlichen Dienste der Aphrodite von Byblos, einer Stadt in Phönizien, dem heutigen Djebeil; die babylonische Sitte nennt Herodot „die allervernünftigste, die auch bei dem illyrischen Volke der Eneter[1] herrscht", und er schreibt darüber: „In jeder Ortschaft wird einmal im Jahre folgendes veranstaltet. Die vielen heiratsfähigen Jungfrauen, die sich jedesmal, d. h. bei dem jährlich stattfindenden Ausverkauf, zusammenfanden, ließ man alle auf einem bestimmten Platze sich versammeln, um den sich die Männer herumdrängten. Ein Herold aber bot jede einzelne zum Verkauf aus, zuerst die schönste von allen. Nachdem diese durch ihren Verkauf eine große Summe Geld eingebracht hatte, bot er die zweitschönste auf. Man verkaufte die Mädchen aber zum ehelichen Zusammenleben (d. h. also nicht zur Sklaverei). Was es nämlich unter den Babyloniern an heiratsreifen reichen Jünglingen und Männern gab, überbot einander, um die schönsten Mädchen zu kaufen. Leute aber aus dem ärmeren Volke, soweit sie stattlich von Ansehen waren, bekamen noch Geld dazu, wenn sie die häßlicheren Mädchen wählten. Denn wenn der Herold damit zu Ende war, die schönsten Mädchen aufzubieten, ließ er die häßlichste aufstehen und bot auch diese aus, falls einer das wenigste Geld empfangen und dafür die häßlichste nehmen wolle, die dann dem zufiel, der sich mit der geringsten Summe zufrieden erklärte. Das Geld aber kam durch die schönen Mädchen ein, und so brachten die schönen Mädchen die häßlichen an den Mann. So durfte keiner seine eigene Tochter dem ausliefern, dem er wollte; auch mußte der Käufer eines jeden Mädchens einen Bürgen stellen, daß er tatsächlich mit ihr Umgang pflegen würde, dann erst durfte er das Mädchen mitnehmen. Falls es sich aber herausstellte, daß das Paar nicht zusammenpaßte, so schrieb das Gesetz den Freiern der zweiten Klasse vor, das Geld zurückzubringen." Herodot fügt noch hinzu, daß diese Bräuche zu seiner Zeit nicht mehr beständen, wohl aber ein anderer, nämlich der, daß jeder, der verarmt war, seine Töchter für Geld verkuppeln durfte. Dasselbe hatte Herodot schon von den Lydern erzählt, wenn er sagt: „Im Lande Lydien huren alle Töchter, wodurch sie sich ihre Mitgift beschaffen, und zwar tun sie das bis zu ihrer rechtmäßigen Verheiratung."

---
[1] Damit sind die Veneti gemeint, die östlich der Etsch bis zum Timavo saßen.

64. Wenn die vollständig mitgeteilte Stelle aus Herodot mehr die Art zeigt, wie die Babylonier ihre Töchter, und zwar nicht nur die schönen und wohlgestalteten, sondern auch die häßlichen an den Mann brachten, so ist das, was er an anderer Stelle von den Babyloniern erzählt, religiöse Prostitution im wahrsten Sinne des Wortes. Er sagt:

„Das schimpflichste Gesetz bei den Babyloniern ist folgendes. Einmal im Leben muß sich jedes einheimische Weib im Tempelbezirk der Aphrodite niedersetzen und sich einem fremden Manne hingeben. Viele Weiber, die auf ihren Reichtum stolz sich von der großen Masse fernhalten wollen, fahren in verdeckten geschlossenen Wagen, von vielen Mägden gefolgt in das Heiligtum. Die meisten aber machen es so: Im Heiligtume der Aphrodite sitzen mit einem Kranz aus Stricken um den Kopf[1] viele Weiber, die einen kommen, die andern gehen. Vor und hinter, rechts und links von jeder ist ein geradliniger Weg freigelassen, so daß die Fremden nach allen Seiten bequem hindurchwandeln können, um ihre Wahl zu treffen. Wenn ein Weib sich dort hingesetzt hat, so kehrt es nicht eher nach Hause zurück, als bis einer der Fremden ihr in den Schoß ein Geldstück geworfen und sich außerhalb des Heiligtums mit ihr vereinigt hat. Wenn er ihr das Geld in den Schoß wirft, braucht er nichts weiter zu sagen als: ‚Ich fordere dich auf im Namen der Mylitta.' Mylitta ist aber der assyrische Name für Aphrodite. Die Höhe des Preises steht im Ermessen des Käufers, der nicht zu befürchten braucht, zurückgewiesen zu werden, da das vom Gesetz verboten ist, denn das Geld gehört der Gottheit. Das Weib muß dem ersten folgen, der ihr Geld in den Schoß wirft, und nie kommt es vor, daß einer zurückgewiesen wird. Wenn die Frau sich dem Fremden hingegeben und dadurch die heilige Pflicht gegen die Göttin erfüllt hat, so kehrt sie nach Hause zurück, und von nun an ist sie selbst für eine größere Summe nicht mehr käuflich. Die schönen und wohlgestalteten Weiber werden natürlich schnell gewählt, die häßlichen aber müssen manchmal lange warten, ehe sie das Gesetz erfüllen können. Manche müssen drei, andere auch vier Jahre warten. Auch in manchen Orten der Insel Zypern besteht ein ähnliches Gesetz."

So Herodot, dessen Angaben durch das Buch Baruch bestätigt werden, es heißt dort: „Die Weiber aber der Chaldäer sitzen mit Stricken angetan an den Wegen und räuchern mit Kleie. Wenn nun eine derselben von einem Vorübergehenden weggezogen und beschlafen wird, so ver-

---

[1] Als Symbol der Gebundenheit und des Dienstes, den sie der Göttin schulden.

höhnt sie ihre Nachbarin, daß sie nicht auch wie sie selbst gewürdigt wurde, daß ihr der Gurt zerrissen werde."

65. Auf Zypern waren es namentlich die der Aphrodite-Astarte heiligen Städte Paphos und Amathus, in denen religiöse Prostitution üblich war, worüber noch Laktanz in seiner biederen Frömmigkeit sich ereifert. Auch nach Armenien und in den Dienst der Anaïtis war der religiöse Brauch gedrungen, worüber wir bei Strabo folgendes lesen: „Was bei den Persern und Medern als heilig gilt, das ehren auch die Armenier; am meisten aber blüht bei ihnen der Kult der Anaïtis. Für sie läßt man dort junge Sklaven und Sklavinnen sich prostituieren. Das ist ja weiter nicht verwunderlich, aber auch die Angesehensten im Lande geben ihre jungfräulichen Töchter preis, und das Gesetz gebietet, daß sie sich erst verheiraten, nachdem sie lange Zeit im Dienste der Göttin gedient haben, ohne daß irgendeiner sie deshalb als Frau verschmähte. Übrigens benehmen sie sich so liebenswürdig gegen ihre Liebhaber, daß sie ihnen sogar Gastfreundschaft gewähren und ihnen oft größere Geschenke geben, als sie selbst empfangen, da sie ja aus wohlhabenden Familien stammen."

Wir beschließen die Reihe der antiken Zeugnisse über die religiöse Prostitution mit einer Notiz des Lukian: „In Byblos sah ich auch das große Heiligtum der Aphrodite und lernte die dort üblichen Orgien kennen. Die Bewohner glauben nämlich, daß sich der Tod des Adonis durch einen Eber (s. Bd. I, S. 112 f.) in ihrem Lande ereignet habe, und zur Erinnerung daran schlagen sie sich alljährlich und wehklagen, und es herrscht große Trauer im ganzen Lande. Wenn sie aber mit Schlagen und Jammern fertig sind, bringen sie dem Adonis Totenopfer dar, am darauffolgenden Tage aber fabeln sie, daß er zum Leben erwacht sei, versetzen ihn in den Himmel und scheren sich das Haupt, wie die Ägypter beim Tode des Apis. Alle Frauen aber, die sich weigern, sich das Haar abschneiden zu lassen, erleiden diese Strafe: An einem Tage müssen sie sich prostituieren; zu diesem Markte haben nur Fremde Zutritt, und der daraus erzielte Erlös fließt dem Aphroditetempel zu."

66. Zum Verständnis der Tempelprostitution muß man bedenken, daß nach antiker Auffassung Aphrodite nicht nur den Liebesgenuß spendet, sondern daß er auch ihr göttliches Gebot ist, so daß es ganz folgerichtig erscheint, wenn er durch ihren Kultus gefördert wird. Wenn sich die Mädchen durch Prostitution ihren Brautschatz verdienten, so wurde dadurch die Ehe gefördert, mithin letzten Endes ein frommes

Werk vollbracht, und wenn die sich preisgebenden Mädchen ihren Ertrag der Tempelkasse stifteten, so war auch das fromm, da dadurch die Göttin in ihrem Heiligtume geehrt wurde, daß es als eine Dankspende an die Göttin galt, von der alle weibliche Schönheit, Reife und Fruchtbarkeit kam. Wir wissen von manchen Völkern und von manchen Zeiten, da man mehr Wert darauf legte, daß das Mädchen nach der Verheiratung nur ihrem Manne sich hingab, als daß sie in die Ehe ihre Jungfräulichkeit mitbrachte. Die Einrichtung, daß Hierodulen, also der Prostitution ergebene Mädchen, im Tempel der Liebesgöttin gewissermaßen angestellt waren, die nicht nur den Tempelbesuchern sich hingeben, sondern auch bei gottesdienstlichen Festen durch ihre Tänze und musikalischen Talente mitwirken mußten, um dadurch dem Feste einen höheren Glanz zu geben, begegnet uns ja auch bei anderen Völkern. Noch zur Römerzeit bestand auf dem Berge Eryx auf Sizilien im Tempel der erycinischen Venus der Dienst der Hierodulen, von dem noch Strabo, der von 63 v. Chr. bis 23 n. Chr. lebte, mit dem fast bedauernden Zusatz freilich spricht, daß „die Kolonie jetzt nicht mehr so viele Männer zählt wie früher, und daß die Menge der ‚heiligen Leiber‘ — damit meint er die Hierodulen — erheblich zurückgegangen ist". „Die Römer in ihrer klugen Politik nahmen, nachdem Sizilien römische Provinz geworden war, das Heiligtum samt den Hierodulen in ihren besonderen Schutz, stifteten, allerdings auf Kosten von siebzehn sizilischen Städten, reiche Geldsummen der Tempelkasse und gaben dem heiligen Bezirk zweihundert Soldaten zum ständigen Schutze der Tempeldienerinnen, und wohl auch noch zu anderen Zwecken." So erzählt Diodor, der auch einen kurzen Überblick über die ruhmvolle Geschichte des erycinischen Heiligtums gibt.

67. Wer trotz allem den Brauch der griechisch-orientalischen Tempelprostitution nicht versteht, mag sich daran erinnern, daß auch bei dem Volke, das neben oder nach den Griechen als das kultivierteste der Welt bezeichnet werden muß, ganz ähnliche Einrichtungen bestanden haben. Ich meine die alten Inder, auf die hier zum Vergleiche noch hingewiesen werden soll. Meines Wissens hat niemand die Prostitution im alten Indien treffender geschildert als der Däne Gjellerup, dessen Worte ich hier, um eine Kleinigkeit gekürzt, zitiere:

„Meine Vaterstadt Ujjeni ist nicht weniger durch ihre Lustbarkeit und rauschende Lebensfreude als wegen ihrer glänzenden Paläste und prächtigen Tempel in ganz Indien berühmt. Ihre breiten Straßen hallen bei Tage vom Wiehern der Pferde und Trompeten der Elefanten wider

Mädchenraub. Pompejanisches Wandgemälde. Neapel, Nationalmuseum

Herakles und Omphale. Paris, Louvre

und bei Nacht vom Lautenspiele der Verliebten und von den Liedern fröhlicher Zecher.

Besonders aber erfreuen sich die Hetären Ujjenis eines außerordentlichen Rufes. Von den großen Kurtisanen, die in Palästen wohnen, Tempel den Göttern und öffentliche Gärten dem Volke stiften und in deren Empfangssälen man Dichter und Künstler, Schauspieler, vornehme Fremde, ja manchmal sogar Prinzen trifft, bis zu den gewöhnlichen Dirnen herab sind sie alle von schwellgliedriger Schönheit und unbeschreiblicher Anmut. Bei den großen Festlichkeiten, bei Aufzügen und Schaustellungen bilden sie den Hauptschmuck der blumenprangenden, wimpelumflatterten Straßen. In koschenilleroten Kleidern, duftende Kränze in den Händen, von Wohlgerüchen umwallt, von Diamanten funkelnd, siehst du sie dann, o Bruder, auf ihren besonderen Prachttribünen sitzen oder die Straßen dahinziehen, mit liebevollen Blicken, aufreizenden Gebärden und lachenden Scherzworten allerwärts die Sinnenglut der Lustverlangenden zu hellen Flammen schürend.

Vom Könige verehrt, vom Volke angebetet, von den Dichtern besungen, heißen sie ja ‚die bunte Blumenkrone des felsenragenden Ujjeni' und ziehen uns den Neid der weniger begünstigten Nachbarstädte zu. Öfters gastieren auch dort die hervorragendsten unserer Schönheiten, ja es kommt sogar vor, daß eine solche durch eine königliche Verordnung zurückgerufen werden muß."

7. WEITERES VON DEN HETÄREN

68. Im alten Griechenland mochte es ähnlich gewesen sein. Daß das Leben der Hetären nicht nur der Beschaffung des doch nun einmal unentbehrlichen Lebensunterhaltes und der Sklaverei im Dienste der Befriedigung fremder Sinnlichkeit gewidmet war, sondern daß die diesem wie jedem anderen Gewerbe anhaftende Alltäglichkeit durch die Schönheit veredelt wurde, beweisen unter anderem auch die Aphroditefeste, die an zahlreichen Orten Griechenlands von den Hetären der Göttin gefeiert wurden. Athenaios hat darüber einige Einzelheiten überliefert, die anzuführen sich nach dem bisher Gesagten erübrigt. Zu allem Überfluß lehrt es aber auch die Fülle von wirklich reizenden Liebesgeschichten, die uns von griechischen Hetären überliefert sind, von denen ich wenigstens eine, da die Rücksicht auf den Raummangel weiteres verbietet, hier mitteilen will, die aus dem zehnten Buche der „Alexandergeschichten" des Chares aus Mitylene stammt: „Einst sah Odatis im

Traume den Zariadres und verliebte sich in ihn und dasselbe erging ihm mit ihr. So sehnten sie sich nun unablässig nach einander, da beiden das nächtliche Traumbild erschienen war. Odatis war das schönste Mädchen in Asien und auch Zariadres war schön. So schickte Zariadres Botschaft an ihren Vater Homartes und begehrte sie zur Gattin, womit der Vater aber nicht einverstanden war, da er in Ermangelung männlicher Nachkommenschaft die Tochter einem Manne seiner Verwandtschaft vermählen wollte. Nicht lange danach lud Homartes die Großen der Krone, seine Freunde und Verwandten zum Hochzeitsfeste ein, ohne aber zu sagen, wem er sie vermählen wolle. Als nun die Trunkenheit ihren Höhepunkt erreicht hatte, rief er seine Tochter Odatis in den Saal herein und sagte ihr, so daß es alle Gäste hören konnten: ‚Wir wollen jetzt, meine Tochter Odatis, dich verheiraten. Schaue dich nun im Saale um und sieh dir alle Gäste an; danach nimm eine goldene Schale, fülle sie mit Wein und gib sie, wem du willst: diesem nämlich sollst du Gemahlin heißen'. Als aber Odatis alle gemustert hatte, ging sie weinend in den Vorraum, in dem der Mischkrug stand, da sie den Zariadres nicht unter den Gästen sah, hatte er ihr doch Botschaft zukommen lassen, daß sie sich nun heiraten wollten. Er war nämlich damals auf einem Feldzuge am Don, hatte heimlich, nur von seinem Kutscher begleitet, den Fluß überschritten und zu Wagen etwa achthundert Stadien (zwanzig deutsche Meilen) zurückgelegt. Als er nun in die Nähe des Ortes gekommen war, in dem sie das Fest feierten, ließ er dort Wagen und Kutscher zurück und ging zu Fuße weiter in skythischer Kleidung. Wie er dann den Saal betrat und die Odatis am Mischkrug stehen sah, weinend und nur zögernd die Schale füllend, trat er an sie heran und sprach: ‚Odatis, hier bin ich ja, wie du es ersehnt hast, ich, dein Zariadres.' Da sie nun den fremden Mann erblickte und wahrnahm, daß er schön war und ähnlich dem, den sie in ihren Träumen gesehen hatte, wurde sie von Freude erfüllt und gab ihm die Schale. Der aber brachte sie zu seinem Wagen und entfloh mit ihr. Die Sklaven und Sklavinnen aber, die um diese Liebe wußten, schwiegen, und als der Vater ihnen zu reden gebot, erklärten sie, nicht zu wissen, wo Odatis sei. Diese Liebesgeschichte wird von den in Kleinasien wohnenden Nichtgriechen oft und mit Stolz erzählt und sie ist von den Malern in Tempeln und in Königspalästen, aber auch in Privathäusern dargestellt und viele der angesehenen Bürger nennen ihre Tochter Odatis."

69. Wenn diese Geschichte auch nicht von den Hetären selbst handelt, so durfte sie doch insofern hier mitgeteilt werden, als sie zu den

„Erotischen Erzählungen" gehört, wie sie von den Hetären beim geselligen Zusammensein mit ihren Liebhabern gern zum besten gegeben wurden, um diese zu standhafterer Treue oder je nachdem auch zu größerer Gebefreudigkeit anzuspornen. Ich beschließe das Kapitel über die Hetären, von denen nun alles Wichtige gesagt ist, dadurch, daß ich noch einige wenig bekannte Notizen aus den alten Schriftquellen mitteile, wahllos und in bunter Reihe.

Idomeneus, ein Schüler des Epikur, hatte in seiner Schrift „Über die Demagogen" eine wohl nicht immer einwandfreie Chronique scandaleuse der großen Politiker Athens gegeben, in der er z. B. erzählte, Themistokles sei einst, und zwar zu einer Zeit, da Trunkenheit noch selten war, am hellichten Tage über den dichtgefüllten Markt auf einem Wagen gefahren, vor den er vier der damals bekanntesten Hetären wie Pferde gespannt habe; leider wird nicht angegeben, in welchem Kostüm sich diese „Fohlen der Aphrodite" (s. S. 30) befanden. Nach anderer Lesart haben die Hetären den Wagen nicht gezogen, sondern saßen auf ihm als seine Begleiterinnen. Dabei darf daran erinnert werden, daß Themistokles selbst der Sohn einer Hetäre war, nämlich der aus Thrakien stammenden Abrotonon, auf die man, wie Amphikrates in seinem Buche „Berühmte Männer" mitteilte, ein Epigramm des Inhalts gedichtet hatte, daß Abrotonon zwar nur eine thrakische Hetäre gewesen sei und doch den großen Themistokles geboren habe.

Antiphanes hatte in seinem Buche über die Hetären gesagt, daß die Hetäre Nannion „Maske" genannt wurde, weil sie ein feingeschnittenes Gesicht hatte und Goldschmuck und prachtvolle Kleider trug, nackt aber mordshäßlich war. Sie war die Tochter der Korone und diese Tochter der Nannion, so daß man dieser infolge des durch drei Generationen vererbten Gewerbes den Namen Tethe (Großmutter) gab.

Xenophon erwähnt in seinen „Erinnerungen an Sokrates": „Als jemand behauptete, daß die athenische Hetäre Theodota (zu deutsch Gotteskind) über alle Beschreibung schön sei und daß die Maler sie als Modell bevorzögen[1], sagte der Meister: ‚So laßt uns hingehen und uns dieses Wunder anschauen; vom bloßen Hörensagen darf man nämlich nicht urteilen. Wollt ihr nicht gleich mitkommen?' So begaben sie sich denn zur Theodota und trafen sie an, wie sie einem Maler Modell stand." Xenophon erzählt dann, wie sie dort alle ihre Erwartungen

---

[1] Bei Athenaios, der den Anfang des Xenophonkapitels zitiert, heißt es, daß „sie die allerschönste sei und über alle Beschreibung schöne Brüste habe... Daher suchten sie auch die Maler auf, um ihren Busen abzubilden."

übertroffen finden und wie Sokrates mit der schönen Hetäre und den anderen Anwesenden ein Gespräch führt, wie man treue Freunde gewinnen könne. Schönheit allein wirke dies nicht, es müsse Wohlwollen und ein richtiges Maß in den Gunstbezeugungen hinzukommen.

70. Wenn es sich hier nur um den Besuch des großen Weisen und bedeutendsten Jugenderziehers des Altertums bei einer öffentlichen Kurtisane handelt, ohne daß es zu intimerem Verkehr gekommen zu sein braucht, was nach der erotischen Einstellung des Sokrates, über die später ausführlich zu sprechen sein wird, auch mehr als unwahrscheinlich ist, so übertrage man doch die eben geschilderte Szene auf heutige Verhältnisse, um den ungeheuren Abstand zu ermessen. Bei keinem Menschen erregte das damals Anstoß, man sprach öffentlich davon, und selbst ein so zimperlicher Schriftsteller wie Xenophon trägt kein Bedenken, diese Dinge in seinen aus begeisterter Liebe zu Sokrates fließenden Erinnerungen mit aller Offenheit zu erwähnen. Noch weiter als Sokrates gingen andere Geistesfürsten des damaligen Griechenlands. Bei Athenaios lesen wir:

„Aristoteles erzeugte mit der Hetäre Herpyllis einen Sohn Nikomachos und liebte sie bis zu seinem Tode, da, wie Hermippos sagt, die Bedürfnisse des Philosophen bei ihr das nötige Entgegenkommen gefunden hätten. Und liebte nicht der schöne Plato die Archeanassa, eine Hetäre aus Kolophon, wie er ja selbst in dem Epigramme bezeugt, das er auf sie gedichtet hat?"

Athenaios teilt dieses Epigramm mit, das ich, weil ziemlich mäßig, weglasse, und spricht dann über die schon früher erwähnte Liebe des Perikles zur Hetäre Aspasia, mit der auch Sokrates verkehrt habe. Dann sagt er weiter: „Überhaupt war Perikles außerordentlich erotisch veranlagt. Er hatte auch Umgang mit der Gattin seines Sohnes, wie sein Zeitgenosse Stesimbrotos bezeugt. Antisthenes fügt noch hinzu, daß Perikles zweimal am Tage bei Aspasia ein- und ausgegangen sei. Als sie später wegen Gottlosigkeit verklagt war, wurde sie von Perikles verteidigt, wobei er die Richter zum Mitleid zu bringen suchte durch mehr Tränen und Jammern, als wenn sein eigenes Leben auf dem Spiele stände. Als dann Kimon mit seiner Schwester Elpinike unerlaubter Liebe huldigte und in die Verbannung gehen mußte, habe Perikles als Lohn, daß er ihm die Rückkehr gestattete, die Erlaubnis erhalten, sie als Mätresse zu nehmen.

71. Es ist natürlich unmöglich, heute noch festzustellen, was an diesen Geschichten, die sich mit Leichtigkeit um noch viele andere vermehren

ließen, wahr ist; trotzdem geht so viel mit Sicherheit daraus hervor, und deshalb habe ich diese Dinge hier zur Sprache gebracht, daß man damals den außerehelichen Geschlechtsverkehr keinem Menschen verargte, sondern ihn als Selbstverständlichkeit ansah und mit aller Offenheit darüber sprach. Die Auffassung des Altertums läßt sich nicht besser wiedergeben als mit den, keinem Geringeren als Demosthenes, vielleicht freilich mit Unrecht, zugeschriebenen Worten: „Die Hetären hat man um der erotischen Freuden willen, Kebsweiber zum täglichen Gebrauch, die Ehefrauen, um ebenbürtige Kinder zu erzeugen und eine treue Hausverwalterin zu haben."

Demosthenes selbst soll übrigens auch sehr ausschweifend gewesen sein, falls wir dem Athenaios glauben dürfen, wenn er schreibt: „Man sagt, daß auch der Redner Demosthenes mit einer Hetäre Kinder erzeugt habe. Er selbst brachte ja in einem Prozesse die Kinder mit in den Gerichtssaal, um durch sie Mitleid zu erregen, ihre Mutter aber nicht, obwohl das nach der damaligen Gepflogenheit erlaubt gewesen wäre."

Über die weiteren Liebhabereien des großen Redners wird, da sie pädophiler Natur sind, später zu sprechen sein.

72. Von der berühmten Hetäre Plangon erzählt Athenaios folgende Geschichte: „Da sie überaus schön war, verliebte sich ein Jüngling aus Kolophon in sie, obwohl er schon eine Geliebte hatte, Bakchis aus Samos. Der Jüngling sprach zu der Plangon von der Schönheit der Bakchis, und da sie ihn loswerden wollte, forderte sie das berühmte Halsband der Bakchis als Preis: eher dürfe er sie nicht wieder umarmen. In seiner unbändigen Leidenschaft bat der Jüngling die Bakchis um das Halsband, da er ohne die Liebe der Plangon nicht mehr leben könne. Bakchis gab seinem ungestümen Drängen nach und händigte ihm das Halsband aus, das er der Plangon überbrachte. Diese, von der Hochherzigkeit der Bakchis gerührt, sandte ihr das Halsband zurück und ließ den Jüngling wieder ihre Gunst genießen. Von nun an waren die beiden Hetären unzertrennliche Freundinnen und beglückten den Jüngling gemeinsam mit ihrer Liebe. Über solchen Edelmut waren die Ioner stolz und nannten die Plangon von nun an Pasiphile, wie auch Archilochos in einem Epigramme bezeugt, in dem Pasiphile mit einem Feigenbaume verglichen wird, der viele Krähen ernährt."

73. Auch aus der Palatinischen Anthologie, über deren Inhalt wir in Bd. I, S. 217 ff. ausführlich gesprochen haben, lassen sich noch einige Einzelheiten über das Leben der griechischen Hetären nachtragen. Nach einem Epigramme des Rufinos machten den Hafen von Samos zwei ganz

besonders gefährliche Hetären unsicher, namens Lembion und Kerkurion; vor diesen „Räuberinnen" warnt der Dichter eindringlich die Jünglinge, zum Teil mit denselben Worten, wie das schon in einem früher mitgeteilten Epigramme von einem andern Dichter geschieht (V 160).

Paulus Silentiarius erzählt mit drolligem Ernst, wie er einst nach einer reichlichen Zecherei zum Hause der Hetäre Hermonassa sich begeben und begonnen habe, ihre Tür mit Blumen zu schmücken. Sie aber war ungnädig und goß ihm aus dem oberen Fenster Wasser auf den Kopf. Mit komischem Pathos beschwert er sich, daß sie ihm dadurch die kunstvoll geordnete Frisur verdorben habe. Genützt hat es der Spröden freilich nichts, denn da es der Krug war, den sie mit ihren süßen Lippen zu berühren pflegte, so hatte das Wasser Liebesglut angenommen und daher den Liebenden nur um so mehr entflammt.

Die Ungeniertheit ging soweit, daß man selbst auf Grabsteinen von dem Dirnengewerbe zu reden sich nicht scheute; dafür mag von mehreren darauf bezüglichen Epigrammen das des Agathias zur Probe dienen. Es heißt dort: „Eine Dirne war ich in der Stadt Byzanz und gab allen meine käufliche Liebe. Ich bin die in allen Künsten der Wollust wohlbewanderte Kallirrhoë; vom Stachel der Liebe gepeitscht, hat Thomas mir diese Grabschrift gesetzt, indem er dadurch zeigte, welche Leidenschaft in seiner Seele wohnte: schmelzendem Wachse gleich schmolz ihm das Herz."

74. Wenn es nun auch nicht unmöglich, ja sogar höchstwahrscheinlich ist, daß es sich bei den soeben mitgeteilten Epigrammen des dem sechsten nachchristlichen Jahrhundert angehörenden Agathias um eine fingierte Grabschrift handelt, so haben wir doch einwandfreie und nicht zu bezweifelnde Zeugnisse genug, wie man im griechischen Altertum toter Hetären gedachte. Bei Athenaios heißt es: „Der Mazedonier Harpalos, der Statthalter Alexanders des Großen in Babylon, war, nachdem er viel Geld zusammengerafft hatte, nach Athen geflüchtet und hatte sich dort in die Hetäre Pythionike verliebt, die ihm nach und nach ein Vermögen abnahm. Nach ihrem Tode ließ er ihr ein überaus prächtiges Grabmal errichten; ihr Begräbnis wurde nach dem Zeugnis des Poseidonios durch Chorgesänge der hervorragendsten Künstler und durch Musik auf allen möglichen Instrumenten verklärt."

Dikaiarchos sagt in seinem Buche: „Über den Abstieg in die Höhle des Trophonios"[1]: „Der Wanderer, der von Eleusis her nach der Stadt

---

[1] Trophonios hatte zu Lebadeia in Boiotien ein berühmtes unterirdisches Traumorakel; ausführlich darüber Pausanias IX 39.

Athen auf der sogenannten heiligen Straße zieht, erlebt ein wahres Wunder. Wenn er nämlich dort angekommen ist, wo sich zum ersten Male der Blick auf den Athenetempel und die Stadt öffnet, so sieht er an der Straße erbaut ein so stattliches Grabdenkmal, wie kein anderes in der Umgebung. Er wird zunächst vermuten, das sei das Grabmal des Miltiades oder Perikles oder Kimon oder sonst eines anderen der großen Männer Athens, und er wird glauben, daß es die Stadt auf öffentliche Kosten errichtet habe. Wenn er dann hört, daß es das Grabmal der Hetäre Pythionike ist, wie mag ihm da wohl zumute sein?" Dies ergänzt Theopompos in seiner „Epistel an Alexander", in der er die Maßlosigkeit des Statthalters Harpalos aufsticht, mit den Worten:

„Erwäge auch und höre genau auf das, was die Babylonier über die Pracht berichten, die er beim Begräbnis der Hetäre Pythionike entfaltete. Sie war ursprünglich Magd der Flötenspielerin Bakchis, diese aber war Magd der Thrazierin Sinope, welche die käufliche Liebe aus Ägina nach Athen verpflanzt hatte, so daß sie nicht nur eine dreifache Magd, sondern auch eine dreifache Dirne genannt werden muß. Von mehr als zweihundert Talenten (etwa 900 000 M) hat er ihr jetzt zwei Denkmale errichtet. Worüber wir alle uns nun höchlichst wundern, ist das: denen, die für deine Macht und für die Freiheit Griechenlands in Kilikien fielen, hat weder dieser famose Statthalter noch irgendein anderer ein Ehrenmal errichtet; für diese Dirne aber, die Pythionike, wird man jetzt eins in Athen zu bestaunen haben, dazu das in Babylon, das schon längst vollendet ist. Dieser Dirne, von der wir alle wissen, daß sie für wenige Mark sich jedem hingab, der sie begehrte, dieser Dirne wagte der Mann, der sich rühmte, dein Freund zu sein, ein Heiligtum und Tempelbezirk zu weihen und Tempel und Altar mit dem Namen ‚Pythionike-Aphrodite' zu schänden, womit er sich nicht nur als Verächter der göttlichen Gerechtigkeit erweist, sondern auch dein Ansehen mit Füßen tritt."

75. Weiter sagt Athenaios: „Nach dem Tode der Pythionike ließ sich Harpalos die Glykera kommen, die auch eine Hetäre war, wie Theopompos bezeugt; er habe gesagt, nicht mit einem Kranze ausgezeichnet werden zu wollen, wenn man nicht auch die Dirne bekränze. Er errichtete von der Glykera ein bronzenes Standbild in der syrischen Stadt Rhossos, gerade dort, wo er jetzt auch von dir eine Bildsäule aufstellen will. Weiter erlaubt er ihr, in der Königsburg zu Tarsos zu wohnen und sieht mit an, wie ihr vom Volke die königlichen Ehren erwiesen werden, wie man sie Königin nennt und ihr sonst alle Verehrung zu-

kommen läßt, die höchstens deiner Mutter und deiner Gattin gebührten. Damit stimmt überein der Dichter des Satyrdramas Agen, das zur Zeit der Dionysien am Hydaspes aufgeführt wurde, und zwar als Harpalos schon verjagt und über das Meer geflohen war. Der Dichter gedenkt hier der Pythionike als einer schon Verstorbenen, die Glykera aber denkt er sich bei Harpalos lebend und daß durch sie die Athener herrliche Geschenke empfingen."

Athenaios zitiert danach einige Verse aus diesem Satyrdrama, in denen der „berühmte Dirnentempel" genannt wird, der schon kurz vorher erwähnt wurde. Auch hatten sich nach dieser Stelle einige Magier erboten, dem Harpalos die Pythionike aus der Unterwelt wieder zuzuführen.

76. Weiter erzählt Athenaios: „Berühmte und wegen ihrer Schönheit ausgezeichnete Hetären gab es auch zu Naukratis in Ägypten. So Doricha, welche von der schönen Sappho als Geliebte ihres Bruders in ihren Versen geschmäht wird, die ihn, als er auf seinen Handelsfahrten nach Naukratis gekommen war, der Schwester sehr entfremdet habe. Herodot aber nennt sie Rhodopis, ohne zu wissen, daß dies eine andere Hetäre ist, die nämlich, die auch die berühmten Obelisken in Delphi gestiftet hatte." Bei diesen Obelisken darf man aber nicht daran denken, was wir heute unter dem Worte verstehen, sondern an etwas ganz anderes. Bei Herodot lesen wir nämlich unter anderen Notizen über die Doricha Rhodopis folgendes: Rhodopis, ursprünglich eine thrakische Sklavin, kam nach mannigfachen Schicksalen nach Naukratis, wo sie zum Nutzen ihres Herrn sich preisgab, „bis sie für eine große Summe von Charaxos aus Mitylene, dem Bruder der Dichterin Sappho, losgekauft wurde. Sie blieb danach in Ägypten, und da sie eine große Buhlerin war, verdiente sie viel Geld, wenigstens für eine Hetäre, aber doch nicht so viel, daß es für eine Pyramide gelangt hätte. Nun wollte aber Rhodopis von sich ein Denkmal in Griechenland zurücklassen, wie es sich so leicht kein anderer ausdenken würde, noch man es in einem Heiligtume vorfände. So etwas wollte sie in Delphi als Andenken an sich stiften. So ließ sie denn aus dem zehnten Teile ihres Einkommens viele eiserne Bratspieße[1] herstellen, so groß jeden, daß man einen ganzen Ochsen daran braten konnte, und stiftete sie nach Delphi, wo sie

---

[1] Im Griechischen heißt der Bratspieß Obelos und Obeliskos; vgl. die Wörterbücher unter ὀβελός und ὀβελίσκος: daher erklärt sich die Verwechslung mit den Obelisken. Übrigens bekämpft Herodot nicht die Annahme von in Delphi errichteten Obelisken, sondern eines solchen in Ägypten.

noch heute aufbewahrt werden, und zwar hinter dem Altar, den die Chier errichtet haben."

Athenaios zitiert ein Epigramm des Poseidippos auf Doricha, das in dem Gedanken seine Pointe findet, daß man ihrer in Naukratis gedenken werde, solange noch ein Schiff auf dem Nile zum Meere führe.

77. Danach heißt es weiter bei Athenaios: „Auch Archedike stammte aus Naukratis und war ebenfalls eine schöne Hetäre. Berühmt war auch die aus Eresos stammende Hetäre, die mit der Dichterin Sappho gleichen Namen hat und die sich in den schönen Phaon verliebte, wie Nymphis in seiner ‚Umseglung Asiens‘ bezeugt[1].

Nikarete aus Megara war eine Hetäre aus bester Familie; sie wurde auch wegen ihrer Bildung sehr begehrt, denn sie war eine Schülerin des Philosophen Stilpon gewesen. Gefeiert war auch die Hetäre Bilistiche aus Argos, die ihr Geschlecht bis auf die Atriden zurückführte. Auch die Hetäre Leaina ist berühmt, die Geliebte des Tyrannenmörders Harmodios. Als sie später von den Anhängern des Tyrannen Hippias peinlich befragt wurde, starb sie auf der Folter, ohne etwas zu verraten.

Der Redner Stratokles hatte zur Geliebten die Hetäre Leme, die man auch Parorama[2] nannte; auch hieß sie Didrachmos, weil sie für zwei Drachmen (etwa 1,60 M) zu jedem ging, der sie begehrte."

78. Noch einige Notizen als Nachlese.

Ein gewisser Herakleides hat einen uns noch erhaltenen Brief an den König Ptolemaios IV. Philopator geschrieben, in dem er sich über das Verhalten der Hetäre Psenobastis beschwert. Als er an ihrem Hause vorbeiging, habe sie im Fenster gelegen und ihn aufgefordert hereinzukommen und sei, als sie damit keinen Erfolg hatte, aus dem Hause herausgetreten und habe ihn am Arme gepackt. Da er ihr ihre Dreistigkeit verwies, habe sie ihm den Mantel zerrissen und ihm ins Gesicht gespieen. Straßenpassanten hätten sich seiner, des alten Mannes, angenommen, worauf sie in ihr Haus zurückgekehrt sei und ihn dann aus dem Fenster mit Urin überschüttet habe.

Aus Plautus wissen wir, daß in Epidauros die Hetären Diener oder Mägde zum Hafen schickten, um die ankommenden Reisenden einzuladen. Man darf annehmen, daß dies in Hafenstädten allgemein üblich gewesen sein wird.

---

[1] Der Text des Athenaios ist hier und im folgenden lückenhaft und teilweise verderbt. Eine Hetäre namens Sappho wird auch von Aelian v. h. XII 19 erwähnt.

[2] Der Text des Athenaios ist auch hier verstümmelt; diese beiden Namen bedeuten dasselbe; der dritte ist eine Vermutung von Kaibel.

Daß die Hetären jederzeit für Geschenke empfänglich waren, liegt in der Natur der Sache und wurde auch schon durch mehrere Stellen aus den Schriftquellen dargetan. Auch die Vasenbilder bestätigen das; so sehen wir auf einer rotfigurigen Büchse, wie ein Jüngling einer vor ihm im Lehnstuhl sitzenden Hetäre ein Halsband hinreicht, das sie sicher annehmen wird, um es in das offen dastehende Schmuckkästchen zu legen. „Wenn die Liebe einen gepackt hat," heißt es einmal bei Plautus, „dann ist bald die ganze Habe zum Teufel. ‚Schenk' mir doch was,' flüstert das Dirnchen, ‚mein Zuckerpüppchen, wenn du mich wirklich liebst!' Und der Liebende spricht: ‚Aber natürlich, mein Augenstern, und wenn du noch mehr willst, du sollst es haben.'" Bei Alkiphron schreibt die Hetäre Petale ihrem Liebhaber: „Ich wünschte, daß sich der Haushalt einer Hetäre mit Tränen bestreiten ließe, dann würde ich glänzend dastehen, da du mich damit sehr reichlich bedenkst. Aber wir brauchen schöne Kleider, Gold und Schmucksachen und Dienerinnen; das sind wir einfach unserm Stande schuldig. Leider besitze ich nun kein ererbtes Gütchen, noch habe ich Anteil an Silberbergwerken. Ich lebe einzig von meinem geringen Verdienste und von den oft beseufzten Gaben meiner Liebhaber."

Daß auch in den primitiveren Bordellen das Bad nicht fehlte, darf bei der Vorliebe der Griechen dafür ohne weiteres vorausgesetzt werden, wird aber von Plautus auch ausdrücklich bestätigt. Weniger selbstverständlich dürfte uns erscheinen, daß man sich nach derselben Plautusstelle vor der Vereinigung den Körper mit Olivenöl geschmeidig zu machen pflegte. Es scheint, als ob man dies weniger zur Erhöhung der Wollust tat als aus hygienischen Gründen; wenigstens hat der berühmte Arzt Galenos der Methode, den Körper vor dem Geschlechtsverkehr mit Öl zu salben, nicht weniger als zwei Kapitel seiner Schrift „Die Erhaltung der Gesundheit" gewidmet.

79. Zu den Toilettekünsten der Dirnen, wie ich sie schon ausführlich genug geschildert habe, wäre noch nachzutragen, daß bei Plautus die alte Magd der Hetäre Philemation den zwar ketzerischen, aber sehr vernünftigen Gedanken ausspricht, daß „solch ein Kind

> Gewiß nur dann gut riecht, wenn es nach gar nichts riecht.
> Die Alten freilich schmieren sich mit Salben ein,
> Zahnlose Vetteln, Fälscherinnen, die des Leibs
> Gebrechen durch die Schminke decken. Wenn sich dann
> Ihr Schweiß mit diesen Salben mischt, dann riecht das so,
> Wie wenn ein Garkoch viele Brühen zusammengießt."

Noch mehr spottet über die weiblichen Toilettenkünste der Verfasser der fälschlich dem Lukian zugeschriebenen Schrift „Liebesgötter", die ich vor sechs Jahren als erster ins Deutsche übertrug, einleitete und erklärte. Dort heißt es:

„Wenn einer die Weiber vom nächtlichen Lager am Morgen aufstehen sieht, so wird er sie für häßlicher halten als die Affen, die man in früher Morgenstunde, um Unglück zu vermeiden, nicht einmal erwähnen möchte. Daher halten sie sich auch ängstlich im Hause verborgen und lassen sich von keinem Manne erblicken. Dann treten die alten Kammerfrauen und die Scharen der ebenso unschönen Zofen im Kreise um sie herum und bearbeiten ihnen das häßliche Gesicht mit unzähligen Schminken. Denn weit entfernt, sich mit dem reinen Quell frischen Wassers die Verschlafenheit wegzuwaschen und dann sogleich an eine vernünftige Arbeit zu gehen, suchen sie mit einer Unzahl der verschiedensten Schminken die unschöne Farbe ihres Gesichts zu verbessern, und, wie wenn es zu einem Festzuge ginge, müssen die Zofen die mannigfaltigsten Schönheitsmittel anwenden, gar nicht zu reden von den unzähligen silbernen Wannen und Kannen, den Fläschchen und Spiegeln und Büchschen, wie sie in solcher Menge keine Apotheke hat, den unzähligen Schachteln, gefüllt mit Lug und Trug, in denen Mittel, um die Zähne zu polieren und die Augenbrauen und Wimpern künstlich zu schwärzen, aufgestapelt sind.

Die meiste Zeit aber vergeuden sie mit der Pflege der Haare. Die einen behandeln die Haare mit Mitteln, die die Kraft haben, unter den Strahlen der Mittagssonne das Haar rot zu färben, wie man Wolle färbt, und geben ihnen dadurch einen rötlichblonden Glanz, weil ihnen die natürliche Beschaffenheit ihrer Haare selbst häßlich vorkommt. Ist das aber nicht der Fall und finden sie ihr von Natur schwarzes Haar schön, so verschwenden sie das Vermögen ihrer Männer für Parfüms, so daß ihr Haar nach allen Wohlgerüchen Arabiens duftet; eiserne Zangen und Brennscheren bändigen gewaltsam das widerstrebende Gewirr der Locken, die mit minutiöser Sorgfalt fast bis zu den Augenbrauen herabgezogen, nur einen schmalen Streifen der Stirn freilassen, während hinten die Locken in koketten Ringeln bis auf den Nacken fallen.

Weiter die buntfarbigen Sandalen, deren Riemen in das Fleisch des Fußes einschneiden, die Kleider aus spinnewebfeinem Gewebe, die nur eine Vorspiegelung sind, um nicht völlig nackt zu erscheinen. Dabei kann man alles darunter bis ins kleinste sehen, fast besser als das Gesicht, mit Ausnahme der Brüste, die sie immer in einer Binde umhertragen, da sie sonst häßlich hervorquellen würden. Muß ich noch die kostspieligeren Untugenden aufzählen? Erythräische Steine in den Ohrgehängen, die viele Talente wiegen, und die Bänder um die Handwurzeln und Arme in Gestalt von Schlangen, von denen man nur wünschen möchte, daß es wirkliche und nicht goldene wären. Den Kopf umzieht ein Diadem mit indischen Edelsteinen besternt, kostbare Kettengehänge fallen auf den Nacken herab, ja sogar die Füße bis zu den Zehenspitzen umschnüren sie mit dem elenden Goldschmuck, so daß kaum noch die Knöchel freibleiben. Sie verdienten eher, daß man ihnen statt mit Gold mit eisernen Ketten die Beine in der Höhe der Knöchel fesselte! Da sie an ihrem ganzen Körper die täuschenden Reize einer unechten Schönheit vorzaubern, so schämen sie sich auch nicht, die Wangen mit Salben und Schminken zu röten, um den bleichen Teint ihrer fettigen Haut mit purpurner Röte zu übertünchen."

30. Daß Dirnen und Hetären eine besondere, auffallende Tracht trugen, mag für einzelne Orte und zu einzelnen Zeiten gegolten haben; allgemein gültige Regel ist es schwerlich gewesen, wie zahllose Vasenbilder beweisen. Man wird höchstens sagen können, daß die Tracht der Hetären mit der Mode der Frauenkleidung wechselte.

Auch zu den früher genannten Namen, beziehentlich Spottnamen bekannter Hetären will ich hier noch kurze Nachlese halten.

Die Hetäre Hoia wurde Antikyra (Nieswurzen) genannt, weil sie mit blödsinnigen Burschen zu verkehren pflegte oder auch weil ihr Schutzherr, der Arzt Nikostratos, ihr nach seinem Tode nichts als ein Bündel Nieswurz hinterlassen habe. Nieswurz galt aber den Alten als ein Mittel gegen geistige Störungen.

Axine (Axt) war Beiname der Laïs wegen der Härte ihrer Forderungen.

Aphye (Sardelle) nannte man mehrere Hetären, wohl wegen ihrer Hautfarbe, schlanken Gestalt und großen Augen.

Kynamyia (Hundeschnauze) hieß die Hetäre Nikion, wohl nach der Form ihres Gesichts.

Lychnos (Lampe) war Spitzname der Hetäre Synoris, wahrscheinlich wegen ihres ewigen Durstes, weil sie wie der Docht der Lampe jedwede Flüssigkeit begierig aufsaugte.

Pagis (Schlinge) hieß mit leicht verständlichem Wortwitze die Hetäre Philemation, weil sie ihre Liebhaber mit der Schlinge ihrer Reize zu umstricken wußte.

Liebesszene. Athen, Nationalmuseum

Karikaturistische Darstellungen

Proskenion (Bühnenwand) war Spitzname der Hetäre Nannion, weil sie ein hübsches Gesicht und kostbare Toiletten, aber einen unschönen Körper hatte.

Ptochhelene (Bettelhelene) hieß Kallistion wegen ihrer ärmlichen Kleidung. Von ihr erzählt Athenaios ein hübsches Wortspiel. Sie war einmal von einem Taugenichts gemietet, der oft und reichlich Schläge bekam. Als er nun nackt bei ihr lag und sie die Spuren der vielen Prügel sah, fragte sie, was das sei. Der aber antwortete, daß er sich als Knabe einmal heiße Brühe über den Leib geschüttet habe, worauf sie lachend antwortete: „Offenbar Ochsenziemerbrühe".[1]

Hys (Schwein) war ein anderer Spitzname der Kallistion, der aber wohl nicht in dem nach unserem Sprachgebrauche nächstliegenden Sinne zu verstehen ist, sondern auf mangelnde Reinlichkeit sich beziehen dürfte; vielleicht waren auch beide Ursachen zutreffend.

Phtheiropyle (Türlauserin) nannte man die Phanostrate, weil sie sich in der Tür stehend die Läuse absuchte.

Zum Schlusse noch ein kleines Verzeichnis von Kosenamen, wie sie den Hetären von ihren Liebhabern gegeben wurden; ich biete nur eine Auswahl der am meisten charakteristischen:

Schwesterchen, Nachtigall, Distelfink, Weinstöckchen, Abgrund, Honigseim, kleine Kuh, Schwälbchen, Gebärmutter, Gazelle, Hirschkuh, Elfenbein, Gutwasser, Süßchen, Nacktfrosch, Ablaufstelle[2], Feige, Prachtklang, Schößling, Schnecke, Mücke, Krähe, Lautenschlag, Jägerin, Hündin, Hase, Häschen, Johanniswürmchen, Löwin, Kleines, Schüsselchen, Wölfin, Leier (Laute), Backtrog, Mütterchen, Knabenliebhaberin, Biene, Kälbchen, Fliege, Puppchen, Schiffchen, Klee, Frühobst, Ringerin und Ringplatz, Vielliebchen, Nachtfeier, Jüngferchen, Taube, Fackelchen, Küßchen, Leckerchen, Kröte, Tintenfisch, Stupsnase, Sperling, Docht, Tiger.

---

[1] Im Originaltext steht Kalbfleischbrühe; man machte die Peitschen zum Geißeln der Sklaven usw. gern aus Kalbsleder.

[2] Im Griechischen ἰαπήφεσις, eigentlich die Stelle in der Rennbahn, von der die Pferde losgelassen wurden (Anth. Pal. app. 274; Dion. Hal. III 68).

FÜNFTES KAPITEL

Die männliche Homoerotik

„Die Knabenliebe ist so alt wie die Menschheit, und man kann daher sagen, sie liege in der Natur, ob sie gleich gegen die Natur ist."
Goethe

1. ALLGEMEINES UND EINLEITENDES

81. Henri Beyle (Stendhal) schreibt in seinem Buche „De l'amour": „Es gibt nichts Komischeres als unsere üblichen Anschauungen von den Alten und der antiken Kunst. Da wir nur seichte Übersetzungen lesen, so erkennen wir nicht, daß man dem Nackten einen besonderen Kult geweiht hat, während es uns Moderne abstößt. In Frankreich betitelt die Masse mit „schön" nur das Weibliche. Bei den alten Griechen hat es nie Galanterie gegeben; dagegen stets eine Liebe, die uns heute pervers erscheint... Sie pflegten, wie gesagt, ein von der heutigen Welt verworfenes Gefühl."

Aus diesem Gefühl heraus ist zweifellos die Tatsache zu erklären, daß die allgemein bekannten, sonst so guten Handbücher dieses Thema mit fast völligem Stillschweigen übergehen. Um nur einige Beispiele zu bringen: In dem fast 600 Seiten starken Buche Holm-Deecke-Soltau, Kulturgeschichte des klassischen Altertums, Leipzig, Friesenhahn 1897, wird die Homoerotik überhaupt nicht erwähnt; in dem zwei Bände umfassenden tiefgründigen Werke von L. Schmidt, Die Ethik der alten Griechen, Berlin, W. Hertz 1882, wird das Thema auf nicht ganz drei Seiten abgetan; in den vier Riesenbänden von Burckhardts Griechischer Kulturgeschichte findet man darüber so gut wie nichts, ja in der bisher auf zehn Bände zu mindestens je 1300 Seiten angewachsenen Neubearbeitung der bekannten, von Pauly begründeten Realenzyklopädie der klassischen Altertumswissenschaft umfaßt das von dem hervorragenden Breslauer Universitätsprofessor W. Kroll bearbeitete Stichwort „Päderastie" vier Seiten, auf denen zwar vieles Richtige gesagt wird, doch so unvollständig, daß es vielleicht in einem knappen Abrisse ausreichen möchte, nicht aber in einem Monumentalwerke, das sich zur Aufgabe gesetzt hat, die gesamte Kultur des klassischen Altertums zu erschöpfen[1].

---
[1] Eine Besprechung des Krollschen Artikels schrieb ich in Marcuses Zeitschrift für Sexualwissenschaft, Bonn, Marcus und Weber, Bd. IX (1922), S. 53—56. Zum Vergleiche sei erwähnt, daß in derselben Enzyklopädie der Artikel „Hetären" zwanzig Seiten umfaßt.

Diese Beispiele, deren Zahl sich mit Leichtigkeit vermehren ließe, sind in der Tat geeignet, dem Leser, der nicht selbst aus den Quellen zu schöpfen vermag, die Meinung beizubringen, als handle es sich bei der griechischen Homoerotik um eine Nebenerscheinung, wie sie wohl vereinzelt vorgekommen sein mochte.

82. Ohne den Dingen vorgreifen zu wollen, will ich hier die Auffassung des großen Philosophen Plato mitteilen. Er schreibt: „Wie nun Eros der älteste Gott ist, so verdanken wir ihm auch die größten Wohltaten. Ich wüßte wenigstens für einen Jüngling kein größeres Glück zu nennen als einen wackeren Mann, der ihn liebt, und für diesen kein größeres Glück als einen wackeren Geliebten. Denn was den Menschen ein Leitstern sein muß, die ein sittlich hohes Leben führen wollen, das finden sie weder bei ihren Verwandten noch in Amt und Würden oder im Reichtum so gut wie in der Liebe. Soll ich auch sagen, was dies ist? Das Schamgefühl bei häßlichen Dingen und das Streben nach dem, was schön und gut ist. Ohne dieses sittliche Gefühl kann weder die Gesamtheit des Staates noch der einzelne Bürger Großes und Schönes leisten. Ich behaupte aber: Wenn einer, der einen Jüngling liebt, dabei betroffen wird, etwas Häßliches zu tun oder von einem anderen solches sich gefallen zu lassen, der wird sich weder vor dem eigenen Vater noch dem Freunde noch irgendeinem anderen Menschen deswegen so schämen wie vor seinem Liebling. Und ebenso sehen wir, daß sich der Liebling, wenn er bei irgend etwas Unedlem betroffen wird, am allermeisten vor seinem Liebhaber schämt. Wenn es also möglich wäre, daß ein ganzer Staat oder ein Heereslager aus Liebhabern und ihren Lieblingen gebildet würde, so wäre eine bessere Verwaltung schlechterdings undenkbar, denn sie würden aus Rücksicht aufeinander sich von allem Schändlichen fernhalten und beständig miteinander in edlem Wettstreit liegen, und wenn es zu einer Schlacht käme, würden sie trotz ihrer geringen Zahl alle anderen besiegen. Denn ein Liebhaber möchte wohl eher von der ganzen Welt als von seinem Geliebten dabei betroffen werden, daß er seine Fahne verläßt oder die Waffen wegwirft, und würde es tausendmal vorziehen, vor seinen Augen zu sterben. Denn seinen Liebling im Stich zu lassen oder ihm in Lebensgefahr nicht beizustehen — nein! so gemein ist niemand, daß ihn nicht Eros selbst zur Tapferkeit begeisterte, so daß er es mit dem Mutigsten aufnimmt."

Um zu dem Probleme, dessen Lösung gleichzeitig den Schlüssel zum Verständnis der gesamten altgriechischen Kultur bedeutet, Stellung nehmen zu können, ist es nötig, erst einmal die einwandfrei beglaubigten Tatsachen kennenzulernen.

2. TERMINOLOGIE

83. Das am häufigsten gebrauchte Wort Päderastie (παιδεραστία) kommt von παῖς (Knabe) und ἐρᾶν (lieben), bedeutet also seelische und sinnliche Zuneigung zu einem παῖς: daß darunter nicht ohne weiteres der „Knabe" nach dem heutigen Sprachgebrauch zu verstehen ist, wird später dargelegt werden. Das Wort Päderastie hatte in der griechischen Sprache nicht den häßlichen Klang wie heute und konnte ihn auch nicht haben, da man ja damals mit dem Worte noch keinen ehrenrührigen Begriff verband, sondern in ihm nur den Ausdruck einer Abart der Liebe erblickte.

Nur einmal überliefert ist das Wort παιδέρως im Sinne von Päderast; häufig aber das Verbum παιδεραστεῖν, Knaben lieben. Lukian hat einmal für Päderastie den Ausdruck τὰ παιδεραστικά. Rasende, unbändige Leidenschaft zu Knaben nannte man παιδομανία und den von solcher Leidenschaft Erfüllten παιδομανής, beide Wörter abgeleitet von μανία, Leidenschaft, Raserei. Harmlos spöttischen Nebenton hatte das Wort παιδοπίπης, Knabengaffer, wozu wieder πυρροπίπης eine Nuance darstellt, Goldlockenknabenäugler, einer, der nach blonden Knaben gafft.

In obszönem Sinne wurden die an sich harmlosen Ausdrücke παιδοτρίβης und παιδοτριβεῖν gebraucht, die ursprünglich nur den Lehrer der Knaben in der Ringkunst, beziehentlich seine Tätigkeit bezeichnen; der obszöne Nebensinn ist leicht verständlich, da die Wörter mit dem Verbum τρίβειν zusammenhängen.

Die späteren Autoren, zumal Kirchenschriftsteller, gebrauchen im obszönen Sinne mit Vorliebe die Ausdrücke παιδοφθορία, παιδοφθόρος, παιδοφθορεῖν, Knabenschändung, Knabenschänder, Knaben schänden.

Daneben war auch der Ausdruck παίδων ἔρως üblich, ebenso παιδικὸς ἔρως, wörtlich übersetzt Liebe zu Knaben, Knabenliebe.

Das Wort Ephebophilie ist nicht antik, sondern eine Neubildung; es bedeutet die Liebe zu einem Epheben (ἔφηβος), worunter man einen Jüngling verstand, der die Pubertät hinter sich hatte; wohl aber existierte das Adjektiv φιλέφηβος, Jünglinge liebend. Das Substantivum παιδοφιλία (Knabenliebe) kommt meines Wissens in den uns erhaltenen

Achilles verbindet den verwundeten Patroklos. Berlin, Antiquarium

Zeus. Berlin, Antiquarium

Zwei Knaben im Straßengewand. Rom, Museo Vivenzio

Mann und Knabe. Berlin, Antiquarium

griechischen Schriftquellen nicht vor; desto häufiger aber das Verbum
παιδοφιλεῖν (Knaben lieben) und das dazugehörige παιδοφίλης in der
Bedeutung Liebhaber von Knaben.

84. Der Liebhaber eines Knaben hatte in den einzelnen griechischen
Dialekten verschiedene Namen, deren ich einige nenne. Auf der Insel
Kreta, wo die Knabenliebe seit den ältesten Zeiten blühte, hieß er
ἐραστής und nach vollzogenem Bunde φιλήτωρ, was man schwer übersetzen kann, vielleicht Freier und Freund; der geliebte Knabe wurde,
solange er noch umworben wurde, ἐρώμενος (Geliebter) genannt, war
er aber eines edlen Mannes Freund geworden, so hieß er κλεινός (der
Berühmte, Gefeierte).

Vereinzelt ist das Wort φιλοβούπαις, was von einem gebraucht wurde,
der überreife Knaben liebt. Mit dem Worte βούπαις bezeichnet man
nämlich das, was wir einen großen Jungen nennen[1]. Ebenso kommt
das Wort φιλομεῖραξ nur vereinzelt vor; es ist abgeleitet von μεῖραξ,
worunter man den Knaben in seiner schönsten Blütezeit verstand, und
bedeutet demnach einen, der besonders schöne Knaben liebt. In Athen
war das der Ehrentitel für den großen Dichter Sophokles.

Am häufigsten begegnet uns in den griechischen Schriften als Bezeichnung des geliebten Knaben oder Jünglings der Ausdruck τὰ παιδικά
der wörtlich übersetzt „das Knabenhafte" bedeutet und wohl so zu erklären ist, daß man in dem Objekte seiner Liebe eben „das Knabenhafte", d. h. die den Knaben auszeichnenden seelischen und körperlichen
Eigenschaften liebte, daß man ihn lieb hatte, weil man in ihm die Verkörperung des Knabentums erblickte. Eine den Begriff restlos wiedergebende Übersetzung dieses Wortes kenne ich nicht und vermag auch
selbst keine zu schaffen; die Übersetzung „Liebling" ist nur ein schlechter Notbehelf, da man den Ausdruck ja auch auf ein Mädchen anwenden kann, er also an der Bedeutung des Wortes τὰ παιδικά gemessen
einen Widerspruch in sich selbst bedeutet.

Im dorischen Dialekte war für den Liebenden der Ausdruck εἰσπνηλος
oder εἰσπνήλας üblich, was wörtlich „der Einhauchende" heißt, worin
angedeutet liegt, daß der Liebende, der ja, wie wir später sehen werden,
für den Knaben in jeder Beziehung auch verantwortlich war, ihm alles

---

[1] Nach Hesych bedeutet die Vorsilbe βου „groß, aber auch viel"; ob sie mit
βοῦς Stier, Rind zusammenhängt, weiß ich nicht. Übrigens hieß ebenfalls nach
Hesych bei den Spartanern βοῦα eine bestimmte Abteilung von wohl größeren
Knaben (ἀγέλη παίδων) und das Wort βούπαις könnte dann sehr wohl davon abzuleiten sein.

Gute und Edle in die junge, empfängliche Seele einhauchte. Darum gebrauchten die Dorier auch das Wort εἰσπνεῖν, einhauchen, begeistern, im Sinne von lieben, wenn es sich eben um Knaben handelte. Daß dieses „einblasen" in dem eben genannten ethischen Sinne zu verstehen ist, bezeugt Älian mit ausdrücklichen Worten. Noch bestimmter und vollkommen einwandfrei spricht sich Xenophon aus: „Dadurch eben, daß wir den schönen Knaben unsere Liebe einhauchen, halten wir sie fern von Geldgier, erhöhen ihre Lust zu Arbeit, Mühen und Gefahren und stärken ihre Bescheidenheit und Selbstbeherrschung."

Dazu stimmt die dorische Bezeichnung des geliebten Knaben, nämlich ἀίτας wörtlich „der Hörende, geistig Empfangende".

Neben diesen hochernsten Ausdrücken bildeten sich mit der Zeit auch manche, die scherzender oder auch spottender Laune ihre Entstehung verdankten. Darüber wird später noch ausführlich gesprochen werden; hier will ich nur erwähnen, daß man mit leicht verständlichem Nebensinne den Liebenden „Wolf", den geliebten Knaben „Lamm" oder „Böckchen" nannte. Der Wolf war den alten Griechen Sinnbild der Gier und verwegener Wildheit. So lesen wir in einem Epigramme des Straton:

> „Als ich zu nächtlicher Zeit vom Trinkgelage zurückkam,
> Fand ich Wolf an der Tür lehnen ein zierliches Lamm,
> Nachbars reizenden Sohn. Ich umarmte und küßte ihn zärtlich,
> Sprach von reichlichem Lohn, hebend zum Schwure die Hand.
> Was nun soll zum Geschenk ich bringen dem reizenden Jungen?
> Solchem wackeren Freund hält ein Versprechen man gern."

Von Plato wird ein Sprichwort überliefert:

> „Wie Wölfe an dem Lamm Gefallen haben,
> So die Erasten an den schönen Knaben."

Man nannte den Liebhaber gelegentlich auch wohl einen Raben, und für den Liebling waren die Worte Sathon und Posthon ziemlich häufig. Übrigens waren beide Worte auch ernste Familiennamen: die Griechen waren eben in allem Geschlechtlichen von einer geradezu staunenswerten Naivität.

3. KNABENTUM UND GRIECHISCHES SCHÖNHEITSIDEAL

85. Eins vor allem darf man nie vergessen, wenn hier von der griechischen Knabenliebe gesprochen wird, nämlich daß es sich dabei niemals um Knaben, wie wir das Wort meist gebrauchen, d. h. um unmündige Kinder handelt, sondern stets um geschlechtsreife Knaben, d. h. um solche, die die Pubertät hinter sich haben. Dieses Alter allein bedeutet das Wort παῖς (Knabe) in weitaus den meisten Stellen der griechischen Autoren, soweit sie hier in Frage kommen, ja in nicht wenigen wird damit ein Alter bezeichnet, das wir niemals zum Knabenalter rechnen würden, sondern zu dem des Jünglings; nicht selten entspricht es sogar dem, was wir einen jungen Mann nennen. Man muß ferner bedenken, daß in Griechenland wie in allen Gegenden der sogenannten Sotadischen Zone[1] die Pubertät früher einsetzt als in unserem Norden, so daß man das Wort Knabe ganz gut beibehalten kann, wenn man eben nicht vergißt, daß all diese Knaben die Pubertät hinter sich hatten. Geschlechtlicher Verkehr mit Knaben in unserem Sinne, d. h. mit Geschlechtsunreifen, wurde natürlich auch im griechischen Altertum bestraft, und zwar zum Teil recht streng, worüber später noch zu reden sein wird.

Über die verschiedenen Altersstufen der von den Griechen geliebten Knaben und Jünglinge ließe sich freilich eine Abhandlung für sich schreiben, der man als Motto die Verse Goethes vorsetzen könnte, der sich auch in diesem für die meisten der heutigen Menschen so unerklärlichen Probleme als der alles verstehende und alles umfassende Universalgeist erwiesen hat. In seiner „Achilleïs" lesen wir:

„Nun zu Kronion trat Ganymed, mit dem Ernste des ersten
Jünglingsblicks im kindlichen Aug' und es freute der Gott sich."

Zu erinnern wäre dabei an eine Stelle in Homers Odyssee. Wir hören dort, wie Odysseus, um die Insel der Kirke auszukundschaften, sich in das Innere des Landes begibt. Auf diesem Wege begegnet ihm, natürlich von ihm nicht erkannt, Hermes „in der Gestalt eines Jünglings, dem eben der erste Bartflaum sproßt, dessen Jugendblüte besonders lieblich ist". Auch hier darf eine Parallele aus Goethe angeführt werden. Im zweiten Teile des „Faust", an jener Stelle, da der Chor die Schönheit von Fausts „Jünglingsknaben" rühmt, heißt es:

---

[1] Die „Sotadische Zone", d. h. die Länder, in denen das südeuropäische Klima eine Früherweckung und offenbare Steigerung des Geschlechtstriebes hervorruft, sind Spanien, Südfrankreich, Italien, Griechenland, Kleinasien, Nordafrika. Näheres darüber bei I. Bloch, Beiträge zur Ätiologie der Psychopathia sexualis, Dresden 1902, Bd. I, S. 20 ff.

„Was bewundr' ich zumeist? Ist es zierlicher Gang,
Etwa des Haupts Lockhaar um die blendende Stirn,
Etwa der Wänglein Paar, wie die Pfirsiche rot
Und eben auch so weichwollig beflaumt?"

Auch der griechische Dichter Aristophanes rühmt dasselbe von seinen Griechenknaben, nur daß er nicht den Flaum der Wangen und Lippen meint.

Auf die eben zitierte Homerstelle nimmt der Anfang der Platonischen Schrift „Protagoras" Bezug, wo es heißt:

Der Freund: Wo kommst du her, Sokrates? Offenbar von der Jagd auf die Jugendschönheit des Alkibiades? Und in der Tat, als ich ihn neulich sah, schien er mir noch ein schöner junger Mann zu sein, aber doch immerhin schon ein Mann, Sokrates, dem — unter uns gesagt — doch schon der Bartflaum sprießt.

Sokrates: Nun wenn schon! Bist du denn nicht auch der Meinung Homers, der da sagte, daß den die lieblichste Jugendblüte ziere, dem der erste Flaum die Lippen deckt, wie eben jetzt bei Alkibiades?

Über die verschiedenen Altersstufen sagt Strato:

„An der Jugendblüte des zwölfjährigen habe ich Freude, aber viel begehrenswerter ist der dreizehnjährige. Wer da zweimal sieben Jahre zählt, ist eine noch süßere Blume der Eroten, noch wonniger aber ist der, der das fünfzehnte Jahr beginnt. Das sechzehnte Jahr ist das der Götter, das siebzehnte aber zu begehren, kommt nicht mir, sondern nur dem Zeus zu. Wenn aber einer noch ältere begehrt, so treibt er kein Spiel mehr, sondern er verlangt bereits das Homerische ‚ihm aber erwiderte'"[1].

86. Um das Verständnis der hellenischen Knabenliebe zu erleichtern, wird es gut sein, zunächst über das griechische Schönheitsideal zu sprechen. Der fundamentalste Unterschied zwischen der antiken und modernen Kultur ist der, daß die antike Kultur durchaus männlich ist und daß das Weib, wie früher dargelegt wurde, für den griechischen Menschen nur als Mutter seiner Kinder und Führerin des Haushalts in Frage kommt. Als den Träger alles geistigen Lebens betrachtete die Antike den Mann und nur den Mann. Daraus erklärte es sich, daß man die Erziehung und Ausbildung der Mädchen in einer uns kaum verständlichen Weise vernachlässigte, andererseits aber auch die Knaben

---

[1] Das heißt, er verlangt nach Gegenliebe, was der Dichter durch den homerischen Halbvers ausdrückt: τὸν δ' ἀπαμειβόμενος „ihm erwiderte".

viel später aus der Erziehung entließ, als dies bei uns üblich ist. Das für unser Empfinden Eigentümlichste ist nun die Sitte, daß jeder Mann sich einen Knaben oder Jüngling auserwählte, den er in täglichem Umgange als ratender und fürsorgender Freund zu allen männlichen Tugenden heranzog. Zumal in den dorischen Staaten herrschte diese Sitte, und zwar mit solcher durch den Staat anerkannten Selbstverständlichkeit, daß es für den Mann als Pflichtverletzung galt, wenn er nicht einen Jüngeren an sich heranzog und für den Knaben als Schimpf, wenn er nicht der Freundschaft eines Mannes gewürdigt wurde. Der Mann war für die Lebensführung seines jüngeren Kameraden verantwortlich und teilte mit ihm Lob und Tadel. Als einmal ein Knabe bei gymnastischen Übungen einen Schmerzensschrei ausstieß, wurde, wie Plutarch erzählt, sein älterer Freund dafür bestraft.

Wenn diese ursprünglich dorische Sitte auch nicht überall in Griechenland verbreitet war, so ist doch der tägliche Umgang der männlichen Jugend mit den Männern, die enge Lebensgemeinschaft vom frühen Morgen bis zum späten Abend in ganz Griechenland eine Selbstverständlichkeit. Dadurch entwickelte sich im Manne jenes Verständnis der Knaben- und Jünglingsseele und ein schier beispielloser Eifer, die Saat alles Guten und Edlen in die jungen, empfänglichen Herzen zu streuen und sie dem Ideale eines trefflichen Staatsbürgers möglichst nahezubringen. Für das Ideal der menschlichen, d. h. männlichen Vollkommenheit hat der Grieche die Formel $\varkappa\alpha\lambda\grave{o}\varsigma$ $\varkappa\grave{\alpha}\gamma\alpha\vartheta\acute{o}\varsigma$ ausgeprägt, „gut und schön" oder „schön an Leib und Seele". So wurde denn auf die körperliche Ausbildung der Knaben ein Wert gelegt, wie wir ihn uns nicht groß genug vorstellen können. Man darf ohne Übertreibung behaupten, daß die griechischen Knaben drei Viertel des Tages in den Turnhallen (Palästren) und Gymnasien, die ja im Gegensatze zu der heutigen Bedeutung des Wortes im wesentlichen der körperlichen Ausbildung dienten, und in den Bädern zubrachten. Bei allen diesen Leibesübungen waren die Knaben und Jünglinge nackt, worauf ja noch heute das Wort Gymnasium (von $\gamma v\mu v\acute{o}\varsigma$, nackt) hindeutet.

Goethe beschreibt in der „Italienischen Reise" einmal ein Ballspiel, das er in der Arena zu Verona gesehen hat: „Die schönsten Stellungen, wert, in Marmor gebildet zu werden, kamen dabei zum Vorschein. Da es lauter wohlgewachsene, junge, rüstige Leute sind, in kurzer, knapper, weißer Kleidung, so unterscheiden sich die Parteien nur durch ein farbiges Abzeichen. Besonders schön ist die Stellung, in welche der Ausschlagende gerät, indem er von der schiefen Fläche herunterläuft und den Ball zu treffen ausholt; sie nähert sich der des Borghesischen Fechters."

87. Für das griechische Empfinden war das männliche das schöne Geschlecht; das griechische Schönheitsideal wurde im Knaben und Jüngling verkörpert. Zum Beweise dieser Behauptung dient die gesamte griechische Literatur und Kunst von den allerersten Anfängen bis zu ihren letzten Ausstrahlungen. Wollte man die sämtlichen Stellen der griechischen Literatur ausschreiben, in denen Knaben- und Jünglingsschönheit gepriesen wird, so würden einige stattliche Foliobände herauskommen. Von der rein fachwissenschaftlichen Literatur selbstverständlich abgesehen, gibt es kaum ein griechisches Schriftwerk, in dem die Jünglingsschönheit nicht gepriesen würde, von gelegentlichen Erwähnungen bis zu breit ausgeführten Schilderungen.

4. DIE KNABENSCHÖNHEIT IN DER GRIECHISCHEN LITERATUR

88. Aus der schier unübersehbaren Menge seien einige besonders charakteristische Stellen herausgegriffen. Schon in der Ilias wird die Jünglingsschönheit verherrlicht, wenn der Dichter von Nireus spricht, der alle anderen Griechenjünglinge an Schönheit überstrahlte. Ja, die Schönheit des Nireus wurde danach sprichwörtlich und kehrt in ungezählten Variationen wieder, die Brandt in seiner erklärenden Ausgabe von Ovids „Ars Amatoria" gesammelt hat.

Das ästhetische Wohlgefallen des griechischen Auges an schönen Jünglingen tritt in der Ilias noch an einer andern ausgesucht charakteristischen Stelle hervor. Als Hektors Vater, der greise König Priamos, vor Achilles steht, um die Leiche des geliebten Sohnes von dem furchtbaren Manne zu erbitten, also in der entsetzlichsten Herzensnot, die ein Sterblicher auszudenken vermag, hat er doch noch einen Blick für die Schönheit des Jünglings übrig, der ihm seinen Hektor erschlug. Dazu macht Gerlach eine feine Bemerkung: „Von Achilles' Schönheit müssen wir uns hiernach noch einen höheren Begriff machen als von Helenas Reizen; denn Priamos bewundert sie, dem das unsäglichste Leid durch jenen zugefügt ist, er vermag sie zu bewundern in dem Augenblicke, da er um die Leiche seines Sohnes bittet[1].

---

[1] Die weiteren hierher gehörigen Stellen habe ich gesammelt in meinem Aufsatz „Homoerotik in den homerischen Gedichten" (Krauß, Anthropophyteia Bd. IX, 1912, S. 291 ff.).

Der weise Solon vergleicht in einem Fragmente seiner Dichtung die Schönheit der Knaben mit den Blumen des Frühlings. Aus den Gedichten des Theognis seien die Verse zitiert:

> „Der Knaben allerschönster du und lieblichster von allen,
> Tritt vor mich hin und möge dir mein Liebeswort gefallen!"

> „Mein Knabe, Kypris schmückte dich mit seltnen Reizen,
> Von deiner Schönheit jeder Jüngling spricht.
> Verachte darum meine Worte nicht,
> Laß ab, mit deiner Schönheit mir zu geizen."

Der jedem aus Schillers Ballade bekannte Ibykus huldigt der Schönheit seines Lieblings mit den Worten:

> „Reizender Grazien Sproß, Euryalus,
> Lockiger Jünglinge heißes Sehnen,
> Kypris und Peitho[1] mit sanftem Blicke gaben dir Anmut,
> In rosigen Blumen dich bettend."

Pindar singt das Lob knabenhafter Schönheit mit den Worten:

> „Jugend, mächtiger Herold der Kypris, ambrosischer Werke der Liebe,
> Auf der Knaben sittsam sich neigendes Augenlid senkst du dich,
> Trägst mit Händen sanft und machtvoll einen leicht, trägst andere in anderer Art."

Der auf der Insel Chios geborene Lyriker Likymnios hatte in einem seiner Gedichte von der Liebe des Hypnos, des Schlafgottes, zu Endymion erzählt. In einem daraus überlieferten Fragmente heißt es: „Er sah aber die Augen des Endymion so gerne, daß er sie ihn auch dann nicht zumachen ließ, wenn er ihn einschläferte, sondern er läßt ihn sie offenhalten, damit er ganz die Wonne des Anschauens genießen kann."

Ein Lobredner der Knabenschönheit ist vor allem Straton, von dem folgende Verse zitiert sein mögen:

> „So viel Blumen nicht blühn auf den zephyrliebenden Wiesen,
>   Wenn der strahlende Lenz übt seine holde Gewalt,
>   Als du Knaben hier siehst, Dionysios, edelen Blutes,
>   Wie sie der Grazien Hand reizend zur Freude uns schuf.
>   Unter diesen erstrahlt Milesios herrlich vor allen,
>   Gleichwie der Rose Pracht alle die Blumen beschämt.
>   Doch wie in Sommerglut die süßesten Blumen verwelken,
>   Schwindet mit sprossendem Bart Knaben der liebliche Reiz."

---
[1] Peitho (Πειθώ) ist die Gottheit der Überredung.

„Lüge, mein Theokles, ist's, daß die Grazien huldvollen Sinnes
Seien, und daß nur drei man in Orchomenos ehrt.
Nein, denn fünfmal zehn umgaukeln dein liebliches Antlitz.
Schleudernd der Sehnsucht Pfeil unserer Seele zur Pein."

Die Verse des Meleagros beschreiben die Schönheit verschiedener Knaben:

„Dir, Aphrodite, band aus Blumen lieblicher Knaben
Herzbetörenden Kranz Eros mit eigener Hand.
Denn als Lilie flocht er hinein Diodoros, den süßen,
Asklepiades blüht hold als Levkoie im Kranz.
Herakleitos erstrahlt, ein frisch aufknospendes Röslein,
Dion gleich wie des Weins Rebe, die wilde, erblüht.
Theron fügte er bei als golden blühenden Krokus,
Zierlichen Thymianzweig stellt Uliades dar.
Schlank wie des Ölbaums Reis Myiskos im Schmucke der Locken
Fügte als Myrthenzweig reizend dem Kranze er bei.
Tyros, du seliges Land, du heiliges, das du der Knaben
Myrthenduftenden Hain, blumengeschmückten du trägst."

Auch der große Dichter Kallimachos verschmäht es nicht, das Lob der Knabenschönheit zu singen:

„Nur die Hälfte noch lebt mir der Seele, die andere raffte
Eros oder der Gott finsteren Todes dahin.
Wieder zog sie es hin zu einem lieblichen Knaben. —
Hab ich auch immer gewarnt: Weiset die Flüchtige ab!
Dort, wo am blumigen Bach der Knaben fröhliches Lachen
Hell beim Spiele erschallt, weilet die Ärmste gewiß."

89. Für griechisches Empfinden und Denken ist selbstverständlich, daß auch das erhabene Pathos der ernsten Tragödie es nicht verschmäht, der Knabenschönheit bei jeder nur möglichen Gelegenheit zu huldigen; ausführlich darüber Bd. I, S. 107 ff.

Sophokles preist in einem auf uns gekommenen Bruchstücke die Schönheit des jugendlichen Pelops mit Worten, die an anderer Stelle mitgeteilt werden. Selbst Euripides, der große Verneiner, gibt seiner Begeisterung in den Worten Ausdruck:

„O welch ein Zaubertrost den Menschen Knaben sind!"

90. Auch die Komödie findet oft Veranlassung, von Knabenschönheit zu sprechen. So hatte im Jahre 421 v. Chr. Eupolis sein Lustspiel „Autolykos" auf die Bühne gebracht. Der Held des Stückes, Autolykos, war ein Jüngling von solcher Schönheit, daß Xenophon bewundernd von ihm sagte: „Wie wenn ein Licht in der Nacht aufleuchtet und aller Augen auf sich zieht, so lenkte die lichte Schönheit des jugendlichen Autolykos alle Blicke auf sich."

Aus einer uns unbekannten Komödie des Damoxenos sind folgende Verse erhalten, in denen die Schönheit eines Knaben von der Insel Kos beschrieben wird:

> ... „ein Knabe warf den Ball,
> An Jahren mocht' er siebzehn zählen wohl,
> Auf Kos, wo Götter wandeln, wie es scheint.
> Sooft uns streifte dieses Knaben Blick,
> Beim Werfen oder Fangen seines Balls,
> Laut jauchzten wir: Wie ist der Knabe schön!
> Die Anmut und der Glieder Harmonie
> In der Bewegung oder wenn er sprach!
> Ein Schönheitswunder! Niemals hört' ich je,
> Noch sah ich früher solcher Anmut Reiz.
> Um schlimmrem zu entgehen, eilt' ich fort,
> Und ach schon krankt in Liebe mir das Herz."

Ein unbekannter Dichter der griechischen Komödie hat uns die Verse hinterlassen:

> „Seh ich des Knaben Schönheit, ist's um mich geschehen —
> Der jugendzarte, hold erblühte Knabe dort:
> In seinem Arm zu sterben, welch ein Glück!"

91. Wer nach der Lektüre der bisher angeführten Stellen der Meinung sein sollte, daß solche Verherrlichung der Knabenschönheit nur der poetisch-verklärten Laune der Dichtung zu danken sei, würde sich in schwerem Irrtum befinden. Auch die Prosa der Griechen ist reich an begeisterten Lobpreisungen, ja enthusiastischen Hymnen der Knabenschönheit. Allein aus den Briefen des Philostratos ließe sich ein ganzes Heft zusammenstellen[1]. Ich teile hier folgende Briefe mit:

Nr. 1. An einen Knaben. Diese Rosen verlangen sehnsüchtig zu dir

---

[1] Hans Licht, Homoerotische Briefe des Philostratos. In Krauß' Anthropophyteia, Bd. VIII (1911), S. 216 ff.

zu kommen, und ihre Blätter tragen sie wie Flügel zu dir. Nimm sie freundlich auf als Andenken an Adonis oder als das Purpurblut der Aphrodite oder als die Augensterne der Erde. Einen Preiskämpfer ziert der Ölbaumkranz, einen großen König die hochragende Tiara, einen Kriegsmann der Helm, aber einen schönen Knaben die Rose, weil sie ihm ähnelt an süßem Duft und an der Farbe. Nicht aber du wirst mit den Rosen dich schmücken, sondern die Rosen sich mit dir.

Nr. 2. An denselben. Ich habe dir einen Kranz aus Rosen geschickt, nicht, oder wenigstens nicht ausschließlich, um dich zu erfreuen, sondern den Rosen selbst zuliebe, damit sie nicht welken.

Nr. 3. An denselben. Die Spartaner kleideten sich in purpurgefärbte Gewänder, entweder um ihre Feinde durch das Aufdringliche der Farbe zu erschrecken, oder damit sie bei der gleichen Farbe des Blutes nicht sähen, wenn sie verwundet wurden. So müßt ihr schönen Knaben euch nur mit Rosen waffnen, und das sei die Rüstung, die euch eure Liebhaber schenken mögen. Die Hyazinthe nun paßt gut zu einem Knaben mit lichter Hautfarbe, zu einem mit dunkler die Narzisse, die Rose aber zu allen, da auch sie selbst ja einst ein Knabe war. Sie hat den Anchises betört, hat den Ares der Waffen entkleidet, hat den Adonis herbeigelockt, sie des Frühlings Haar, sie der Erde Glanz, sie die Fackel der Liebe.

Nr. 4. An denselben. Du machst mir Vorwürfe, daß ich dir keine Rosen geschickt habe. Ich versäumte dies nicht aus Vergeßlichkeit, noch aus mangelnder Liebe, sondern ich sagte mir, du bist blond und schön, und auf deinen Wangen blühen dir eigene Rosen, so daß du anderer nicht mehr bedarfst. Auch Homer setzt dem blonden Meleagros nicht noch einen Kranz auf, dies hieße Feuer zu Feuer tun, auch dem Achilles nicht, noch dem Menelaos, noch wer sonst bei ihm ob der Schönheit des Haares gerühmt wird. Auch ist diese Blume gar leidiger Art, denn nur kurz ist ihre Frist, und schnell welkt sie dahin, und traurig ist, wie man erzählt, ihres Daseins erster Anbeginn. Denn einer Rose Dorn stach Aphrodite im Vorbeigehen, wie sich die Leute auf Kypros und in Phoinikien erzählen. Doch warum sollten wir uns nicht mit der Blume bekränzen, die nicht einmal Aphrodite verschont?

Nr. 9. An denselben. Wie geschah es, daß die Rosen, die, ehe sie zu dir kamen, schön waren und köstlich dufteten — sonst hätte ich sie dir ja nicht geschickt —, bei dir angelangt, so schnell verwelkten und dahinstarben? Zwar weiß den wahren Grund ich nicht zu sagen, denn sie wollten mir nichts verraten; wahrscheinlich aber wollten sie im Vergleich mit dir nicht unterliegen und fürchteten, mit dir in Wettbewerb zu treten, so daß sie sogleich starben, als sie den wonnigeren Duft deiner Haut spürten. So wird das Lampenlicht verdunkelt, von flammender Lohe besiegt, und die Sterne erlöschen, weil sie den Anblick der Sonne nicht ertragen können.

Nr. 10. An denselben. Die Nester beherbergen die Vögel, das Meergestein die Fische und die Augen die Schönheit. Jene aber irren umher, wechseln die Stelle und wandern hierhin und dorthin, wohin der Zufall sie führt; aber wenn sich die Schönheit einmal im Auge festgesetzt hat, dann weicht sie nimmermehr aus dieser Herberge. So wohnst du in mir, und ich trage dich in den Netzen der Augen allüberallhin. Fahre ich über Meer, so tauchst du aus ihm empor wie einst im Märchen Aphrodite, gehe ich über die Wiese, so strahlst du mir aus den Blumen entgegen. Was wüchse dort, das dir gliche? Sind auch die Blumen schön und lieblich, sie blühen doch nur tagelang. Blicke ich zum Himmel auf, so meine ich, die Sonne sei herniedergestiegen, und du leuchtest an ihrer Stelle. Wenn uns aber die Nacht umdämmert, so sehe ich nur zwei Sterne, den Hesperos[1] und dich.

92. Die Menge der Stellen aus der Prosaliteratur, in denen die Jünglingsschönheit gepriesen wird, macht ihre vollständige Aufzählung unmöglich, doch sei wenigstens aus Lukian noch eine kleine Auswahl mitgeteilt.

Im ersten „Totengespräch" (Diogenes und Polydeukes) werden als Kennzeichen männlicher Schönheit genannt „blondes Haar, schwarze, blitzende Augen, blühende Gesichtsfarbe, straffe Sehnen und breite Schultern".

Ganz dem Wesen der Schönheit gewidmet ist Lukians Schrift „Charidemos". In ihr lesen wir:

„Die Veranlassung zu unseren Reden, die du wissen möchtest, war eben der besagte schöne Kleonymos, der zwischen mir und seinem Oheim saß. Der größte Teil der Gäste, der, wie gesagt, aus Ungelehrten bestand, konnte die Augen gar nicht von ihm abwenden; sie sahen nichts als ihn, sprachen von nichts als ihm und vergaßen alle anderen Anwe-

---

[1] Hesperos (″Εσπερος) ist der griechische Name für den Planeten Venus, der den Alten als schönster Stern galt; vgl. Sappho fr. 133 Bergk: ἀστέρων πάντων ὁ κάλιστος; wo Bergks Anmerkung zu vergleichen ist (Poetae lyrici graeci III⁴, 132). Catull. 62, 26 Hespere, quis caelo lucet iucundior ignis?

senden, um die Schönheit dieses Jünglings um die Wette herauszustreichen. Wir Gelehrten konnten nicht umhin, ihrem guten Geschmack unseren vollen Beifall zu zollen; da wir es uns aber billig zur Schande hätten rechnen müssen, von Laien in dem, was wir als unser eigenes Fach ansahen, übertroffen zu werden, so kamen wir ganz natürlich auf den Gedanken, die Schönheit zum Gegenstande einer kleinen Rede aus dem Stegreif, welche wir einer nach dem andern halten wollten, zu machen. Denn uns in ein besonderes Lob des jungen Menschen einzulassen, der es gar nicht nötig hatte, noch verliebter in sich selbst zu werden, schien uns nicht ziemlich zu sein."

Darauf beginnt Philon seine Lobrede auf die Schönheit, aus der ich folgende Stelle zitiere: „Die wenigen, die die Gabe der Schönheit wirklich empfingen, schienen dadurch auf die höchste Stufe der Glückseligkeit gesetzt zu sein und wurden von den Göttern sowohl als von den Menschen in vorzüglichen Ehren gehalten."

„Unter allen Sterblichen, die jemals mit den Göttern Umgang zu pflegen gewürdigt wurden, ist nicht ein einziger zu finden, der diesen Vorzug nicht seiner Schönheit zu danken gehabt hätte. Bloß um seiner Schönheit willen erhielt Pelops das Glück, Ambrosia an ihrer Tafel zu kosten; die Schönheit allein gab dem Ganymedes eine so große Gewalt über den König der Götter, daß er keinem andern Gott erlauben wollte, ihn zu begleiten, als er auf den Gipfel des Ida herabflog, um diesen seinen Liebling in den Himmel zu holen, wo er ihn nun immer bei sich behielt."

„Sobald Zeus zu den schönen Jünglingen auf die Erde herabsteigt, wird er auf einmal so sanft und mild und gefällig, daß er immer damit anfängt, den Zeus abzulegen, und aus Besorgnis, seinen Geliebten in seiner eigenen Gestalt nicht angenehm genug zu sein, irgendeine andere annimmt, und zwar immer eine so schöne, daß er gewiß sein kann, alle, die ihn erblicken, an sich zu ziehen: so groß ist die Ehrerbietung, die er für die Schönheit hat.

Zeus ist indessen nicht der einzige unter den Göttern, über welchen die Schönheit eine solche Macht ausübt, und ich muß daran erinnern, damit ich nicht das Ansehen habe, als ob ich durch die angeführten Beispiele nicht sowohl die Allmacht der Schönheit beweisen als einen verdeckten Tadel auf den König des Himmels werfen wolle. Wer sich in der Göttergeschichte umsehen will, wird finden, daß sie über diesen Punkt alle gleichen Geschmacks sind: so sehen wir, um nur etliche Beispiele zu erwähnen, den Poseidon durch die Schönheit des Pelops überwältigt, und der schöne Hyakinthos wird von Apollo, der schöne Kadmos von Hermes geliebt[1]."

„Wenn also die Schönheit etwas so Herrliches und Göttliches ist und in den Augen der Götter selbst einen so hohen Wert hat, wie sollte es nicht auch unsere Pflicht sein, die Götter hierin nachzuahmen und alles, was wir durch Worte und Handlungen vermögen, zu ihrer Verherrlichung beizutragen!"

Endlich spricht Solon einmal von dem Vergnügen, das man bei den Olympischen, Isthmischen oder Panathenäischen Spielen habe, wenn man seine Augen „an dem Mut und der Standhaftigkeit der Wettkämpfer, an den schönen Formen ihrer Körper, an ihrem kräftigen Gliederbau, ihrer unbegreiflichen Geschicklichkeit und Kunst, ihrer unbezwingbaren Stärke, ihrer Kühnheit, Ehrbegierde, Geduld und Beharrlichkeit und an ihrer unauslöschlichen Leidenschaft, zu siegen, weiden könne".

Ferner lesen wir im „Scytha": „Der Jüngling wird dir gleich beim ersten Anblick durch das Edle und Große in seiner Gestalt und die männliche Schönheit seiner Gesichtsbildung das Herz nehmen, aber wenn er erst zu reden anfängt, wird er dich an den Ohren gefesselt davonführen. Sooft er öffentlich spricht, geht es uns mit ihm, wie es ehedem den Athenern mit Alkibiades ergangen sein soll: Die ganze Stadt horcht ihm mit einer so gierigen Aufmerksamkeit zu, als ob sie alles, was er sagt, mit Mund und Augen verschlingen wollten. Der Unterschied ist nur, daß jene sich ihre schwärmerische Liebe zum Alkibiades ziemlich bald gereuen ließen, diesen hingegen die Stadt nicht nur liebt, sondern seiner Jugend ungeachtet schon jetzt ihrer Ehrfurcht würdig findet."

5. DIE KNABENSCHÖNHEIT IN DER GRIECHISCHEN KUNST

93. Wie sehr den Griechen das Knabenideal als die Verkörperung aller irdischen Schönheit erschien, läßt sich des weiteren daraus schließen, daß in der bildenden Kunst auch spezifisch weibliche Schönheiten dem Knaben- oder Jünglingstypus angenähert dargestellt werden. Da die Wahrheit dieser Behauptung sich schon aus dem flüchtigen Durchblättern jeder illustrierten Geschichte der griechischen Kunst

---

[1] Über Poseidon und Pelops vgl. Pind. Ol. 1, 37 ff. Die Stelle habe ich übersetzt und besprochen im παίδων ἔρως I (in Hirschfelds Jahrbuch für sexuelle Zwischenstufen, Bd. VIII, Leipzig 1906, S. 653). Die Liebe des Hermes und Kadmos wird, soweit mir bekannt ist, nur hier erwähnt.

ergibt, braucht hier der Beweis nicht angetreten zu werden. Ja, selbst die Urbilder weiblichen Liebreizes und weiblicher Verführung, die Sirenen, wurden oft genug knabenhaft dargestellt, worüber W. Helbig ausführlich gesprochen hat[1]. Knaben- und Jünglingsgestalten wurden in der griechischen Kunst und zumal wieder in der Vasenbilderei ungleich häufiger und mit viel liebevollerer Sorgfalt dargestellt als Mädchen, wie jedem auffallen muß, der auch nur ein einziges der großen Vasenwerke durchblättert; vor allem beliebt ist der jugendliche Eros[2], daneben auch Hyakinthos, Hylas und wie die Lieblingsknaben, von denen die griechische Mythologie zu sagen weiß, sonst noch heißen.

Weiter ist daran zu erinnern, daß in den mythologischen Handbüchern ganze Kapitel mit der Aufzählung schöner Knaben angefüllt waren, so in dem bekannten auf uns gekommenen mythologischen Schulbuche des Hyginus; hier sind auch die später zu besprechenden Erotes des Phanokles zu nennen, eine poetische Aufzählung vieler schöner Knaben und derer, die sie liebten.

94. Ein weiterer Beweis dafür, daß die Hellenen das Schönheitsideal im Knaben und Jünglinge verkörpert sahen, ist die sehr bemerkenswerte Tatsache, daß die Inschrift $\varkappa\alpha\lambda\acute{o}\varsigma$ (schöner Knabe) auf ungezählten Vasen vorkommt, während die Inschrift $\varkappa\alpha\lambda\acute{\eta}$ (schönes Mädchen) verhältnismäßig selten ist. Mit diesen sogenannten Lieblingsinschriften hat es folgende Bewandtnis.

Es war und ist zu allen Zeiten Sitte, die Namen geliebter Menschen überall anzuschreiben oder einzukritzeln, wo sich nur immer dazu Gelegenheit bietet oder das vorhandene Material es erlaubt. Das war auch im griechischen Altertum nicht anders. Wir haben eine Fülle von Schriftstellen, aus denen hervorgeht, daß man den Namen eines geliebten Knaben oder Mädchens an die Wände schrieb, an die Türen oder wo sonst irgend Platz war, zumal an vielbesuchten Orten, wie in Athen im Kerameikos, wovon früher schon, bei Besprechung der Lukianschen Hetärengespräche, die Rede war, oder in die Rinde der Bäume einschnitt. Ja, der große Künstler Phidias verschmähte es nicht, durch die

---

[1] Über die Vermännlichung des weiblichen Typus in der antiken Kunst vgl. Emil Lucka, Die drei Stufen der Erotik. 2. Aufl. Berlin und Leipzig, 1913, S. 29, wo auch treffliche Ausführungen über den hermaphroditischen Charakter der griechischen Kunst zu finden sind.

[2] Vgl. auch die zahlreichen Epigramme in der Anth. Plan. 194 ff. auf Erosstandbilder.

Inschrift „Schöner Pantarkes" auf dem Finger seiner gewaltigen Zeusstatue zu Olympia seinem Liebling zu huldigen. Erhalten hat sich ein Ziegelstein, auf dem ein Arbeiter namens Aristomedes die Worte eingekratzt hat: „Hippeus ist schön! Das sagt Aristomedes." Ja, sentimentale Liebhaber schrieben den Namen der toten Geliebten mit dem Zusatz „Die Schöne" mit dem eigenen Blute auf das Grabmal.

Auch die Namen geliebter Knaben schrieb man auf Gräber, wie z. B. ein Epigramm des Aratos beweist:

„Philokles, der Argiver, ist schön, das verkünden die Säulen von Korinth und die Gräber von Megara. Das steht auch sonst zu lesen bis zu dem Bade des Amphiaraos[1], daß er schön ist. Aber was bedarf es des Zeugnisses der Steine: Jeder, der ihn kennt, wird das eingestehen."

Es lag nahe, daß man diese Ausbrüche der Liebe auch auf den Vasen anbrachte. Man findet das Wort „Schön!" bald allein, häufiger in der Form „Der Knabe ist schön!" oder mit einem Namen verbunden als Inschriften griechischer Gefäße, aber auch an Säulen, Schilden, Wasserbecken, Schemeln, Pfeilern, Altären, Kästen, Schläuchen, Diskusscheiben und anderen ungezählten Gegenständen. Ja, manche Vasen zeigen ganze Dialoge, so eine Münchner Vase, wo zwischen Verzierungen die wellenförmig geschriebene Inschrift steht:

> A. Schön ist, o Nikolas, Dorotheos, schön!
> B. Schön scheint er auch mir zu sein, in der Tat.
>   Aber auch der andere Knabe ist schön, der Memnon.
> A. Auch mir ist er schön und lieb.

Erwähnt sei noch, daß sich die Lieblingsinschrift καλός selbst auf Vasen findet, auf denen Szenen aus dem Schulunterricht dargestellt sind, z. B. auf einer rotfigurigen oft abgebildeten Schale des Duris, die jetzt im Antiquarium des Berliner Alten Museums aufbewahrt wird.

Über diese Lieblingsinschriften existiert eine umfangreiche Literatur, da Zweck und Wesen dieser Inschriften auch heute noch nicht restlos aufgeklärt ist. Man kann aber die Resultate der bisherigen gelehrten Forschung etwa in folgenden Sätzen zusammenfassen:

1. Im wesentlichen waren die Lieblingsnamen auf Vasenbildern nur in Attika üblich und nur in einem Zeitraum von etwa 70 Jahren des fünften vorchristlichen Jahrhunderts.

---

[1] Ἀμφαράου λουτρά, eine Quelle in der Nähe von Oropos (Harma) in Boiotien. Vgl. Paus. I 34, 4. II 37, 5.

2. Die Inschrift καλός (Schön) hat verschiedenen Sinn: Bald wollte sich der Vasenkünstler damit selbst loben, bald galt die Inschrift einzelnen der von ihm dargestellten Figuren, womit er in naiver Freude ausdrücken wollte, daß ihm die oder jene Gestalt besonders geglückt sei.

3. Häufiger aber wollte der Vasenmaler damit dem von ihm geliebten Knaben eine Huldigung darbringen.

4. Aber auch viele, die Vasen beim Künstler bestellten, ließen den Zusatz: „Der schöne Hippias" oder wie die Knaben sonst noch hießen, auf den Gefäßen anbringen, um dem Knaben, dem sie die Vase zu schenken gedachten, durch das Lob seiner körperlichen Reize eine Freude zu machen, zumal damals jeder Knabe auf seine Schönheit stolz war und es nicht als Schande, sondern als hohe Auszeichnung empfand, wenn er einen Bewunderer seiner geistigen und körperlichen Vorzüge gefunden hatte.

5. Endlich schrieben die Vasenkünstler auf ihre Gefäße auch die Namen derjenigen Knaben und Jünglinge, von deren Schönheit und tollen Streichen die ganze Stadt schwärmte. Es ist wohl anzunehmen, daß mancher Fabrikant seine Vasen leichter absetzte, wenn sie mit dem Namen eines zur Zeit von allen vergötterten Knaben geschmückt waren.

Zusammenfassend macht Wernicke eine gute Bemerkung über die griechische Sitte, die nur einmal in der Kunstgeschichte eine Nachahmung[1] fand, wenn er sagt:

„Und diese Freigebigkeit mit dem Schönheitsprädikat legt Zeugnis ab von dem schönheitsfrohen Sinn eines leicht erregbaren Volkes; verkehrt wäre es, ihn in pedantische Regeln einzwängen zu wollen, verkehrt, nur die glänzende Außenseite aufzudecken und den Schmutz auf der andern Seite zu ignorieren, aber gewiß ebenso verkehrt, nur den Schmutz zu sehen und nicht auch das Athen, das aus seiner Burg ein einziges kostbares Weihgeschenk machte, und auf dessen Boden der Parthenon und die Korenhalle erstanden."

6. NEUERE STIMMEN ÜBER DAS ALTGRIECHISCHE KNABENIDEAL

95. Wir lesen in Goethes Unterhaltungen mit dem Kanzler von Müller: „Goethe entwickelte, wie die griechische Knabenliebe eigentlich

---

[1] Auf den Majoliken des Herzogtums Urbino findet man bis etwa zum Jahre 1550 weibliche Porträts mit Lieblingsinschriften, wie etwa Lucrezia bella, Angelica divina und ähnlichen. (Nach Wernicke, Die griechischen Vasen mit Lieblingsnamen. Berlin 1890, S. 125.)

daher komme, daß nach rein ästhetischem Maßstab der Mann immerhin weit schöner, vorzüglicher, vollendeter wie die Frau sei... Die Knabenliebe sei so alt wie die Menschheit und man könne daher sagen, sie liege in der Natur, ob sie gleich gegen die Natur sei."

Ich errinnere weiter an die früher (S. 101) zitierte Stelle, in der Goethe von den ballspielenden Jünglingen in der Arena zu Verona spricht, und führe zur Ergänzung noch folgendes aus Goethes Werken an. Tischbein an Goethe, Neapel den 10. Juli 1787: „Hier begegnete mir auch etwas recht Vergnügliches... endlich ritt ein erwachsener Knabe nackend heran und ging so tief in das Wasser, so tief, daß das Pferd mit ihm schwamm. Das sah nun gar schön aus, wenn der wohlgewachsene Junge so nah ans Ufer kam, daß man seine ganze Gestalt sah, und er sodann wieder in das tiefe Meer zurückkehrte, wo man nichts weiter sah als den Kopf des schwimmenden Pferdes, ihn aber bis an die Schultern." Und ein paar Zeilen später: „Vorgestern war ich mit Ritter Hamilton zu Pausilipo auf seinem Lusthause. Da kann man denn freilich nichts Herrlicheres auf Gottes Erdboden schauen. Nach Tische schwammen ein Dutzend Jungen in dem Meere, das war schön anzusehen. Die vielen Gruppen und Stellungen, welche sie in ihren Spielen machten! Er bezahlt sie dafür, damit er jeden Nachmittag diese Lust habe." Wenn die eben angeführten beiden Stellen aus der Feder von Goethes Freunde Tischbein stammen, so spricht aus dem folgenden wieder Goethe selbst. Bei einer Betrachtung des Unterschiedes griechischer und neuer Zeit schreibt er:

„Die leidenschaftliche Erfüllung liebevoller Pflichten, die Wonne der Unzertrennlichkeit, die Hingebung eines für den anderen, die ausgesprochene Bestimmung für das ganze Leben, die notwendige Begleitung in den Tod setzen uns bei Verbindung zweier Jünglinge in Erstaunen, ja man fühlt sich beschämt, wenn uns Dichter, Geschichtschreiber, Philosophen, Redner mit Fabeln, Ereignissen, Gefühlen, Gesinnungen solchen Inhaltes und Gehaltes überhäufen."

In Goethes Briefen aus der Schweiz lesen wir: „Ich veranlaßte Ferdinanden zu baden im See, wie herrlich ist mein junger Freund gebildet! Welch ein Ebenmaß aller Teile! Welch eine Fülle der Form, welch ein Glanz der Jugend, welch ein Gewinn für mich, meine Einbildungskraft mit diesem vollkommenen Muster der menschlichen Natur bereichert zu haben! Nun bevölkre ich Wälder, Wiesen und Höhen mit so schönen Gestalten; ihn seh' ich als Adonis dem Eber folgen, ihn als Narziß sich in der Quelle bespiegeln!"

Das wenig bekannte elfte Kapitel aus dem zweiten Buche der „Wanderjahre" ist freilich zu lang, um hier mitgeteilt werden zu können. In ihm heißt es: „Der ältere dieser Knaben jedoch, an Jahren wenig vor mir voraus, der Sohn des Fischers, ein Knabe, der mich bei seinem ersten Auftreten gleich besonders angezogen hatte, lud mich ein, mit ihm nach dem Fluß zu gehen, der, schon ansehnlich breit, in weniger Entfernung vorbeifloß." Goethe erzählt dann, wie er mit dem Knaben zusammen im Flusse badet: „Da er sehr gut schwamm, verließ er bald die seichte Stelle, übergab sich dem Strom und kam bis an mich in dem tieferen Wasser heran; mir war ganz wunderlich zumute geworden... Er entfernte sich in dem tragenden Elemente, kam wieder und als er sich heraushob, sich aufrichtete, im höheren Sonnenschein sich abzutrocknen, glaubt' ich meine Augen von einer dreifachen Sonne geblendet, so schön war die menschliche Gestalt, von der ich nie einen Begriff gehabt. Er schien mich mit gleicher Aufmerksamkeit zu betrachten. Schnell angekleidet standen wir uns noch immer unverhüllt gegeneinander, unsere Gemüter zogen sich an und unter den feurigsten Küssen schwuren wir uns ewige Freundschaft."

Im weiteren Verlauf schildert Goethe die zunehmende gegenseitige Leidenschaft, das schreckliche Ende des ertrinkenden jungen Freundes und seinen unbändigen Schmerz über den Verlust des Knaben[1].

96. Goethe ist mit seinem Verständnis für griechische Knabenschönheit durchaus nicht vereinzelt. So sagt Eduard v. Mayer in seinem Büchlein „Pompeji in seiner Kunst": „Aber das schönste aller irdischen Gebilde ist doch der Mensch, in der Menschheit ist aber wiederum am schönsten der reife Jüngling. Eben im Epheben, dem Jüngling von 18 Jahren ab, ist der Ausgleich der beiderlei Formen vollkommen; er vereinigt die herbe Kraft des eng Männlichen mit der weichen Anmut des Weiblichen, wie der ‚Narkissos' bezeugt: er hat nicht die vorladenden Schultern des Mannes, noch die vortretenden Hüften des Weibes, sein Rumpf ist völlig rund und doch schlank, Brust und Bauch sind ebenmäßig gewölbt, Rücken und Lenden von edlem Schwunge der Linien, Arme und Beine kraftvoll geschwellt und doch nicht athletisch überspannt, denn das alles umgibt und begrenzt die feste geschmeidige Haut."

Bei Philippe Monnier lesen wir vom Epheben: „Er war der nackte Jüngling mit dem ölgeriebenen Körper, der vor dem Zuge der Panathe-

---

[1] Der knappe Raum verbietet, die weiteren viele Seiten füllenden Äußerungen Goethes über das Knaben- und Jünglingsideal mitzuteilen.

näen tanzte. Er bekränzte seine Stirn mit weißen Blumengewinden. Er lief in der Akademie unter den heiligen Ölbäumen. Wenn die Ulme neben der Platane flüstert, ging er mit einem gleichaltrigen Freunde hinaus, um den Duft des Smilax und der Silberpappel einzuatmen und sich an der Muße und dem schönen Frühling zu erfreuen. Sokrates setzte sich neben ihn im Gymnasion, wo er ihn würfelspielend gefunden hatte, und half seinen Geist entbinden. Er lehrte ihn die Wonne des Denkens. ‚O Sokrates,‘ rief er aus, ‚was du mir eben gesagt hast, sag' auch dem Menexenos!‘"

Auch Strindberg spricht sich einmal sehr ausführlich und mit Verständnis über das Problem der Homoerotik aus und kommt zu dem, wie er es liebt, bizarr formulierten Ergebnis:

Nein, sieh, der Mond ist aufgegangen, rief der Doktor aus, als sie auf Deck kamen. —

Bei uns ist der Mond ein Masculinum, aber in Griechenland ist er ein Femininum! —

Die Griechen haben ja nie die Geschlechter auseinandergehalten. Weißt du, warum nicht?

Nein. —

Es lag wohl in ihrer religiösen Überzeugung. Zeus liebte ja Ganymedes! Und es war ein großes und gebildetes Volk, das die religiöse Überzeugung achtete.

7. ANALYSE DES GRIECHISCHEN KNABENIDEALS

97. Nachdem so der Begriff des griechischen Schönheitsideals in den Hauptzügen festgelegt und der Versuch gemacht wurde, das Verständnis dafür dem modern empfindenden Menschen zu erleichtern, ist es geboten, auf die Einzelheiten hellenischen Knabenideals einzugehen. Unter den körperlichen Reizen eines Knaben ist aber keiner, durch den der Grieche mehr entzückt wurde als durch die Augen, die daher in der Dichtung die größten Triumphe feiern. Die schönsten Worte hat vielleicht Sophokles gefunden, wenn er in einem freilich schwer zu übersetzenden Fragmente von den Augen des jugendlichen Pelops spricht: „Seine Augen sind der Liebe betörender Zauberbann[1], sie sind Blitze, mit deren Feuer er sich selbst erwärmt und mich versengt." Und in dem

---

[1] Im Original (TGF S. 235, fr. 433, aus Ath. XIII 564 b) steht ἴυγγα θηρατηρίαν ἔρωτος, wörtlich „der Liebe einfangendes Zauberrad". Über das Zauberrad, die

Drama „Die Liebhaber des Achilles" hatte Sophokles von der „augenblitzentflammten Sehnsucht" gesprochen, von den Augen, „die Geschosse der Liebe schleudern". Hesych, der diese Worte zitiert, erinnert daran, daß die Augen des Liebenden die Eingangspforte der Liebe sind, denn nach einem griechischen Sprichworte „entsteht den Menschen die Liebe durch das Anschauen".
Wie Likymnios von den schönen Augen seines Lieblings sprach, war schon früher (S. 103) erwähnt. Sappho bittet:

> „Tritt, Liebling, vor mich hin
> Und schließ der Augen lieblichen Zauber auf."

Von Anakreon haben wir die Verse:

> „Knabe, du mit dem Mädchenblick,
> Dein verlang' ich, doch hörst du nicht,
> Merkst nicht, wie du die Seele mir
> Sanft am Zügel dahinlenkst."

Der sprachgewaltige Pindar beginnt ein uns nicht erhaltenes Skolion mit den Worten:

> „Wer Theoxenos sah ausstrahlen Lichtglanz aus dem Jünglingsaugenpaar
> Und nicht in Sehnsucht schäumte, von stählernem Stoff ist
> Oder von Erz schwarzes Herz dem ausgeprägt
> Bei frostiger Glut und er bleibt Aphroditens blitzenden Augen ein Gräul,
> Oder er quält sich mit Müh und Not um Geld ab, oder läßt sein lebelang
> Fortziehn sein Herz im Dienste der weiblichen Frechheit.
> Aber was mich, wund vom Biß der jungen Schönheit, anbetrifft,
> Ölfeuchter Bienlein Wachse gleichend
> Schmelze ich, wenn mir das Aug' frischblühende Knaben erschaut hat."

Der große Philosoph Aristoteles, der gewaltigste und universalste Geist des Altertums, bekennt: „Auf keinen andern der körperlichen Reize ihrer Lieblinge blicken die Liebenden mehr als auf die Augen, auf deren Grunde das Geheimnis der Knabentugenden liegt."

Iynx, ist früher (Bd. I, S. 174) gesprochen. Kaibel liest übrigens λύγγα statt ἴυγγα. Im Urtext folgen noch zwei Verse, die hier wegen des darin verwendeten unübersetzbaren Bildes nicht mitgeteilt werden können.

Natürlich stehen die lyrischen Dichter in dem Lobpreise der Knabenaugen nicht zurück. So feiert Ibykos sie in einem Gedicht, dessen Anfang lautet:

> „Eros' Auge glüht mich wieder
> Unter dunklen Wimpern an,
> Wirft mich hold bezaubernd nieder
> In der Liebe festen Bann."

Ein andermal vergleicht er die Augen eines Knaben mit den Sternen, die am nachtdunklen Himmel funkeln.

Besonders häufig wird das Lob der Knabenaugen von den Dichtern der Palatinischen Anthologie gesungen. So sagt Straton:

> „Funken im Auge dir sprühn, du göttergleicher Lycinus,
> Nein, aus dem Auge dir strahlt blitzend versengende Glut.
> Drum vermag ich auch nicht dir lange ins Auge zu blicken,
> Denn mich blendet der Blitz, der aus dem Auge dir sprüht."

Und an anderer Stelle:

„Ich liebe die Knaben mit weiß-durchsichtiger Haut und liebe doch gleichzeitig die dunkel gebräunten, liebe die blonden und wiederum die mit schwarzem Haar. Auch bläulich-helle Augensterne verachte ich nicht, aber vor allen andern liebe ich die, die aus schwarzen Augen Blitze sprühn."

Es würde den Leser nur ermüden, wollte ich die Stellen, in denen schöne Knabenaugen gepriesen werden, auch nur annähernd vollständig wiedergeben. Im Verlaufe der weiteren Darstellung wird sowieso noch manches davon zu sagen sein.

98. Diese kleine Auswahl von Zitaten, in denen schöne Augen gepriesen werden, gibt eine Vorstellung davon, wie die Griechen den körperlichen Reizen ihrer Knaben huldigten. Nun gibt es zwar keine einzige Stelle am Knabenkörper, die nicht ebenso verherrlicht würde als die Augen. Ich halte es aber nicht für zweckmäßig, die einzelnen körperlichen Schönheiten hier systematisch zusammenzustellen und in ähnlicher Ausführlichkeit durch Zitate aus den griechischen Schriftquellen zu belegen, da das den modernen Leser ermüden würde. Ich werde daher nur die nach den Augen am meisten gefeierten körperlichen Reize noch kurz erwähnen.

Beim Anblick eines Knaben, auf dessen Wangen das holde Rot schamhafter Verlegenheit sich entzündet hatte, zitierte Sophokles den Vers des tragischen Dichters Phrynichos:

> „Es leuchtet auf den purpurnen Wangen das Feuer der Liebe,"

und Sophokles selbst hatte gesagt, daß „die zarten Wangen das Liebesnest des Eros" seien.

Eine der Hauptschönheiten der Knaben war den Griechen das Haar. Schon von dem großen Dichter Alkaios bezeugt Horaz:

> „Stets von Bacchus, Venus und Musen sang er,
> Von dem Knaben, der stets sich an Venus klammert,
> Von des Lykos Reiz mit dem schwarzen Auge,
> Schwarzem Gelocke."

Wenn wir Cicero glauben dürfen, so hatte Alkaios an einem kleinen Mal auf dem Finger dieses Knaben Lykos besonderes Wohlgefallen.

Auch der Komiker Pherekrates hatte einen Knaben, den blondes Lockenhaar zierte, mit den Worten gepriesen:

> „O du, der im goldlockigen Haare du prangst."

Als Anakreon am Hofe des Polykrates, des Herrschers von Samos, weilte, hatte er sich wie in andere Edelpagen, so auch in den schönen Smerdis verliebt, konnte sich an dem prachtvollen Lockenhaar des Jungen gar nicht satt sehen und feierte die dunkle Fülle dieser Locken in seinen Liedern. Nach eitler Knaben Art freute sich Smerdis herzlich über das ihm so schön gespendete Lob. Polykrates aber ließ ihm in einer tyrannischen Laune und Anwandlung von Eifersucht die Locken abschneiden, um damit den Knaben und den Dichter zu kränken. Dieser aber ließ sich seinen Ärger nicht merken, sondern tat so, als habe der Knabe sich selbst seiner Lockenzier beraubte und machte ihm ob dieser Torheit in einem neuen Liede Vorwürfe, das nun gerade dadurch zu einer Huldigung wurde. Erhalten sind daraus nur die Worte, daß er „die untadelige Blüte des weichen Haares abgeschnitten habe, während er es früher so keck zurückwarf".

Von dem Knabenideal des Anakreon können wir uns noch heute eine lebendige Vorstellung machen. War doch Bathyllos ein anderer seiner Lieblinge. Dieser entzückte den Dichter nicht nur durch seine Schönheit, sondern auch durch die Kunst, mit der er Flöte und Kithara zu spielen wußte. Polykrates hatte eine Statue des Jünglings im Heratempel zu Samos aufstellen lassen[1], die Apuleius, der sie noch gesehen hat, beschreibt.

---

[1] Eine für die griechische Auffassung höchst bemerkenswerte Tatsache. Man scheute sich nicht, Standbilder von Lieblingsknaben im Tempel der Hera, d. h. der Schutzgöttin der Frauen und der Ehe aufzustellen.

99. Dies sind einige der Stellen, die man aus den griechischen Literaturwerken zur Darlegung des männlichen Schönheitsideales anführen kann. Nun ist aber die Liebe nach antiker Auffassung nichts anderes als die Sehnsucht nach dem Schönen, und so ist es nach alledem, was wir dargelegt haben, nicht wunderbar, wenn sich die sinnliche Liebe der Griechen auch auf ihre Knaben richtete und sie in dem Umgange mit ihnen auch die seelische Gemeinschaft suchten und fanden. Es kam, wie Lucka darlegt, zu dem Schönheitsideal „die reichere geistige Veranlagung der Knaben, die ein vernünftiges Gespräch möglich machte, wo man mit Mädchen hätte nur scherzen können. So flüchteten die Griechen nicht nur gesellig zu den vertrauten Geschlechtsgenossen". Die Knabenliebe oder Pädophilie der alten Griechen erscheint uns modernen Menschen als ein unlösbares Rätsel. Seitdem es eine methodisch geschulte Sexualwissenschaft gibt, hat man dem Problem der Homoerotik ganz besondere Aufmerksamkeit geschenkt, vor allem hat man den biologischen und physiologischen Gründen des uns so sonderbar anmutenden Phänomens nachgespürt. Von den verschiedenen Erklärungsversuchen[1] hat die Ansicht des bedeutenden Sexualforschers und bekannten Berliner Spezialarztes M. Hirschfeld, der, von der Tatsache der doppeltgeschlechtigen embryonalen Anlage jedes Menschen ausgehend, seine berühmte Theorie von den sexuellen Zwischenstufen aufbaute, unleugbar etwas Bestrickendes. Der Physiologe und Mediziner mag auch diese Theorie für unentbehrlich erachten, der Altertumsforscher kann ihrer entraten, da die von uns dargelegten Prämissen zur Erklärung der griechischen Pädophilie ausreichen.

Die zunächst vielleicht übertrieben erscheinende Behauptung, daß gerade die bedeutendsten Träger der griechischen Kultur ausgesprochen homoerotisch empfanden, wird in den späteren Abschnitten nachgewiesen werden, die sich mit der Geschichte der griechischen Knabenliebe und ihrem Niederschlag in der Literatur zu beschäftigen haben. Vorläufig will ich zum Abschluß der bisher gewonnenen Resultate ein Wort von Theodor Däubler zitieren, der in seinem Buche über Sparta, das zu Leipzig im Inselverlag 1923 erschien, folgendes sagt:

„Wer der Hellenen Knabenliebe, Sapphos Neigung zu ihrem Geschlecht nie als hoch und heilig ansehen kann, versagt vor Griechenland. Mehr als der herrlichsten Kunst der Menschheit verdanken wir den

---

[1] Die verschiedenen Erklärungsversuche findet man in dem Werke Hirschfelds: „Die Homosexualität des Mannes und des Weibes", Berlin 1914. Seitdem sind mehrere neue Theorien aufgetaucht, von denen eine immer grotesker als die andere ist.

heldischen Paaren Europas Freiheit, Zusammentrümmern persischer Willkür gegen Vielfältigkeit der natürlichen Triebe im Menschen... Jeder Versuch gegen die Knabenliebe hätte in Spartas hoher Zeit umstürzlerisch gewirkt, wäre als ungesund, volksverräterisch aufgenommen worden."

8. WEITERE PHASEN DER GRIECHISCHEN KNABENLIEBE

100. Sind die in den vorausgehenden Blättern skizzierten Eigenschaften vorhanden, so ist der Knabe würdig, Gegenstand der Beachtung zu werden.

Im zwölften Buche der Palatinischen Anthologie ist uns ein Hoheslied des Knaberneros erhalten. Ich komme im literarhistorischen Überblick darauf noch zurück und begnüge mich hier damit, einzelne Phasen der Pädophilie nach den in dieser Sammlung enthaltenen Dichterstellen zu schildern und diese Schilderung gelegentlich durch andere Zitate zu ergänzen. Eine ausführliche Analyse und Übersetzung der sämtlichen in dieser Anthologie enthaltenen homoerotischen Gedichte gab ich in einer Monographie.

101. Wenn Straton einmal bekennt, daß ihn „alles Knabenhafte" entzücke, so hat er damit nicht nur sein eigenes Herz, sondern das der meisten Griechen enthüllt und damit vielen Hellenen aus der Seele gesprochen.

Ein anderes Mal bekennt er:

„Mich erfreut nicht überflutendes Haar noch Lockengekräusel, das nicht von der Natur, sondern von der Kunst mühsam gebildet ist. Nein, der rauhe Schmutz des Knaben, der die Palästra besucht, und der Schmelz der Glieder, die vom frischen Öle noch feucht sind. Mein Begehren ist der süße ungekünstelte Schmuck."

Wo immer in der alten Literatur und Kunst Trinkgelage dargestellt werden, finden wir auch Knaben, die den Gästen den Wein kredenzen, mit ihnen scherzen oder auch ihr üppiges Haar als Handtuch darbieten, wie, um nur ein Beispiel zu bringen, Petronius berichtet. Dieser erzählt, wie „Knaben aus Alexandrien den Gästen schneegekühltes Wasser über die Hände gießen, andere ihnen die Füße waschen und die Nägel mit unsagbarer Zartheit säubern". An einer andern Stelle des Petron heißt es: „Nachdem wir so gesprochen hatten, kam ein sehr schöner Junge, mit Weinlaub und Efeu umkränzt, trug in einem Körbchen Trauben herum und sang dabei mit glockenheller

Stimme. Wir aber küßten den schönen herumgaukelnden Knaben nach Herzenslust tüchtig ab."

Wie sehr das Knabenideal den Griechen mit ihren Gelagen unlöslich verbunden war, geht auch daraus hervor, daß Philostratos einmal davon fabelt, wie im Palaste eines mächtigen indischen Königs auch vier automatisch sich bewegende kostbare Dreifüße waren, die von Knaben aus Bronze getragen wurden, „die so schön waren, wie die Griechen sich ihren Ganymedes oder Pelops denken".

Oft genug mögen auch die Knaben sich mitzechend an den Gelagen beteiligt haben, wie aus einem Fragmente des Komikers Philyllios hervorgeht.

9. DIE MÄNNLICHE PROSTITUTION

102. Käufliche Liebe hat es zu allen Zeiten und bei allen Völkern gegeben und wird es immer geben, so sehr man das auch aus den verschiedensten Gründen wird bedauern müssen. Auch die männliche Prostitution ist so alt wie die Liebe selbst. Daß unter den Tempelprostituierten sich auch Buhlknaben und Jünglinge befanden, ist früher schon mehrfach gesagt worden. Wie sehr die männliche Prostitution schon zu Solons Zeit in Athen verbreitet war, geht daraus hervor, daß dieser große Staatsmann, Dichter und Philosoph durch seine Gesetzgebung nicht nur den Sklaven die Päderastie verbot, weil diese freieste Betätigung menschlicher Selbstbestimmung nur den Freien zukäme, sondern auch die unter Strafe stellte, die aus ihrer Schönheit ein Gewerbe machten. „Wer nämlich," sagt der Redner Aischines, dem wir die Kenntnis dieser solonischen Gesetze[1], die freilich in ihren Einzelheiten durchaus nicht klar überliefert sind, im wesentlichen verdanken, „wer seinen eigenen Leib um Geld verkauft, von dem steht zu befürchten, daß er auch das gemeinsame Staatsinteresse leicht preisgeben wird."

So sehr nämlich die Griechen zu allen Zeiten das auf gegenseitiger Neigung beruhende Verhältnis zwischen Mann und Jüngling billigten, ebenso verwarfen sie es, wenn ein Knabe sich für Geld preisgab. Das bezeugt nicht nur Aischines mehrfach in seiner berühmten Rede gegen Timarchos mit deutlichen Worten, sondern es geht auch aus vielen Stellen anderer Autoren hervor. Man nannte die gewerbsmäßige männ-

---

[1] Über diese Gesetze wird später noch näheres mitgeteilt werden.

liche Liebe ἑταίρησις oder ἑταιρεία[1], und „sich für Geld preisgeben" ἑταιρεῖν.

103. Es erübrigt sich, die zahlreichen Stellen aus den griechischen Autoren anzuführen, aus denen sich ergibt, daß Knaben und Jünglinge überall für Geld oder Geschenke oder für beides zu haben waren. Um auch dafür wenigstens einen Beleg zu bringen, sei an die Verse des Aristophanes erinnert:

KARION
Und auch die Knaben wollen dies und das Weitere
Nicht um des Freundes, sondern des Geldes willen tun.

CHREMYLOS
Doch nicht die besseren, sondern nur die gemieteten,
Denn die bessern nehmen gar kein Geld an.

KARION
Was denn sonst?

CHREMYLOS
Der einen Zug Jagdhunde, jener ein gutes Pferd.

KARION
Sie schämen vielleicht sich, grade Geld zu nehmen und
Verbrämen mit einem Namen ihren gemeinen Sinn.

Daher wollen denn auch die Klagen der Dichter über die Habsucht der Knaben nicht verstummen, zumal diese ihre Begehrlichkeit mit allen Künsten der Koketterie zu verschleiern wissen. So klagt Straton:

„Weh mir, was soll die Träne im Aug', was bist du so traurig?
Sage doch, was dir fehlt, Junge, und was du begehrst.
Nunmehr streckst du mir hin die Hand, die hohle, o Jammer!
Also verlangst du Geld! Wer hat dich dieses gelehrt?
Bist nicht mehr mit Gebäck, mit Honigkuchen zufrieden,
Nicht mit Nüssen wie sonst, die ich zum Spiele dir gab.
Nein, du denkst an Geld und Gewinn! O Fluch über jenen,
Der dich dieses gelehrt und deine Liebe mir nahm!"

---

[1] Es ist interessant, daß man dafür gerade die Worte wählte, die ursprünglich durchaus Edles, nämlich männliche Kameradschaft bedeuteten; später verstand man darunter politische Klubs, endlich männliche Prostitution; vgl. darüber die größeren Lexika. Eine ähnliche Entwicklung hat im Deutschen das Wort Dirne durchgemacht; vgl. Grimm, Deutsches Wörterbuch II 1185 ff.

Mit geringfügigen Abwechslungen kehrt dieses wenig erfreuliche Thema in den Motiven der Knabenmuse so häufig wieder, daß ich mich hier mit dieser Probe begnügen darf.

Besonders hervorragende oder schöne Männer konnten sich manchmal all der Knaben kaum erwehren, die sich ihnen anboten. So erzählte Karystios in seinen „Erinnerungen": „Auf Diognis, den bevorzugten Liebling des Demetrios, waren alle Knaben Athens eifersüchtig und so sehr trachteten sie danach, mit ihm zu verkehren, daß die schönsten Knaben der Stadt, wenn Demetrios vormittags spazieren ging, alle dorthin kamen, um von ihm gesehen zu werden."

Man konnte für Geld nicht bloß käufliche Knaben haben, man konnte sogar solche kontraktmäßig auf längere oder kürzere Zeit mieten. Dafür haben wir neben anderen Zeugnissen ein besonders interessantes in der Rede, die Lysias im Jahre 393 v. Chr. für einen Athener geschrieben hat, der einen Knaben aus Plataiai namens Theodotos liebte und von einem gewissen Simon, der auch in jenen Knaben verliebt war, der vorsätzlichen Körperverletzung angeklagt wurde, was damals mit Verbannung und Vermögenskonfiskation bestraft wurde. In diesem denkwürdigen Aktenstück wird mit größter Ausführlichkeit und Offenheit als etwas ganz Selbstverständliches besprochen, wie man einen Jüngling kontraktmäßig zum Zwecke der Hingabe seines Körpers mietete. Als Abfindungssumme, die Theodotos erhielt, werden 300 Drachmen angegeben (etwa 240 Mark).

Ja noch mehr. Wir haben mehrere Schriftquellen, aus denen mit ziemlicher Sicherheit hervorzugehen scheint, daß es in Griechenland, zum mindesten in Athen und anderen Hafenplätzen Bordelle oder Absteigequartiere gab, in denen entweder allein oder neben käuflichen Mädchen auch Knaben und Jünglinge zu haben waren. So sagt Aischines: „Beseht euch also die, welche anerkanntermaßen das Gewerbe betreiben, wenn sie in den öffentlichen Häusern sitzen. Auch diese ziehen eine Art von Vorhang vor ihre Schande und schließen die Türen zu."

Oft genug mögen die Insassen solcher Häuser junge Leute gewesen sein, die im Kriege gefangen waren und dann verkauft wurden. Das bekannteste Beispiel dafür ist jener Phaidon aus Elis, mit dem Sokrates am Tage seines Todes das berühmte Gespräch über die Unsterblichkeit der Seele führte. Phaidon stammte aus einer vornehmen Familie und war in dem Kriege zwischen Elis und Sparta noch sehr jung in die Hände der Feinde gefallen, die ihn nach Athen verkauften, wo er von dem Besitzer eines öffentlichen Hauses erstanden wurde. Dort lernte ihn

Sokrates kennen, der einen seiner wohlhabenden Anhänger veranlaßte, ihn loszukaufen. Es ist eine außerordentlich bemerkenswerte Tatsache, daß das vielbewunderte Gespräch Phaidon, vielleicht das ergreifendste, was Plato überhaupt geschrieben hat, nach einem Jüngling benannt und im wesentlichen mit ihm geführt ist, der, wenn auch gezwungen, noch kurze Zeit vorher in einem Bordell jedem zu Willen war, der ihn bezahlte.

Aber auch freie Jünglinge trieben sich freiwillig in solchen Häusern umher, um durch Preisgabe ihres Körpers Geld zu verdienen. Diesen Vorwurf macht Aischines dem Timarchos, wenn er sagt: „Sobald er das Knabenalter verlassen hatte, hielt er sich im Peiraieus in der Baderei[1] des Euthydikos auf, angeblich um dieses Gewerbe zu erlernen, in der Tat aber mit dem Vorsatze, sich zu verkaufen, wie er dies ja auch bewiesen hat."

Aus dem, was Aischines weiter sagt, geht hervor, daß die Buhlknaben nicht nur in den öffentlichen Häusern von den Liebhabern besucht wurden, sondern daß sie auch in deren Wohnungen kamen, um dem Hausherrn allein oder bei Festlichkeiten auch den Gästen zu Willen zu sein. „Es gibt, ihr Athener," sagt Aischines, „einen gewissen Misgolas, sonst ein Ehrenmann und auf keine Weise von jemandem zu tadeln, der ganz unbändig der Knabenliebe ergeben ist und nicht leben kann, wenn er nicht immer einige Sänger und Zitherspieler um sich hat. Sobald dieser merkte, warum sich Timarchos in der Baderei aufhielt, nahm er nach einer Anzahlung ihn dort weg und behielt ihn bei sich, da er üppig gewachsen, jung, wollüstig und durchaus geeignet zu den Dingen war, die er selbst zu machen, Timarchos aber mit sich machen zu lassen entschlossen war. Timarchos aber trug kein Bedenken das zu tun, sondern unterzog sich dem, trotzdem er bei mäßigen Ansprüchen keinen Mangel zu leiden gehabt hätte."

Eins der athenischen Knabenbordelle scheint auf dem schöngeformten, die Stadt Athen etwa 900 Fuß überragenden Felsenkegel Lykabettos gewesen zu sein, wie man aus einer Stelle des Lustspieldichters Theopompos schließen darf, wo der als Person gedachte Berg Lykabet-

---

[1] Im Original steht ἰατρεῖον. Man verstand darunter die Geschäftsräume eines Arztes, der damals zugleich Arzt, Chirurg, Bademeister und Apotheker war. Dort hatte der Arzt seine Gehilfen, aber auch junge Leute, die sich als Schüler in der medizinischen Wissenschaft ausbilden ließen. Näheres bei Becker-Göll, Charikles III 61 ff. Auch fanden sich dort Müßiggänger aller Art ein, um zu plaudern oder interessante Bekanntschaften zu machen; vgl. Aelian. v. h. III 7; Plaut. Amph. IV 1, 3.

tos sagt: „Bei mir geben die Knaben sich gern ihren Altersgenossen und anderen hin."

10. DIE ETHIK DER GRIECHISCHEN KNABENLIEBE

104. Trotz dieser Tatsachen wäre die Annahme völlig verkehrt, daß die Sinnlichkeit die einzige oder zum mindesten die wichtigste Komponente der hellenischen Knabenliebe bedeutet hätte. Ganz das Gegenteil ist der Fall: alles, was Griechenland groß gemacht hat, was den Griechen eine Kultur verschaffte, die man bewundern wird, solange die Welt besteht, hat seine Wurzel in der beispiellosen ethischen Bewertung des Männlichen im öffentlichen und privaten Leben. Ich habe schon früher auf die hohe Meinung Platos von der Knabenliebe hingewiesen, und es ist nun an der Zeit, die ethischen Tendenzen der griechischen Pädophilie des näheren darzulegen.

Eros ist das Prinzip nicht nur der sinnlichen, sondern auch der idealen Seite der griechischen Pädophilie. Ein schönes Vasenbild im Berliner Antiquarium stellt diese ideale Seite symbolisch dar und wird daher von Rolf Lagerborg „Erosverzückung" genannt. Wir sehen einen geflügelten Eros den Blick verzückt in die himmlischen Höhen gerichtet dahinfliegen und einen Knaben mit sich in die Höhe tragen, der sich etwas zu sträuben scheint, zugleich aber liebevoll Eros anblickt. Mit Recht sagt Hartwig: „Vielleicht ist hier ganz allgemein derjenige Eros gemeint, der beliebigen Knaben bald eine Blüte, eine Leier oder einen Reifen bringt, der ihnen mit lebhafter Gebärde zuspricht oder sich stürmisch auf sie herabwirft: eine ideale Darstellung des Werbens liebender Männer, das uns die Schalenbilder unserer Epoche so oft in realistischer Weise vorführen."

Die Pädophilie war den Griechen zunächst das wichtigste Mittel zur Erziehung der männlichen Jugend. Wie ihnen das Ideal des Mädchens die gute Mutter und Hausfrau war, so das des Knaben die $\varkappa\alpha\lambda o\varkappa\dot{\alpha}\gamma\alpha\vartheta\iota\alpha$ die gleichmäßig harmonische Ausbildung von Leib und Seele. Das trefflichste Mittel, diesem Ideale nahe zu kommen, war den Griechen die Knabenliebe: indem, zumal bei den Dorern, der Staat von jedem Manne erwartete, daß er sich einen Jüngling zum Liebling erwählte, und indem es jedem Knaben verübelt wurde, wenn er keinen älteren Freund und Liebhaber fand, weil das nur durch einen sittlichen Makel des Knaben erklärlich schien, bemühten sich beide, Mann und Knabe, die männlichen Tugenden so sehr wie nur irgend möglich zu entfalten. Da der

ältere für das Verhalten des jüngeren verantwortlich war, wurde die
Knabenliebe vom Staate nicht verfolgt, sondern gepflegt, um zur
staatserhaltenden Kraft und zur Grundlage der griechischen Ethik zu
werden. Diese ethische Tendenz finden wir in unzähligen Stellen der
griechischen Literatur bestätigt, am besten wohl in den früher (S. 95)
zitierten Worten Platos.

Daß Plato sich damit nicht in optimistischen Träumen bewegt, beweisen die historischen Tatsachen. Darum sang man in Chalkis auf der Insel Euboia Lieder zum Lobe der Kameradschaft, darum opferten die Spartaner vor der männermordenden Schlacht dem Eros, dem holdesten aller Götter, darum war das Heer der Thebaner, das man „die heilige Schar" (ἱερὸς λόχος) nannte, der Stolz der Nation und Gegenstand der Bewunderung Alexanders des Großen, darum gaben sich auf dem Grabmale des Iolaos in Theben die Freunde, bevor sie in die Schlacht zogen, die letzten Treuschwüre.

105. Als die Chalkidier mit den Eretriern in Fehde lagen, kam ihnen Kleomachos zu Hilfe, an der Spitze eines stattlichen Reitergeschwaders; er aber liebte einen Jünglingsknaben. Heiß war der Kampf, denn wohlgerüstet war die Reiterei der Feinde. Kleomachos fragte seinen Liebling, ob er den Kampf mit ansehen wolle. Der bejahte es, küßte den Freund und setzte ihm den Helm auf das Haupt. Da erfüllte hoher Mut dem älteren das Herz und todverachtend sprengte er mit seinen Reitern in die Reihen der Feinde. Zwar ward ihm der Sieg, doch nur mit seinem Heldentode erkauft. Die Chalkidier aber bestatteten ihn mit allen Ehren und errichteten auf seinem Grabmal eine Säule, den kommenden Geschlechtern zum ewigen Gedächtnis.

Daß die Spartaner vor der Schlacht dem Eros opferten, hatte nach Athenaios seinen Grund darin, „daß sie überzeugt waren, daß in der Liebe der nebeneinander kämpfenden Freundespaare Heil und Sieg liege".

Das beste Zeugnis für die hohe Ethik der griechischen Knabenliebe hat für alle Zeiten auch die „heilige Schar" der Thebaner abgelegt. Gorgidas hatte, so erzählt man, diese Schar gebildet, edles Blut, 300 an der Zahl, die sich gegenseitig den Liebesfreundschaftsschwur geleistet hatten. Von einem Scherzworte wußte man zu sagen, das Pammenes, der Freund des Epameinondas, geprägt hatte. Er tadelte den Homer, weil in der Ilias Nestor einmal die Leute sich aufstellen läßt „nach Volksstämmen und Familien geordnet", und meint, er hätte die Schlachtreihe aus Freundschaftspaaren bilden müssen, weil sie dann unlöslich und undurchbrechlich sei. Glänzend bewährte sich die heilige Schar in der Schlacht bei Mantineia, in der Epameinondas mit Kephisodoros fiel, und unbesiegt erhielten sich die Traditionen der tapferen Schar bis zur Niederlage von Chaironeia, in der die Blüte der griechischen Freiheit geknickt wurde. Als der Sieger, König Philipp von Mazedonien, nach dem Kampfe das Schlachtfeld besichtigte und sah, daß die Leichen dieser Dreihundert sämtlich in der Brust die tödliche Wunde trugen, da konnte er die Tränen nicht unterdrücken und sprach: „Wehe denen, die von solchen Männern Schlechtes denken."

Leicht ist es, zu der heiligen Schar der Thebaner Parallelen anzuführen. Schon früher sind die Worte zitiert, mit denen Plato die größere Kriegstüchtigkeit und erhöhte Opferfreudigkeit dieser Heere begründet, wenn auch freilich Sokrates in Xenophons „Symposion" sich nicht rückhaltlos damit einverstanden erklärt. Aber man lese die Geschichte in Xenophons „Anabasis" von dem Wetteifer des Episthenes und einem Knaben, wie jeder den Tod für den andern erleiden will. Es war das derselbe Episthenes aus Olynth, der später „eine ganze Kompanie aus schönen Jünglingen bildete und sich unter ihnen als Held bewährte". In der „Cyropädie" heißt es einmal, daß „vielfach auch sonst es sich erwiesen hat, daß es keine stärkere Schlachtreihe geben kann als eine aus Liebenden zusammengesetzte", was sich ja dann auch in der Schlacht zwischen Kyros und Kroisos bestätigt, nicht minder als in der Schlacht bei Kunaxa, in der mit dem jüngeren Kyros auch seine „Freunde und Tischgenossen" den Heldentod erleiden. Alles das wird von Älian bestätigt, der die Opferfreudigkeit damit erklärt, daß eben der Liebende von zwei Göttern, von Ares und Eros beseelt wird, während nichtliebende Kämpfer nur von Ares begeistert sind. Selbst in dem der Knabenliebe nicht freundlichen „Erotikos" des Plutarch[1] wird die Macht des Eros im Kriege durch mehrere Beispiele bewiesen. Auf die „Freundeskompanie" im Heere des Scipio hat Wölfflin aufmerksam gemacht, und Caesar erzählt von einem Jünglingsbunde im Lande der Sontiates, eines gallischen Volksstammes: „Man nannte diese Jünglinge Soldurii, die Getreuen, deren Gelübde darin besteht, daß sie alle Freuden des Lebens mit denen teilen, mit denen sie Freundschaft geschlossen haben. Wenn aber ihren Freunden ein Unglück zustößt, so ertragen sie es entweder gemeinsam mit ihnen oder sie gehen freiwillig in den Tod und man hat

---

[1] Plutarchs Erotikos, Ein Gespräch über die Liebe hat Paul Brandt übersetzt und eingeleitet in einem numerierten Luxusdruck des Verlags Paul Aretz. Dresden 1924.

seit Menschengedenken noch von keinem gehört, der am Leben geblieben wäre, wenn der Freund gefallen war."

Nach diesen Parallelen, die sich leicht vermehren ließen, wird man das, was von der „heiligen Schar" der Thebaner gemeldet wird, nicht mehr übertrieben finden. Freilich war auch diese Erscheinung wie das gesamte Hellenentum nur von kurzer Lebensdauer. Wir hören von der heiligen Schar zuerst in der Schlacht bei Leuktra, 371 v. Chr. Nach der unseligen Schlacht bei Chaironeia, 338 v. Chr., war auch ihr das Ende beschieden, sie bestand also nur 33 Jahre.

106. Erwähnung verdient auch die Geschichte, die Plutarch erzählt. Als ein Jüngling im Kampfe einen ängstlichen Schrei ausstieß, wurde nachher sein Liebhaber von Staats wegen bestraft.

Der Liebende wird also mit Hilfe des Eros, der ihn begeistert, für den Geliebten „durch Feuer gehen, durch Wasser und durch Sturmeswehen", wie ein Vers eines unbekannten Tragikers lautet, und selbst dem göttlichen Zorne trotzt des Liebenden Mut: als die Söhne der Niobe ob des Frevels ihrer Mutter von Apollo erschossen werden, sucht der Freund den zarten Körper des jüngsten Niobiden zu schützen, und als dies vergeblich ist, hüllt er trauernd die Leiche sorgsam in das bergende Gewand. Selbst von dem Ideale griechischer Heldenkraft, von Herakles erzählte man, daß ihm seine gewaltigen Taten leichter wurden, da er sie vor den Augen seines geliebten Iolaos ausführte. Bis in späte Zeiten bestand in Theben das vor dem Proitidentore gelegene Gymnasium des Iolaos. Zum Andenken an diesen Liebesbund feierte man in Theben die Iolaeia, gymnastische und equestrische Spiele, in denen dem Sieger Waffen und eherne Gefäße als Preise erteilt wurden.

Bei Pausanias lesen wir, ein Athener namens Timagoras habe einen gewissen Meles oder Meletos geliebt, sei aber von dem Knaben spröde behandelt worden. Einst habe Meles, als er sich mit seinem Liebhaber an einem schroffen Felsenabhange befand, von diesem verlangt, er solle sich hinabstürzen und Timagoras habe das auch getan, da er das Leben weniger hoch anschlug als die unbedingte Erfüllung jedes von dem Geliebten geäußerten Wunsches. Aus Verzweiflung über den Tod des Freundes stürzte sich dann Meles selbst vom Felsen herab.

Wenn man aus allem zur Frage der Ethik der griechischen Knabenliebe bisher Mitgeteilten das Resultat zieht, so ergibt sich als unabweisbare Tatsache folgendes: Die griechische Knabenliebe ist eine Charaktereigentümlichkeit, die auf ästhetischer und religiöser Grundlage basiert. Ihr Ziel ist, mit Hilfe des Staates zur staatserhaltenden Kraft und zum

Urquell bürgerlicher und persönlicher Tugend zu gelangen. Sie ist nicht ehefeindlich, sondern ergänzt die Ehe als wichtiger Erziehungsfaktor. Man kann also bei den Griechen von einer ausgesprochenen Bisexualität sprechen.

107. Wie dem Ernste des Todes die Leidenschaft weicht und dem abgeklärten, mehr in der Erinnerung schwelgenden Glücke der das Grab überdauernden Freundschaft Platz macht, zeigen uns zahlreiche Grabepigramme, die durch die Zartheit der Sprache, die Würde des Inhalts und die Schönheit ihrer Form zu dem Edelsten gehören, was uns aus der griechischen Dichtung erhalten blieb. Während des großen Krieges erschien eine mit Bildern reich geschmückte Monographie aus der Feder des bedeutenden Archäologen Franz Studnizka, aus der mit zwingender Gewalt hervorgeht, wie die Griechen auch auf den Ernst des Todes einen Strahl verklärender Schönheit fallen ließen, mit welch erlesenem Geschmack und Taktgefühl sie ihren toten Helden das Grab schmückten und ihnen Ehrenmäler errichteten.

Dasselbe zeigt das siebente Buch der Palatinischen Anthologie mit seinen 748, zum Teil ganz prächtigen Grabepigrammen. Die der Jünglingsliebe gewidmeten habe ich schon in einer früheren Arbeit[1] zusammengestellt, so daß ich mich hier damit begnügen kann, das schönste dieser Epigramme in Herders Übersetzung mitzuteilen. Es schrieb dieses Epigramm der Dichter Krinagoras seinem Knaben, den er Eros nannte: früh starb dieser Knabe auf einer Insel und wurde dort begraben, und so wünscht der Dichter, daß diese und die angrenzenden Inseln fortan das „Eiland des Eros" heißen mögen:

> „Manche der Inseln nahm, statt ihres, den Namen der Menschen
> An und pflanzte damit sich in des Ruhmes Gerücht.
> Insel, nenne fortan du dich die Insel der Liebe,
> Nemesis zürnt dir nicht, daß du den Namen erwählst:
> Denn, den du verbirgst an deinem heiligen Ufer,
> Ihm gab die Liebe Gestalt, wie sie den Namen ihm gab.
> Deck ihn sanft, o Erde, den holden Knaben der Liebe,
> Und ihr Wellen berührt leise sein ruhiges Grab."

11. ABLEHNENDE UND BEJAHENDE STIMMEN

108. Natürlich hat es auch im griechischen Altertum nicht an Stimmen gefehlt, die, sei es überhaupt oder unter bestimmten Voraussetzun-

---
[1] Im IX. Band des Hirschfeldschen Jahrbuchs, Leipzig, Spohr, 1908, S. 224 ff.

gen, die Knabenliebe verwarfen. Ablehnend ist z. B. das Epigramm des Meleagros mit dem Gedanken, daß „der diese Liebe Gebende nicht auch zugleich Liebe empfangen könne". Freilich hat Meleagros nicht immer so gedacht, besitzen wir doch von ihm zahlreiche Epigramme, in denen die Jünglingsliebe verherrlicht wird.

In dem Roman des Xenophon Ephesius gerät das liebende Paar Habrokomes und Antheia in die Hände von Seeräubern, deren Anführer eine heftige Leidenschaft zu Habrokomes faßt. Der aber sagt: „Oh, über das unselige Geschenk der Schönheit! Solange also durfte ich mich keusch bewahren, um nun jetzt mich der Liebe eines Seeräubers in schimpflicher Lust zu fügen! Was bleibt mir dann noch für ein Leben, wenn ich aus einem Manne zur Hure werde! Aber ich werde mich seinen Lüsten nicht unterwerfen, eher will ich tot sein und meine Keuschheit retten!"

109. Verführung von Knaben wurde jedenfalls unbedingt verworfen. So heißt es einmal in einer Komödie des Anaxandrides: „... und ein eben erblühtes Knäblein, mit welcher Art von Zauberformeln oder mit welchen Verführungskünsten könnte man es einfangen, wenn man sich dabei nicht der Kunst des Fischers bediente?" Mit deutlichen Worten beschwert sich in einer Komödie des Baton ein entrüsteter Vater über einen Philosophen, der durch seine Irrlehren ihm den Sohn verdorben habe.

110. Getadelt wurde ferner ganz allgemein, wenn ein Knabe sich für Geld oder sonstige Bezahlung hingab. Eine Belegstelle dafür aus Aristophanes habe ich schon früher beigebracht, und die Dichter werden nicht müde, an die schöne alte Zeit zu erinnern, da sich ein Knabe zum Dank für gewährte Gunst mit einem Vögelchen begnügte, einer Meise, einem Zaunschlüpfer, einem Rotkehlchen, einer Wachtel oder auch einem Ball zum Spielen und ähnlichen Kleinigkeiten.

111. Daß der passive Partner als sogenannter Pathikos sich geringerer Achtung erfreute, soll im Ergänzungsbande behandelt werden, ebenso die Mißachtung, in der die orale Wollust stand. Hier sei noch erwähnt, daß die Frauen die Knabenliebe begreiflicherweise tadelten. So sagte in einer Komödie, deren Verfasser wir nicht kennen, eine Frau:

„Nicht mag ich einen Mann, der selbst des Manns bedarf."

Daß auch die Hetären auf die homoerotischen Liebhabereien ihrer Kunden eifersüchtig waren, liegt in der Natur der Sache, wird aber durch das von Lukian mitgeteilte Gespräch der beiden Hetären Drosis (die Tauige) und Chelidonion (Schwälbchen) bestätigt.

Die Hetäre Drosis hat von dem Schüler Kleinias einen Brief erhalten, in dem er schreibt, daß er sie nicht mehr besuchen könne, da ihn sein Lehrer Aristainetos auf Schritt und Tritt bewache. Sie klagt ihrer Freundin Chelidonion ihr Leid:

Drosis: Indessen sterbe ich vor Liebe. Nun sagt mir Dromon[1], der Aristainetos sei ein Päderast und gebrauche die Wissenschaft nur zum Vorwand, um die schönsten jungen Leute an sich zu ziehen; er rede viel und oft insgeheim mit Kleinias und mache ihm große Versprechungen, als ob er ihn den Göttern gleich machen wolle. Auch lese er ihm gewisse erotische Dialoge der alten Philosophen mit ihren Schülern vor und sei mit einem Worte immer um ihn herum. Dromon drohte auch, daß er es dem Vater seines jungen Herrn sagen wolle.

Chelidonion: Du hättest dem Kerl die Kehle tüchtig schmieren sollen.

Drosis: Das hab' ich auch getan, er ist aber ohnehin mein, denn der Mund wässert ihm gewaltig nach meiner Nebris[2].

Chelidonion: Wenn das so ist, so sei guten Mutes, es wird alles nach Wunsch gehen. Ich denke, ich will auch an eine Mauer des Kerameikos[3], wo sein Vater zu spazieren pflegt, mit großen Buchstaben schreiben: Aristainetos verführt den Kleinias[4], damit ich dadurch die Anklage des Dromon unterstützen kann.

---

[1] Diener des Kleinias, der ihr den Brief überbracht hat.

[2] Zofe der Drosis; der Name bedeutet Hirschkalb, wohl von der bunten Kleidung.

[3] Stadtteil im Nordwesten von Athen, am Dipylontor, das besonders gern zu derartigen Inschriften benutzt wurde. Auch war dort ein beliebter Treffpunkt der Knabenliebhaber. Knaben waren auch sonst massenhaft in Athen zu finden, so in den Barbierstuben (κουρεῖα, Demosth. in Aristog. 52 = 786, 7; Theophr. char. 8, 5; Aristoph. plut. 338); den Parfümläden (μυροπωλεῖα, Arist. equ. 1375); den Arzneibuden (ἰατρεῖα, schon Seite 150 erwähnt); den Bädern (Theophr. char. 8, 4) und an andern zahlreichen Orten, zumal an der einsamen und dunklen Pnyx (Aeschin. Tim. 34, 81), einem Hügel westlich vom Areopag mit verfallenen Gebäuden umgeben, in denen die männliche Prostitution sich erging.

[4] Ἀρισταίνετος διαφθείρει Κλεινίαν. Man mache sich klar, was eine solche öffentliche Inschrift heute für Folgen hätte. Vielleicht würde die Schreiberin damit auch heute ihr Ziel erreichen, nämlich den Geliebten von dem Nebenbuhler zu trennen; gleichzeitig würde sie aber den Geliebten heillos kompromittieren. Daran konnte im alten Griechenland kein Gedanke sein. Auch derartige kleine Züge muß man sich vergegenwärtigen, um zu einem richtigen Urteil über die Auffassung der Kna-

Drosis: Aber wie willst du das schreiben, ohne daß dich jemand gewahr wird?
Chelidonion: Bei Nacht, Drosis, und mit einer Kohle.
Drosis: Glück zu! Wenn du mir kämpfen hilfst, so hoffe ich noch, wohl über den windigen Aristainetos Meister zu werden.

12. GESCHICHTE DER GRIECHISCHEN KNABENLIEBE

112. Auf die verschiedenen Theorien, hauptsächlich der Mediziner, wie das Problem überhaupt zu erklären sei, näher einzugehen, kann selbstverständlich nicht zu den Aufgaben des vorliegenden Buches gehören. Es wäre das auch überflüssig, einmal weil diese verschiedenen Erklärungsversuche in dem maßgebenden Werke Hirschfelds bequem und übersichtlich zusammengestellt sind, und dann, weil die griechische Knabenliebe wenigstens, und von dieser ist ja hier allein die Rede, überhaupt keiner Erklärung als eines schwer zu begreifenden Phänomens mehr bedarf. Wohl aber muß ich versuchen, die geschichtliche Entwicklung der griechischen Knabenliebe in Kürze darzustellen.

Wenn schon Goethe behauptete, daß „die Knabenliebe so alt wie die Menschheit" sei, so hat das die moderne Wissenschaft bestätigt. Das älteste literarische Zeugnis, das bis jetzt bekannt ist, liegt über viereinhalb Jahrtausende zurück; es ist dies ein ägyptischer Papyrus, aus dem sich nicht nur ergibt, daß die Päderastie schon damals in Ägypten verbreitet war, sondern auch, daß sie bei den Göttern als selbstverständlich vorausgesetzt wurde.

Die Anfänge der Knabenliebe der Griechen verlieren sich bis in ihre Vorgeschichte, ja bis in das Dunkel ihrer Mythologie, die vollkommen von pädophilen Sagen durchtränkt ist. Die Griechen selbst verlegen diese Anfänge in die ältesten Zeiten ihrer Sage und Geschichte. Falsch ist die oft ausgesprochene Behauptung, daß in den homerischen Gedichten sich noch keine Spur von Knabenliebe vorfinde, und daß diese erst eine Erscheinung der sogenannten Dekadenz gewesen sei. Schon in einer früheren Arbeit habe ich nachgewiesen, daß der Freundschaftsbund zwischen Achilles und Patroklos, so ideal er auch ist, doch einen

---

benliebe im griechischen Altertum zu kommen. Natürlich ist es auch nicht der Vorwurf der Päderastie als solcher, mit dem sie dem Aristainetos zu schaden hofft, vielmehr dadurch, daß sie ihn zu entlarven sucht, daß er seinen Einfluß als Lehrer mißbraucht. Während der Vater hofft, daß der Sohn vom Lehrer zu einem berühmten Manne erzogen wird, betrachtet ihn dieser nur als Geliebten.

Jüngling und Kottabosspiel

Jüngling, einen vollen Skyphos balancierend. Berlin, Antiquarium

Jüngling, die Kynodesme anlegend. Berlin, Antiquarium

hohen Prozentsatz homoerotischen Empfindens und Handelns enthält, daß das homerische Epos auch sonst reich ist an unzweifelhaften Spuren von Ephebophilie, und daß man im griechischen Altertum darüber nie anders geurteilt hat.

Die Ilias, das älteste große Epos der Griechen, das auf uns gekommen ist, stellt einen Hymnus auf die Freundschaft dar. Vom dritten Buche an durchzieht die Liebe der beiden Jünglingsgestalten, des Achilles und Patroklos, das ganze Gedicht bis zum Schlusse in so ausführlicher Darstellung, daß man hier nicht mehr von bloßer Freundschaft sprechen kann. Noch mehr zeigt sich das, als Achilles erfährt, daß Patroklos im Kampfe gefallen ist. Furchtbar ist der Schmerz des Unglücklichen, der in trüber Ahnung, von Ungewißheit gefoltert am Meeresstrande einsam steht; die Sprache erstirbt ihm, während seine Seele von Jammer zerrissen wird, Staub streut er sich auf den Scheitel, dann stürzt er gebrochen zu Boden, das Haar sich aus dem Haupte raufend. Als dann der erste wütende Schmerz allmählich stiller wird, als dem elementaren Ausbruch der Leidenschaft ein langsames Verbluten der Seele folgt, da ist sein einziger Gedanke, Rache zu nehmen an dem, der ihm das Liebste geraubt hat. Nicht Trank begehrt er noch Speise, nur nach Rache dürstet seine Seele.

Er gelobt dem toten Freunde, nicht eher das Leichenfest zu feiern, „als er ihm Hektors Waffen gebracht hat, des Mörders. Auch zwölf edle Jünglinge will er am Totenfeuer ihm schlachten, Trojas edle Söhne im Zorn ob dieser Ermordung". Bevor er aber die Rache vollziehen kann, erleichtert er sein Herz in einer erschütternden Totenklage. Unter anderem sagt er:

> „O nimmer was Herberes könnte mich treffen,
> Nein, auch wenn ich erführe die Botschaft vom Tode des Vaters."

Das alles ist die Sprache der Liebe, nicht der Freundschaft, und so haben auch die Alten fast immer diesen Bund aufgefaßt. Um nur ein Zeugnis anzuführen, so heißt es in einem Gedichte der Anthologie:

> „Seid uns gegrüßt, ihr beiden, ihr Helden der Waffen und Liebe,
> Sei uns gegrüßt, Achill, sei es, Patroklos, auch du."

Aus der Odyssee geht hervor, daß Antilochos nach dem Tode des Patroklos dessen Stelle bei Achilles einnahm, das heißt also, daß Homer sich den Haupthelden seiner Dichtung ohne Geliebten überhaupt nicht vorstellen kann. Aus dieser Stelle erfahren wir weiter, daß Achilles,

Patroklos und Antilochos in einem gemeinsamen Grabmale beigesetzt wurden, wie man die drei auch im Leben oft gemeinsam nannte.

113. Auf sinnliche Grundlage wurde der Freundschaftsbund des Achilles und Patroklos schon von dem großen Tragiker Aischylos zurückgeführt, der dem Geist und der Zeit des homerischen Epos noch nahe genug stand. Das uns nicht erhaltene Drama des Aischylos hieß „Die Myrmidonen" und hatte folgenden Inhalt: Achilles, von Agamemnon schwer gekränkt, enthält sich grollend des Kampfes und tröstet sich dafür in seinem Zelte durch die Freuden der Liebe. Den Chor der Tragödie bildeten die Myrmidonen, die Mannen des Achilles, die ihn schließlich überreden, sie unter Anführung des Patroklos am Kampfe teilnehmen zu lassen. Das Stück endete mit dem Tode des Patroklos und dem wilden Schmerze des Achilles.

Dies bestätigt Lukian, wenn er sagt: „Auch Patroklos, der Liebling des Achilles, saß ihm nicht bloß gegenüber, seinem Saitenspiel lauschend, sondern die Triebkraft auch dieser Freundschaft war die Wollust."

Erwähnt sei noch, daß Phaidros in seiner Rede über den Eros das Verhältnis umkehrt, nämlich so, daß Patroklos der Liebende, Achill aber, als der Jüngere und Schönere, der Geliebte gewesen sei.

114. Aber es lassen sich noch weitere Beweise bringen dafür, daß es falsch ist, zu behaupten, das homerische Epos wisse noch nichts von Homoerotik. Spricht doch schon Homer nicht nur von dem Raube des phrygischen Königsknaben Ganymedes, und zwar mit der ausdrücklichen Erklärung, daß er wegen seiner schönen Gestalt geraubt sei, sondern auch von einem ausgedehnten Handel mit Knaben, die hauptsächlich von phönizischen Schiffsherren gekauft oder noch häufiger geraubt wurden, um reichen Paschas ihren Harem zu füllen. Als Agamemnon und Achilles sich endlich versöhnen, bietet ihm Agamemnon eine Anzahl von Ehrengaben, darunter auch mehrere edle Jünglinge. Wenn der Streitwagen des Achilles „heilig" heißt, so hat schon Nägelsbach erkannt, daß damit die „heilige Gemeinschaft des Kämpfers und des Wagenlenkers" bezeichnet werden soll.

Die weiteren Beweise für das Vorkommen der Homoerotik in den homerischen Gedichten müssen in den Ergänzungsband verwiesen werden. Sie begegnet uns also von den ältesten Zeiten an, seit wir von den Griechen sichere Kunde haben. Wie die Ausübung selbst ihrer sinnlichen Funktionen durch förmliche Urkunden der Nachwelt überliefert wurde, zeigen die im Ergänzungsbande zu besprechenden Felseninschriften der Insel Thera zur Genüge. So bleibt es bis zum Ende der antiken Welt;

darum brauchen in diesem geschichtlichen Überblick nur einzelne Entwicklungsphasen erwähnt zu werden.

115. Einen wichtigen Markstein bedeutet der Name des Solon, der, selbst Homoerot, wichtige Gesetze zur Regelung der Päderastie erläßt, nämlich erstens, daß ein Sklave nicht mit einem freigeborenen Knaben verkehren dürfe. Man ersieht daraus zweierlei: einmal, daß die Pädophilie in Athen vom Gesetzgeber anerkannt war, zweitens, daß der Gesetzgeber das Superioritätsgefühl der Freigeborenen nicht durch intime Beziehungen zu Sklaven abgeschwächt wissen wollte. Weiter wurden Gesetze erlassen, die die freigeborene Jugend vor Mißbrauch in der Zeit der Unmündigkeit schützen sollten. Ein anderes Gesetz nahm denen die bürgerlichen Rechte, die freie Knaben zur gewerbsmäßigen Feilbietung ihrer Reize anhielten; denn die Prostitution hat mit der Pädophilie, von der wir hier reden, nichts zu tun, bei der vielmehr immer nur an ein freiwilliges, auf gegenseitiger Zuneigung beruhendes Verhältnis zu denken ist.

Übrigens betrafen diese von Solon gegebenen Gesetze nur die athenischen Vollbürger, während die große Menge der Xenoi, d. h. der zugewanderten Nichtathener, in dieser Frage völlige Freiheit hatten. Schon dadurch wurde die Wirksamkeit dieser Gesetze sehr fragwürdig; auch die Strenge der Strafen[1] wird nicht allzu abschreckend gewirkt haben, da immer noch die πρόφασις φιλίας als Ausweg blieb, d. h. die Be-

---

[1] Auffallend streng ist z. B. die Strafe, falls ein „Unbefugter" sich in eine Knabenschule einschleicht. Das von Aischin. Tim. 12 mitgeteilte Gesetz bestrafte dies mit dem Tode. Weiter heißt es dann: „Und die Besitzer der Gymnasien sollen an den Hermesfesten nicht gestatten, daß sich einer, der über das Knabenalter hinaus ist, mit einschleicht, andernfalls ist er nach dem Gesetz über die Schändung der Freien zu bestrafen."

Daß dieses geradezu barbarisch anmutende Gesetz nur auf dem Papier bestanden haben kann, beweist die sattsam bekannte Lebensgewohnheit der Griechen zur Genüge, nach der man in den Palästren und Gymnasien einen großen Teil des Tages verbrachte, um dort zu plaudern; näheres darüber in meinem Erotesbüchlein S. 131 ff. Auch scheint es sich nur um den Zutritt zu den Gymnasien zu bestimmten Zeiten, wie z. B. dem offenbar sehr ausgelassenen Hermaienfest gehandelt zu haben.

Zum Verständnis des von Aischines erwähnten Verbotes bemerkt der Scholiast, daß es „im innern Teile des Hauses bei den Schulen und Palästren Bildsäulen und Kapellen mit Altären der Musen, des Hermes und Herakles gegeben habe. Dort befand sich auch das Trinkwasser, manche Knaben aber seien nur unter dem Vorwande des Trinkens dorthin gegangen und hätten miteinander Unsittlichkeiten getrieben". Die weiteren von Aischines zitierten Gesetze über die Päderastie werden im Ergänzungsbande mitgeteilt.

teuerung, daß es „aus Liebe" geschehen sei, und da die Jugend gewiß oft den augenblicklichen Vorteil wählte, ohne sich um den in später Ferne eventuell drohenden Verlust bürgerlicher Ehrenrechte zu kümmern. Daß aber diese Gesetze gar nicht die Päderastie selbst, ja nicht einmal ihre gewerbsmäßige Ausnützung treffen wollten, geht zur Genüge schon daraus hervor, daß der Staat selbst genau so gut wie von den öffentlichen Frauenhäusern, so auch von denen eine Abgabe erhob, welche Knaben und Jünglinge den Liebhabern zur Verfügung stellten.

116. Diogenes Laërtius sagt, daß Sokrates als Knabe der Liebling seines Lehrers Archelaos gewesen sei, was Porphyrios mit den Worten bestätigt, daß Sokrates als 17jähriger Jüngling der Liebe des Archelaos nicht abgeneigt gewesen sei, denn damals sei er von großer Sinnlichkeit gewesen, habe diese aber später durch eifrige Geistesarbeit verdrängt.

Weiter läßt Xenophon den Sokrates sagen: „Bei dieser Jagd auf schöne Knaben kann ich dir vielleicht etwas behilflich sein, denn ich verstehe mich auf die Liebe. Mit unwiderstehlichem Drange bin ich darauf aus, von Menschen, auf die ich ein Auge geworfen habe, liebend wiedergeliebt, sehnend wiederersehnt, verlangend wiederverlangt zu werden."

Im Platonischen Gastmahl sagt Sokrates: „Ich gebe zu, mich auf nichts anderes als auf Liebessachen zu verstehen", und „ich behaupte, in Sachen der Liebe tüchtig zu sein", womit wieder mehrere Stellen aus Xenophons Gastmahl übereinstimmen, z. B.: „Ich kann keine Zeit angeben, in der ich nicht zu irgend jemandem in Liebe entbrannt bin", oder wenn Sokrates den Eindruck schildert, den der junge Autolykos auf ihn macht: „Wie ein in der Nacht aufflammender Feuerschein aller Augen auf sich lenkt, so fesselte die Schönheit des Autolykos zunächst aller Blicke; dann aber blieb keiner, der ihn anschaute, unbewegt im Herzen." Die Wirkung, die der neben ihm sitzende Kritobulos auf ihn machte, schildert er so: „Das war eine schlimme Sache. Fünf Tage lang habe ich mir die Schulter reiben müssen, als hätte mich ein Tier gestochen, und bis ins Mark hinein vermeinte ich den Schmerz wie von einem Tier zu spüren."

Sind das Worte eines Mannes, der auf die Sinnlichkeit der Liebe verzichtet? Auch daß die Schönheit des Alkibiades auf Sokrates einen gewaltigen und bleibenden Eindruck gemacht hat, geht aus den Platonischen Schriften Alkibiades I und Gastmahl mit Sicherheit hervor.

Dem steht freilich eine nicht geringe Zahl von Stellen gegenüber, die

Otto Kiefer gesammelt hat und in denen gesagt wird, daß Sokrates der sinnlichen Jünglingsliebe nicht nur nicht huldigte, sondern davon auch seine Freunde abzubringen suchte. Eine dafür sehr lehrreiche Stelle findet man im Ergänzungsbande; eine andere ist in einem Gespräche enthalten, das Sokrates mit Xenophon führte, in dem selbst vor dem Kusse eines Jünglings gewarnt wird: „Flößen denn die Schönen mit ihren Küssen nicht etwas Furchtbares ein, auch wenn du es nicht sehen kannst? Weißt du denn nicht, daß jenes Tier, das man ‚Schön' und ‚Blühend' nennt, noch viel gefährlicher ist als die Giftspinnen? Diese nämlich können nur durch Berührung schaden, jenes Tier aber flößt ohne jede Berührung, wenn man es nur ansieht, sogar aus weiter Entfernung, sein verstandumnebelndes Gift ein. Darum rate ich dir, mein lieber Xenophon, wenn du einen Schönen siehst, mit größter Beschleunigung die Flucht zu ergreifen."

Weitere Aussprüche des Sokrates, in denen die sinnliche Jünglingsliebe abgelehnt wird, mag man bei Kiefer nachlesen. Andererseits darf nicht verschwiegen werden, daß das griechische Altertum selbst nicht so recht an die nur geistige Pädophilie des Sokrates glauben wollte. Das ist aber für unsere Auffassung das Entscheidende, da man damals mit ganz anderen Erinnerungen und Hilfsmitteln ausgestattet war und über diese Dinge ohne Zweifel wesentlich besser urteilen konnte als wir heutzutage mit unserem doch sehr fragmentarischen Wissen. In den „Wolken" freilich, der genialen Komödie des Aristophanes, in der Sokrates auf jede nur denkbare Weise verulkt wird, kommt kein Wort vor, aus dem man auf grobsinnliche Pädophilie des Meisters schließen dürfte.

117. Nach alledem, was hier gesagt wurde und im Ergänzungsbande vervollständigt wird, dürfte sich als Endresultat über Sokrates etwa folgendes ergeben:

Sokrates hatte als Hellene zwar für die Schönheit der Knaben und Jünglinge allzeit ein offenes Auge, auch war ihm der vertraute Verkehr mit den Epheben unerläßliche Lebensbedingung, er selbst aber hielt sich von körperlicher Betätigung seiner Liebe meistens fern. Er war eben fähig, auf das Sinnliche zu verzichten, da ihm seine unvergleichliche Kunst, die Seelen der Jünglinge zu modulieren und möglichster Vollkommenheit entgegenzuführen, hinreichenden Ersatz bot. Diese Kraft der Enthaltsamkeit suchte er auch anderen als Ideal hinzustellen; daß er sie von allen verlangt hätte, wird nirgends überliefert und würde auch mit der Weisheit des „weisesten aller Griechen" sich nicht vereinbaren lassen.

Das ist die nach meiner Auffassung durchaus sichere Beantwortung der Frage, deren psychologisches Verständnis durch die guten Bemerkungen Kiefers erleichtert wird. Er sagt:
„Was waren die tiefsten Gründe seines strengen Standpunktes gegenüber der Jünglingsliebe? Kein Staatsgesetz, kein Gesellschaftsgebot, keine Sitte, keine Priesterschaft konnte diesen seinen Standpunkt irgendwie beeinflussen; denn all diese heute so mächtigen Faktoren gestatteten teils die äußerlich anständige Jünglingsliebe, teils hatten sie noch keine Bedeutung. Aus dem eigenen Innern also mußte dieser Weise schöpfen, wenn er sich vor die Frage gestellt hat: Soll ich mitmachen oder nicht? Und dieses Innere, an sich schon reich an tiefem Gehalt, hatte im Laufe seiner Entwicklung wichtige große Erfahrungen gemacht. Es hatte die Mitwelt beobachtet in ihrer ganzen Kleinlichkeit gerade in Liebesdingen, es hatte gesehen, wie sonst leidlich vernünftige Menschen jede Selbstbeherrschung verloren, wenn sie in den Bann des gefährlichen Dämons kamen, wie sie sich erniedrigten, allen ihren Grundsätzen untreu wurden, kurzum Dinge taten, die an sich schon dem hellenischen Mannesideal gar nicht entsprachen, aber in einem stark geistigen Menschen wie Sokrates mehr und mehr Widerwillen auslösten. Und zwar um so stärker, je klarer sich der Kern dieser Sokratischen Persönlichkeit seiner selbst bewußt wurde als der größtmöglichen Verwirklichung einer von allem Äußeren unabhängigen inneren Freiheit. Wem aber die innere Freiheit als höchstes Ideal vorschwebt, der muß deren Beschränkung und Aufhebung durch eine so starke Abhängigkeit von der Welt, wie sie die sinnliche Liebe zum Gefolge hat, unbedingt vermeiden und sie auch bei andern, denen er sein Ideal einpflanzen möchte, bekämpfen!"

Damit dürfte das Wichtigste über die geschichtliche Entwicklung der griechischen Pädophilie gesagt sein; die noch nötigen Nachträge bringt der Abschnitt, in dem die bekanntesten Pädophilen des griechischen Altertums besprochen werden. Vorher aber bedarf es noch einiger Worte über lokale Einzelheiten.

13. LOKALE EINZELHEITEN

118. Um mit den Kretern zu beginnen, da diese nach Timaios die ersten Griechen waren, die Knaben liebten, so sei zunächst daran erinnert, daß nach dem einwandfreien Zeugnis des Aristoteles die Knabenliebe auf Kreta von Staats wegen nicht nur geduldet, sondern sogar angeordnet war, um einer Übervölkerung vorzubeugen[1]. Wie sehr die Knabenliebe dort heimisch war, ergibt sich daraus, daß die Kreter den Raub des Ganymedes, der nach sonst einstimmiger Überlieferung durch Zeus erfolgt war, ihrem uralten Könige Minos zuschrieben, wie in der „Kretischen Geschichte" des Echemenes zu lesen war. Mag nun Zeus oder Minos den Ganymedes geraubt haben, jedenfalls hat sich auf Kreta wie auch in manchen anderen griechischen Staaten der Knabenraub[2] lange erhalten. Der kretische wird uns von vielen Autoren bezeugt; am eingehendsten beschreibt ihn Ephoros aus Kyme, der eine großartig angelegte Geschichte der Griechen, die von den ältesten Zeiten bis zum Jahre 340 v. Chr. reichte, verfaßt hat. Dort heißt es: „Drei oder vier Tage vorher kündet der Erastes (Liebhaber) seinen Freunden den Entschluß an, daß er den Raub zu bewirken gedenkt. Den Knaben nun etwa zu verstecken oder ihm zu verbieten, die verabredete Straße zu ziehen, würde die größte Schande bedeuten, da es nichts anderes hieße, als daß der Knabe einen solchen Liebhaber nicht verdient. Wenn sie nun zusammengetroffen sind und der Liebhaber an Rang und dergleichen dem Knaben gleich steht oder ihn wohl noch übertrifft, so verfolgen sie um der hergebrachten Sitte willen den Räuber zum Schein, lassen ihn aber in Wirklichkeit hocherfreut ziehen. Ist aber der Liebhaber nicht gleichwertig, dann entreißen sie ihm den Knaben mit Gewalt. Sie verfolgen ihn aber so lange, bis er den Knaben in sein Haus gebracht hat. Für begehrenswert aber hält man weniger den, der sich durch Schönheit, als den, der sich durch Tapferkeit und Sittsamkeit auszeichnet. Darauf wird der Knabe von dem Freunde beschenkt, und dieser bringt ihn, wohin er will. Die Zeugen des Raubes aber gehen mit: dann findet ein feierliches Mahl statt, worauf sie in die Stadt zurückkehren. Nach zwei Monaten wird auch der Knabe entlassen, reich beschenkt. Er erhält an gesetzlich festgesetzten Geschenken eine kriegerische Rüstung, ein Rind und einen Pokal, außerdem kostbare Geschenke in Menge, so daß auch die Freunde sich einen vergnügten Tag machen können. Das Rind opfert er dem Zeus und gibt davon seinen Freunden ein Mahl. Wenn aber ein schöner Knabe aus guter Familie

---

[1] Übrigens beweist diese Maßregel von neuem, daß schon in den allerältesten Zeiten die sinnlichen Formen der Knabenliebe bestanden haben, diese also nicht erst eine Folge der Dekadenz gewesen sein können.

[2] Der Raub ist die primitivste Form aller ehelichen Verbindungen, und so erdachte man ätiologisch für die Jünglingsliebe den Raub des Ganymedes durch Zeus oder Minos.

keinen Liebhaber findet, so gilt ihm dies als Schmach, weil der Grund dafür in seinem Charakter liegen muß. Die durch den Raub bevorzugten Knaben werden besonders geehrt. So bekommen sie bei Reigentänzen und Wettlaufspielen die besten Plätze, dürfen das Gewand tragen, das ihnen der Liebhaber geschenkt hat, und das sie vor den andern auszeichnet, und nicht bloß dies, sondern auch wenn sie erwachsen sind, tragen sie ein besonderes Kleid, an dem jeder, der *κλεινός* geworden ist, sofort erkannt werden kann; der Geliebte heißt *κλεινός* (der Gefeierte, Ruhmvolle), der Liebende *φιλήτωρ*.

119. Knabenraub bestand in uralten Zeiten auch in Korinth, worüber uns Plutarch eine lehrreiche Geschichte hinterlassen hat: „Der Sohn des Melissos war Aktaion, der schönste und sittsamste unter seinen Altersgenossen, so daß ihn gar viele begehrten, am meisten aber Archias, der sein Geschlecht bis auf die Herakliden zurückführte und wegen seines Reichtums und seiner Macht unter den Korinthern hervorragte. Da nun der Knabe sich nicht überreden ließ, beschloß er ihn mit Gewalt zu rauben. Er zog also an der Spitze einer Schar von Freunden und Sklaven vor das Haus des Melissos und versuchte den Knaben zu entführen. Der Vater und seine Freunde leisteten aber erbitterten Widerstand, auch die Nachbarn liefen zur Hilfe herbei, und während bei dem Kampfe der beiden Parteien der Junge hin und her gerissen wurde, ward er tödlich verletzt und starb. Der Vater aber hob die Leiche des Knaben auf, trug sie auf den Markt und zeigte sie den Korinthern, indem er von ihnen verlangte, die zu bestrafen, die das getan hatten. Die aber hatten zwar Mitleid mit ihm, blieben aber sonst untätig." Der unglückliche Vater begibt sich darauf nach dem Isthmos und stürzt sich, nachdem er die Götter zur Rache aufgefordert hatte, von einem Felsen herab. „Bald darauf kam Mißernte und Hungersnot über die Stadt. Das Orakel erklärt, das sei der Zorn des Poseidon, der sich nicht beruhigen werde, bis der Tod des Aktaion gesühnt sei. Als das Archias gehört hatte (er war selbst einer der zum Orakel gesandten Männer), kehrte er nicht wieder nach Korinth zurück, sondern segelte nach Sizilien und gründete die Stadt Syrakus. Dort wurde er, nachdem er zwei Töchter, Ortygia und Syracuse, gezeugt hatte, von seinem Lieblinge Telephos ermordet."

Dies der Bericht. Man erkennt deutlich die Tendenz: Der Knabenraub muß ein scheinbarer bleiben. Gewalt anzuwenden, wenn der Vater nicht einverstanden ist, wird zum Verbrechen, dessen Sühne die Götter selbst betreiben, und zwar, und darin liegt die tragische Ironie, durch die Hand eines Knaben. So folgt die Dike der Hybris. Das stimmt mit dem „Gesetz von Gortyn" überein, das Vergewaltigung eines Knaben mit schwerer Strafe ahndet.

120. In Theben wurde der Knabenraub auf den uralten König Laïos zurückgeführt, der nach der Version der Thebaner mit der Knabenliebe begonnen hatte, indem er Chrysippos, den Sohn des Pelops, raubte und zu seinem Lieblinge machte.

Wie in Theben, so hatte auch in Elis die Knabenliebe sinnlichen Einschlag, ohne daß dabei die religiöse Weihe gefehlt hätte. Auch für Chalkis auf der Insel Euboia und seine Kolonien wird von Plutarch die Verbindung von Sinnlichkeit und aufoperndem Heldenmute bezeugt; ein dort volkstümlich gewordenes Lied ist uns erhalten und ein ähnliches des Seleukos, von dem die Knabenliebe wegen der durch sie bewirkten ritterlichen Kameradschaftlichkeit wertvoller als die Ehe genannt wird. Das Lied der Chalkidier, dessen Verfasser niemand kannte, lautet:

> „O ihr Knaben wackrer Väter, prangend in der Anmut Reizen,
> Einem edlen Manne sollt ihr nie mit eurer Schönheit geizen,
> Denn in der Chalkidier Städten im Verein mit Mannestugend
> Blüht noch immer eure holde, herzbetörende süße Jugend."

Nach Aristoteles ging dieses Lied zurück auf den Liebesbund zwischen dem heldenmütigen Kleomachos und seinem jungen Freunde, wovon schon früher (S. 126) gesprochen ist. Oder man brachte es damit in Verbindung, daß Kleomachos aus Begeisterung, weil der Freund Zeuge seiner Tapferkeit war, den Sieg erfochten habe. Wie sehr die Chalkidier Verständnis für schöne Knaben hatten, beweist auch die Notiz des Hesychios, daß χαλκιδίξειν gleichbedeutend mit παιδεραστεῖν war. Das wird von Athenaios bestätigt, der hinzufügt, daß die Chalkidier wie noch andere auf die Ehre Anspruch machten, daß Ganymedes aus einem Myrtenhaine in der Nähe ihrer Stadt geraubt sei; mit Stolz zeigten sie den Fremden diese Stelle, die sie Harpagion, d. h. Raubstätte, nannten.

Bei den Boiotern wurde nach Xenophon die Liebe zwischen Mann und Jüngling völlig als Ehebündnis betrachtet.

Überall in Griechenland gab es Feste, die der Verherrlichung der Knaben- und Jünglingsschönheit dienten, oder bei denen sie wenigstens zweckbewußt in Erscheinung trat. So feierte man in Megara das Frühlingsfest Diokleia, an dem Wettkämpfe der Knaben und Jünglinge im Küssen stattfanden, in Thespiai das Erosfest, bei dem Preislieder auf die Knabenliebe gesungen wurden; in Sparta das „Fest der nackten Knaben", die Gymnopädien, ebenda die Hyakinthien, und die Insel Delos erfreute sich an Reigentänzen der Knaben; hierüber näheres Bd. I, S. 109 und 142.

Wenn Plutarch von den Knaben der peloponnesischen Stadt Argos berichtet, daß „die, welche ihre Jugendblüte rein und unverdorben bewahrt haben, als Ehrenauszeichnung nach altem Gebrauche mit einem goldenen Schilde in der Hand einen Festzug veranstalteten", so ist damit nicht gesagt, daß diese Knaben nicht Lieblinge edler Männer gewesen sein durften, sondern nur, daß sie sich, solange sie noch Knaben waren, von weiblichem Umgange ferngehalten hatten.

121. Am schwierigsten zu entscheiden ist die Frage nach der Knabenliebe in Sparta selbst, da sich hier die Nachrichten aus dem Altertume tatsächlich widersprechen. Xenophon und Plutarch behaupten, daß die spartanische Knabenliebe zwar auf dem sinnlichen Wohlgefallen an der körperlichen Schönheit beruhte, nicht aber auch sinnliche Wünsche auslöste. Einen Knaben sinnlich zu begehren, habe man auf dieselbe Stufe gestellt, wie wenn ein Vater nach dem Sohn oder ein Bruder nach dem Bruder getrachtet hätte. Wer es aber tat, der sei sein ganzes Leben hindurch „ehrlos gewesen", d. h. man habe ihm die bürgerlichen Ehrenrechte entzogen. Der sehr späte Maximus Tyrius sagt, in Sparta habe der Mann einen Knaben nur wie eine schöne Bildsäule geliebt und viele Männer einen Knaben und ein Knabe viele Männer.

Das ist nicht nur nach der nun genügend dargestellten Auffassung der Griechen vom Wesen der Knabenliebe, sondern vor allem auch aus psychologischen Gründen unwahrscheinlich, wird aber zum Überfluß noch durch folgende Erwägungen als unglaubhaft erwiesen. Xenophon selbst muß zugeben, daß es keinem Griechen je eingefallen ist, an diese nur ideale Seite der spartanischen Knabenliebe zu glauben; auch die attischen Komödiendichter haben in beständigen Ausfällen den sinnlichen Charakter gerade der spartanischen Knabenliebe beleuchtet, was durch die von Hesychios und Suidas gesammelten Ausdrücke, mit denen die Sprache des täglichen Lebens die spartanische Eigenart bezeichnete, noch bestärkt wird. Das Ausschlaggebende aber ist, daß der beste Kenner dieser Dinge, nämlich Plato, den Gedanken, als ob die dorische Knabenliebe der Sinnlichkeit entbehrt habe, entschieden zurückweist.

14. NAMHAFTE HOMOEROTEN DES GRIECHISCHEN ALTERTUMS

122. Die immer noch in sonst guten Handbüchern wiederkehrende Behauptung, daß die Pädophilie der Griechen sich erst in den Zeiten des Niedergangs verbreitet habe, glaube ich mit dem bisher Gesagten widerlegt zu haben; sie wird weiter durch die Namen derer hinfällig, die der Knabenliebe huldigten. Wir finden in der folgenden Übersicht Männer aus allen Zeiten und aus allen Gebieten des geistigen Lebens und darunter gerade solche Persönlichkeiten in nicht geringer Zahl, von denen die antike Kultur beträchtlich gefördert wurde. Dabei nenne ich nur die Männer, deren Homoerotik durch einwandfreie und unzweideutige Angaben der Quellen ausdrücklich bezeugt ist. Da aber die meisten Menschen namenlos vergehen und unsere Quellen doch nur von denen sprechen, die etwas Bleibendes in der Entwicklungsgeschichte ihres Volkes geleistet haben, es aber natürlich ganz ausgeschlossen ist, daß etwa nur die großen Männer sich homoerotisch betätigt hätten, so erhellt daraus wiederum die ungeheure Verbreitung und Bedeutung der Knabenliebe in der antiken Kultur.

a) KÖNIGE

123. Agesilaos, König von Sparta, Sieger in der Schlacht von Koroneia (394 v. Chr.), ebenso bedeutend als König wie als Feldherr, starb nach langer Regierung im Alter von 84 Jahren. Am bekanntesten ist seine Liebe zu dem schönen Megabates, deren Geschichte Xenophon erzählt.

124. Alexander, König von Makedonien (336—323 v. Chr.), von der Geschichte mit Recht „Der Große" genannt, war einer der gewaltigsten Eroberer und Weltbeherrscher trotz seiner, wie Athenaios sagt, „unbändigen Leidenschaft für schöne Knaben". Kein Geringerer als Dikaiarchos hatte erzählt, daß Alexander sich in den Kastraten Bagoas so verliebt hatte, daß er ihn im Theater vor aller Augen abküßte und dies bei dem dafür gespendeten Beifall der Zuschauer wiederholte. In den „Historischen Erinnerungen" des Karystios las man: „Charon aus Chalkis hatte einen schönen Knaben, mit dem er sich sehr gut stand. Als nun Alexander bei einem Gelage im Hause des Krateros diesen Knaben sah und ihn sehr schön fand, sagte Charon dem Jungen, er solle Alexander einen Kuß geben. Alexander aber sprach: ‚Nicht doch, denn es würde mir nicht so viel Freude machen wie dir Betrübnis.' Denn Alexander war ebenso sinnlich wie enthaltsam, wenn es die Schicklichkeit verlangte."

125. Hieron, König von Syrakus, ein hochherziger edler Fürst, Beschützer der Künste und Wissenschaften; an seinem Hofe verkehrten die berühmtesten Dichter der Zeit, wie Pindar, Aischylos, Simonides, Bakchylides. Von Xenophon besitzen wir eine Schrift mit dem Titel „Hieron", die ein Gespräch des Simonides wiedergibt über den Vorzug des Lebens eines Privatmannes vor dem eines Königs und über die Mittel, mit denen ein Herrscher sich beliebt und seine Untertanen glücklich machen kann. Die Rede kommt dabei auch auf die Knabenliebe. Hieron meint, daß ein König diese nicht rein genießen könne, da gerade das, was die Liebe süß mache, die werbende Sehnsucht, dem Könige fehle, dem ja doch jeder auf den ersten Wink zu Willen sei.

126. Kleomenes (255—220 v. Chr.), einer der edelsten Männer der alten Geschichte, berühmter Herrscher von Sparta, war nach den Worten des Polybios „der geborene Herrscher und König". Aus Plutarch wissen wir, daß er in seiner Jugend der Liebling eines Xenares gewesen war. Später liebte er den Panteus, „den schönsten und mutigsten Jüngling in Sparta", der sich nach dem Freitode des Kleomenes in seiner das Grab überdauernden Treue und Anhänglichkeit selbst den Tod gab. „Als er Kleomenes daliegen sah," erzählt Plutarch, „stieß er ihn am Fuße an und sah, daß er noch die Stirn zusammenziehen konnte. Darauf küßte er ihn und richtete ihn neben sich auf; so den Leichnam in seinen Armen haltend, stürzte er sich in sein Schwert."

127. Kritias war der bedeutendste der sogenannten dreißig Tyrannen, die nach dem Peloponnesischen Kriege eine Zeitlang die Herrschaft über Athen führten. Von seiner Leidenschaft für Euthydemos und dem Spotte des Sokrates darüber wird im Ergänzungsbande gesprochen.

128. Nikomedes, König von Bithynien; sein Liebling war kein Geringerer als C. Julius Caesar, der spätere Beherrscher der damals bekannten Welt. Caesar wurde nach Sueton von Curio „der Mann aller Frauen und die Frau aller Männer" genannt. Es war ein offenes Geheimnis, daß Caesar seine Jugendblüte dem Könige Nikomedes geopfert hatte. Als nun Caesar später einmal im Senate die Sache der Nysa, der Tochter des Nikomedes, zu führen hatte und dabei die ihm von Nikomedes erwiesenen Dienste geltend machte, sagte Cicero: „Laß doch dies alles weg, bitte ich dich! Es ist ja bekannt, was er dir und was du ihm geleistet hast."

Als Caesar nach der Unterwerfung Galliens seinen Triumph feierte, sangen die Soldaten unter anderen übermütigen Versen auch folgende:

„Gallien unterwarf der Caesar, Nikomedes Caesarn einst.
Siehe Caesar triumphiert jetzt, der die Gallier unterwarf.
Nikomedes triumphiert nicht, der den Caesar unterwarf."

129. Philippos, König von Makedonien, Sieger in der Entscheidungsschlacht von Chaironeia, Vater Alexanders des Großen. Sein Liebling war ein gewisser Pausanias, von dem Justinus erzählt, daß er in seiner ersten Jugendblüte von Attalos, dem Könige von Pergamon, vergewaltigt worden sei; auch habe Attalos in der Trunkenheit bei einem Gelage ihn nicht nur seiner eigenen Lust, sondern wie einen gewöhnlichen Buhlknaben auch der seiner Gäste dienen lassen. Pausanias habe sich darüber bei Philipp beschwert. Da er aber von diesem mit leeren Versprechungen hingehalten wurde, während Attalos die Feldherrnwürde erhielt, habe sich sein Zorn gegen Philipp allmählich so gesteigert, daß er den einstigen Freund im Jahre 336 v. Chr. ermordete.

130. Polykrates, der bekannte Herrscher von Samos, der nach einem Leben unerhörten Glückes und Glanzes im Jahre 522 v. Chr. durch den Verrat des persischen Satrapen Orontas den Kreuzestod starb, hatte sich mit einem Hofstaat der ausgesuchtesten Edelpagen umgeben. Von seiner Eifersucht auf Smerdis, einen der Lieblingsknaben des an seinem Hofe weilenden Dichters Anakreon, wurde schon früher (S. 118) gesprochen, ebenso von dem Standbilde, das er seinem Lieblinge Bathyllos im Heratempel hatte errichten lassen. Von jenem Smerdis heißt es einmal bei Maximus Tyrius: „Smerdis empfing von Polykrates Gold und Silber und was sonst noch natürlicherweise ein hübscher Junge von einem Mächtigen, der ihn lieb hat, erhält; von Anakreon aber Lieder und Lobsprüche und was sonst noch natürlicherweise ein liebender Dichter schenkt."

b) FELDHERREN

131. Antigonos, einer der berühmtesten Strategen aus der Schule des großen Alexander, der erste von Alexanders Feldherren, der durch Annahme des Königstitels zur Bildung neuer Herrscherfamilien anregte. Von seinen Lieblingen ist der bekannteste der Zitherspieler Aristokles, in den er so verliebt war, daß er einmal nach einer Zecherei den Philosophen Zeno abholte, um mit ihm lärmend und singend zu dem Hause des Aristokles zu ziehen.

132. Ariaios, Freund und Statthalter des jüngeren Kyros, war einer der Befehlshaber in der Schlacht bei Kunaxa (401 v. Chr.). Seine Vorliebe für Knaben bezeugt Xenophon.

133. Demetrios Phalereus, war zehn Jahre (317—307 v. Chr.) Leiter des athenischen Staates; das Volk errichtete ihm zahlreiche Denkmäler. Auch war er als Staatsmann, Redner und Gelehrter gleich bedeutend. Von seinen zahlreichen Knabenliebschaften, ebenso davon, daß sich die schönsten Jünglinge Athens um ihn drängten und ihm sich anboten, ist früher (S. 123) gesprochen. Sehr spröde dachte, wie Plutarch berichtet, der ebenso schöne wie tugendstrenge Demokles. Er erzählt, daß Demetrios dem Demokles überall nachgestellt und ihn durch Versprechungen, Geschenke und Drohungen willfährig habe machen wollen. Um den verliebten Nachstellungen des Demetrios und vieler anderer zu entgehen, habe Demokles die Gymnasien und öffentlichen Bäder gemieden, sei aber in einem Privatbade von dem ihn unablässig suchenden Demetrios aufgespürt worden. Da er sich hier dem Manne, dem er an Kräften natürlich nicht gewachsen war, allein (?) gegenüber sah, sei ihm in seiner Hilflosigkeit nichts anderes übrig geblieben, als in den riesigen, mit siedendem Wasser gefüllten Kessel, aus dem die Wannen gespeist wurden, hinabzuspringen und so seine Unschuld durch einen gräßlichen Tod zu bewahren.

134. Epameinondas, einer der größten Feldherren aller Zeiten, der Sieger in den Schlachten von Leuktra (371 v. Chr.) und Mantineia (362 v. Chr.). Von seinen Lieblingen ist der bekannteste der Knabe Asopichos, der, wie Jacobs sagt, „in der Leuktrischen Schlacht den Ruhm des Sieges mit seinem Freunde teilte". Später liebte er den schönen Jüngling Kaphisodoros, der bei Mantineia an seiner Seite kämpfte, mit ihm fiel und im selben Grabe bestattet wurde.

135. Episthenes, aus Olynth, namhafter Mitkämpfer im Zuge des jüngeren Kyros. Von seiner Liebe zu einem Knaben und der aufopfernden Todesverachtung der beiden hat Xenophon eine rührende Geschichte erzählt, deren wesentlicher Inhalt schon früher (S. 127) mitgeteilt wurde.

136. Menon, thessalischer Söldnerführer im Zuge des jüngeren Kyros, Liebling des Ariaios, hatte nach Xenophon „an schönen Jünglingen großen Gefallen". Menon selbst liebte den Tharypas, was Xenophon als bemerkenswert deswegen hervorhebt, weil hier der Jüngere den Älteren oder, wie er sagt, „der noch Bartlose den schon Bärtigen" liebte.

137. Pausanias, aus Sparta, der berühmte Sieger der Schlacht bei

Plataiai (479 v. Chr.). Von seiner Liebe zu einem Knaben aus Argilos in Makedonien berichtet nach uns nicht mehr erhaltenen griechischen Quellen Cornelius Nepos.

138. Themistokles, berühmter athenischer Feldherr, Sieger in der gewaltigen Seeschlacht bei Salamis (480 v. Chr.). Die Gegnerschaft zwischen ihm und Aristeides hat nach der Meinung des Philosophen Ariston damit ihren Anfang genommen, daß beide Männer in ihrer Jugend denselben Knaben, Stesileos, liebten. Seit dieser Zeit seien sie auch in politischen Dingen Gegner gewesen.

c) STAATSMÄNNER

139. Alkibiades, aus Athen, der Sohn des Kleinias. Von ihm war schon mehrfach die Rede, so daß ich mich hier mit dem Gesamturteil des Cornelius Nepos begnügen kann: „Als Knabe wurde er von vielen Männern geliebt, darunter von Sokrates; als er herangewachsen war, liebte er selbst nicht weniger viele."

140. Aristeides, berühmter athenischer Staatsmann, Marathonkämpfer, vom Volke „Der Gerechte" genannt. Über seine Liebe zu Stesileos, dem, wie Plutarch sagt, „an Gestalt und Schönheit des Körpers damals schönsten aller Knaben", vgl. das eben über Themistokles Gesagte.

141. Lykurgos, der Gesetzgeber Spartas, einer der größten Staatsmänner aller Zeiten (um 800 v. Chr.), erklärte in seinen Gesetzen, auf denen die sprichwörtlich gewordene Tüchtigkeit der Spartaner beruhte, daß „niemand ein tüchtiger Bürger sein könne, der nicht einen Freund im Bette habe".

Minos, berühmter prähistorischer Gesetzgeber auf der Insel Kreta, dem die Griechen einen großen Teil ihrer Kultur zuschrieben, führte die Knabenliebe auf Kreta ein und sanktionierte sie, nach dem Zeugnisse des großen Aristoteles, um dadurch einer zu großen Bevölkerung vorzubeugen, die das Land nicht hätte ernähren können.

Über Solon, den dritten großen Gesetzgeber der Griechen, und seine Bedeutung für die Pädophilie ist schon früher (S. 135) gesprochen.

d) PHILOSOPHEN

142. Aristoteles (384—322 v. Chr.), der berühmte Philosoph, der vielseitigste Gelehrte des Altertums, der noch das gesamte Wissen des Mittelalters beeinflußte, unterlag der Schönheit eines seiner Schüler. Der

Name dieses Jünglings ist uns nicht bekannt, wir wissen nur, daß er aus Phaselis, einer Küstenstadt Lykiens in Kleinasien, stammte.

143. Parmenides, der zweite Philosoph der sogenannten eleatischen Schule, liebte nach dem Zeugnisse des Plato seinen Schüler Zenon.

144. Pausanias, geistreicher Athener von feinster Bildung und Humanität; besonders bekannt durch die glänzende Rede, die er in Platons Gastmahl zum Preise des Eros hält. In Xenophons Gastmahl legt er ausführlich dar, daß kriegerische Tüchtigkeit durch nichts so gesteigert wird wie durch Knabenliebe. Unter seinen zahlreichen Lieblingen nimmt Agathon die erste Stelle ein.

145. Platon (427—347), berühmter Philosoph und hervorragender Schriftsteller, dessen Werke zum größten Teile auf uns gekommen sind. Als bedeutendster Schüler des Sokrates gründete er um 386 v. Chr. in Athen die unter dem Namen Akademie bekannte Philosophenschule. Das Thema Knabenliebe kehrt teils episodisch, teils in breiter Ausführung an zahlreichen Stellen seiner Schriften wieder. Unter den von ihm geliebten Knaben, die er in Gedichten verherrlichte, sind besonders zu nennen Agathon, Dion, Alexis, Aster. Über das Liebesleben des großen Philosophen hat soeben Rolf Lagerborg ein bedeutsames Buch geschrieben[1].

Über Sokrates, der vom Delphischen Orakel für den weisesten aller Sterblichen erklärt wurde, und seine Stellung zur Pädophilie ist schon früher (S. 136 ff.) ausführlich gesprochen[2].

e) FREUNDESPAARE

146. Chariton und Melanippos, berühmtes Liebespaar, von dem eine ähnliche Geschichte aufopfernder Freundschaft erzählt wird wie die, welche durch Schillers Ballade „Die Bürgschaft" von Damon und Phintias allbekannt geworden ist[3]. Ihre Freundschaft wurde vom Delphischen Orakel heilig gesprochen.

147. Aristogeiton und Harmodios, berühmtes Freundespaar in Athen, die im Jahre 514 v. Chr. den Tyrannen Hipparchos ermordeten. Wenn

---

[1] R. Lagerborg, Die platonische Liebe, Leipzig 1926, Felix Meiner; ausführlich besprochen von Paul Brandt in Marcuses Zeitschrift für Sexualwissenschaft, Bd. XIII, Bonn 1926.

[2] Über die homoerotischen Dichter wird im nächsten Abschnitt gesprochen werden.

[3] Bei Hyginus (fab. 257), dessen Erzählung Schillers Quelle war, heißen die Freunde Möros und Selinuntius.

Blumenpflückende Psychen. Pompejanisches Wandgemälde

Der Raub der Europa. Pompejanisches Wandgemälde. Neapel, Nationalmuseum

bei dieser Tat auch zweifellos Privatrache mitspielte, so wurden beide doch bis in die späteste Zeit als Befreier Athens gepriesen, im Liede verherrlicht und durch Bildsäulen geehrt, deren mehrere uns noch erhalten sind. Der interessante Bericht des Thukydides, aus dem nicht nur die sinnliche Natur des Freundschaftsbundes zwischen Aristogeiton und Harmodios hervorgeht, sondern auch, wie der Tyrann dem Harmodios wiederholt vergeblich nachstellte, ist zu lang, um hier mitgeteilt werden zu können.

148. Hippothales und Lysis sind die Helden des Platonischen Dialogs „Lysis", in dem gezeigt wird, wie der Ältere seinen Liebling gewinnen und ihn sittlich veredeln kann und soll.

Die Rücksicht auf den das ursprünglich geplante Maß weit überschreitenden Umfang des Werkes gebietet, mich mit der Erwähnung dieser drei Freundespaare zu begnügen. Ich gedenke manches, was hier nicht mehr zur Sprache kommen konnte, in einem späteren Nachtrag zu diesem Werke oder in einem neuen Buche nachzuholen.

15. DIE KNABENLIEBE IN DER GRIECHISCHEN DICHTUNG

149. Da alles, was bisher hier dargestellt wurde, auf die griechischen Originalschriftquellen zurückgeht, so ließ sich nicht vermeiden, daß vieles, was systematisch in diesen Abschnitt gehören würde, schon früher erwähnt wurde. Meine Aufgabe ist es, eine griechische Sittengeschichte zu schreiben, nicht aber eine Geschichte der homoerotischen Literatur der Griechen. In letzterem Falle müßte natürlich alles, was über diesen Gegenstand zu sagen wäre, hier systematisch zusammengetragen werden; so aber darf ich mich darauf beschränken, hier das nachzuholen, was früher nicht schon erwähnt wurde. Daß dabei keine Vollständigkeit erzielt werden kann, braucht dem nicht erst gesagt zu werden, der von dem Umfange der griechischen Literatur und der Bedeutung der Knabenliebe in ihr eine Ahnung hat.

I. DIE EPISCHE DICHTUNG

1. DIE MYTHISCHE VORZEIT

150. Schon Pamphos hat Hymnen auf Eros gedichtet, so daß man mit Recht behaupten kann, daß Eros am Anfang der hellenischen Kultur steht.

Den Sänger Orpheus, dessen Existenz von Aristoteles geleugnet wird, faßt Erwin Rohde als ein Sinnbild der Vereinigung dionysischer und apollinischer Religion auf. Um seine früh verstorbene Gattin Eurydike von dem Beherrscher der Unterwelt zurückzuerbitten, stieg er in den Hades hinab. Durch seinen wundervollen Gesang gelingt es ihm, den grimmigen Beherrscher der Unterwelt zu rühren, so daß er die Gattin mitnehmen darf, unter der Bedingung, daß er sich nicht nach ihr umblicke, bevor er an das Tageslicht gekommen sei. Diese Bedingung war zu schwer für einen Sterblichen: von Sehnsucht bezwungen, blickte Orpheus zurück, und die Gattin entschwand als ein Schatten auf Nimmerwiedersehen in das Reich des Hades.

Bis hierher dürfte die Sage allgemein bekannt sein. Nun aber kommt das Seltsame. Also vereinsamt zieht sich Orpheus in seine thrakische Gebirgsheimat zurück, wo der wegen seiner rührenden Gattenliebe berühmte Sänger von allen Frauen und Mädchen umschwärmt wird. Er weist aber „alle weibliche Liebe zurück, sei es, weil er mit ihr schlechte Erfahrungen gemacht hatte, sei es, weil er der Gattin nicht die Treue brechen wollte. Wohl aber lehrte er die Thrakier, die Liebe zarten Jünglingen zuwenden und, solange die Jugend noch lacht, den kurzen Lenz des Lebens und seine Blumen genießen". So sagt Ovid: eine außerordentlich wichtige Stelle, weil aus ihr hervorgeht, daß der vereinsamte Gatte sich mit Knabenliebe entschädigt, und, was noch bedeutungsvoller ist, daß nach antiker Auffassung der homoerotische Verkehr nicht als Verstoß gegen die eheliche Treue empfunden wurde („weil er der Gattin nicht die Treue brechen wollte"). Und so sehr huldigt er fortan dieser griechischen Form der Liebe, daß nicht nur die Ehe für ihn zur Episode wird, sondern auch daß die von ihm nunmehr gesungenen Lieder nichts anderes zum Inhalt haben als die Verherrlichung der Knabenliebe[1]. So wird das Paradoxe zur Tatsache: Der noch heute den weitesten Kreisen als Muster ehelicher Treue bekannte Orpheus ist dem Altertum der Mann, der in seiner Heimat Thrakien die Knabenliebe einführte und ihr selbst derart huldigte, daß die Mädchen und Frauen, weil sie sich verschmäht fühlten, schließlich über ihn herfielen, ihn gräßlich verstümmelten und töteten. Weiter berichtet die Sage, daß des Orpheus Haupt ins Meer geworfen und schließlich an der Insel Lesbos angespült wurde. An Lesbos? Das ist natürlich kein Zufall, denn dort

---

[1] Die Lieder, die Ovid (met. X) den Orpheus singen läßt, sind: Die Liebe des Apollo zu Kyparissos (86—142); Raub des Ganymedes durch Zeus (155—161); Liebe des Apollo zu Hyakinthos (162—219).

erstand später Sappho, die den Griechen die größte Prophetin der gleichgeschlechtlichen Liebe wurde.

2. DER EPISCHE KYKLOS

151. In der „Oidipodeia" war erzählt, wie Laïos, der Vater des Oidipus, heiße Liebe zu dem schönen Chrysippos, dem Sohne des Pelops, faßte und ihn schließlich mit Gewalt entführte. Pelops stieß gegen den Räuber einen furchtbaren Fluch aus (vgl. Bd. I, S. 122).

Die „Kleine Ilias" des Lesches behandelte als Episode den Raub des Ganymedes, des jungen Sohnes des troischen Königs Laomedon, dem Zeus als Entgelt einen kostbaren, von der Kunst des Hephaistos aus Gold gefertigten Weinstock schenkte, während bei Homer Ganymedes ein Sohn des Königs Tros ist und dieser als Ersatz ein Paar edler Rosse erhält.

Noch ausführlicher wird der Raub des Ganymedes im vierten der sogenannten „homerischen Hymnen" erzählt; ich habe die Stelle in deutscher Übersetzung schon früher[1] mitgeteilt.

3. HESIODOS

152. Der Dichter hatte in seinem „Schild des Herakles" von dem Kampfe erzählt, den Herakles mit Kyknos zu bestehen hatte. Er ruft seinen Liebling und Waffenbruder Iolaos herbei, den „ihm bei weiten liebsten unter allen Menschen". Die Gespräche der beiden können wegen ihrer Länge hier nicht mitgeteilt werden; die zärtlichen Anreden und der ganze Ton beweisen, daß schon Hesiod wie dann alle Späteren sich Iolaos nicht nur als Waffengefährten, sondern auch als Liebling des Herakles gedacht haben.

Aus einem Fragment erfahren wir, daß Hesiod selbst einen Jüngling namens Batrachos liebte, auf dessen frühen Tod er ein Klagelied gedichtet hatte[2].

---

[1] Hans Licht, Die Erotik in den epischen Gedichten der Griechen mit besonderer Berücksichtigung des Homoerotischen. In Marcuses Zeitschrift für Sexualwissenschaft IX, 65 ff., Bonn, Marcus & Weber 1922, S. 69. — Über die Bedeutung der Knabenliebe in Ilias und Odyssee ist oben (S. 159 ff.) ausführlich gesprochen.

[2] Weitere die Knabenliebe betreffende Stellen in den Fragmenten des Hesiod in meiner soeben genannten Arbeit S. 73 f.

4. PHANOKLES

153. In nicht genau zu bestimmender Zeit hatte Phanokles einen Elegienkranz unter dem Titel "Ἔρωτες ἢ καλοί gedichtet, was „Liebesgeschichten oder schöne Knaben" bedeutet. Diese Elegien stellten sozusagen eine Geschichte der Knabenliebe in poetischer Form dar, mit reichlichen Beispielen aus der Götter- und Heldensage. In den Bruchstücken, die Bach gesammelt hat, ragt ein längeres von 28 Versen hervor, in dem die Liebe des Orpheus zu dem Knaben Kalaïs und die scheußliche Ermordung des Sängers durch die thrakischen Frauen geschildert wird. Interessant ist einmal, daß die christlichen Kirchenväter, wie Clemens Alexandrinus, Lactantius und Orosius, die Gedichte des Phanokles benutzten, um die Unsittlichkeit des Heidentums zu erweisen, dann aber, daß Friedrich Schlegel Bruchstücke aus Phanokles übersetzte.

5. DIOTIMOS UND APOLLONIOS

154. Diotimos aus Adramyttion in Mysien schrieb im dritten vorchristlichen Jahrhundert ein Epos „Die Kämpfe des Herakles", in dem er den närrischen Gedanken ausführte, daß die gewaltigen Taten des Helden auf seine Liebe zu Eurystheus zurückzuführen seien.

Apollonios Rhodios, der bedeutendste der alexandrinischen Epiker, lebte im dritten vorchristlichen Jahrhundert. Von seinen Dichtungen hat sich nur die berühmteste erhalten, unter dem Titel Argonautika, d. h. Abenteuer der Argonauten, eingeteilt in vier Bücher. In dem an schönen Einzelheiten reichen Gedichte findet sich die Geschichte von der Liebe des Herakles zu Hylas, dessen Entführung durch die Quellennymphen und dem unbändigen Schmerze des Helden über den Verlust des Knaben.

Ich zitiere die Episode von Eros und Ganymedes:

„Sie freuten sich beide gerade
Als gleichaltrige Knaben des Spiels mit goldenen Würfeln.
Eros hatte bereits sich die Linke gefüllt mit Gewinnste,
Und mutwillig verbarg er die Hand sich unter dem Busen
Aufrecht stehend; ein liebliches Rot umblüht' ihm die Wangen.
Doch Ganymedes kauert dabei mit gebogenen Knien
Still und verstimmt; zween Würfel allein noch hatt' er, die andern
Waren ihm nach und nach leichtsinnig verloren; er grollte
Jetzt dem lachenden Sieger, verspielt war bald auch das Paar noch."

6. NONNOS

155. Nonnos aus Panopolis in Ägypten, der im vierten oder fünften nachchristlichen Jahrhundert gelebt hat, ist der Verfasser eines umfangreichen Gedichtes in nicht weniger als 48 Gesängen unter dem Titel Dionysiaka, d. h. Leben und Taten des Dionysos. Das gewaltige Epos schildert in taumelndem Überschwange den Siegeszug des Gottes Dionysos nach Indien, mit so vielen Episoden und Sondermythen durchflochten, daß das Ganze zwar ein überaus wertvolles und interessantes, aber kein einheitliches Werk darstellt. Das Seltsame dabei ist nun, daß der Verfasser zwar Christ ist, aber einen enthusiastischen Hochgesang bacchantischer, also heidnischer Ekstase geschaffen hat, wie er in der gesamten Literatur einzig dastehen dürfte. Es finden sich in dem Werke daher auch homoerotische Episoden in solcher Menge vor, daß hier nur das Allerwichtigste kurz erwähnt, nicht ausführlich dargestellt werden kann.

Mit beredten Worten wird die Schönheit des jugendlichen Hermes beschrieben, und um die Schönheit des Kadmos zu schildern, braucht der Dichter nicht weniger als 56 Verse. Zu der Hochzeit des Kadmos und der Harmonia läßt er die Eroten einen Reigen tanzen; mit sichtlichem Behagen erzählt er von den Knabenspielen des Dionysos und beschreibt ausführlich, wie er in Gesellschaft der übermütigen Satyrn badet.

Einen breiten Raum nimmt in dem Gedichte das Idyll mit dem Knaben Ampelos ein. Mit glühenden Farben malt der Dichter seine Schönheit. Dionysos erblickt den Knaben und entbrennt zu ihm in Liebe, deren Schilderung mit ihren mannigfaltigen Episoden sich durch zwei Gesänge hindurchzieht. Wie ein zweiter Eros, nur ungeflügelt und ohne Köcher erschien er dem Gotte, als er ihn einst in einem Walde Phrygiens entdeckte. Der Knabe ist überglücklich über die Liebe, die ihm Dionysos entgegenbringt. Es entspinnt sich ein Liebesidyll, das von dem Dichter ausführlich und mit großer Schönheit ausgemalt wird. Dionysos hat nur die eine Furcht, daß Zeus den Knaben schaut und ihn entführt, da er ja noch viel schöner als Ganymedes ist. Zeus jedoch mißgönnt ihm sein Glück nicht, das aber trotzdem wie nach griechischer Auffassung alles Schöne auf der Welt ein schnelles Ende finden sollte. In jugendlicher Abenteuerlust begibt sich Ampelos auf die Jagd, Dionysos, der ihn vor den wilden Tieren des Waldes warnt, mit knabenhaftem Übermut auslachend.

Durch ein böses Zeichen erschreckt, geht Dionysos dem Knaben nach, findet ihn wohlbehalten und schließt ihn entzückt in seine Arme. Aber das Verhängnis schlummert nicht. Ein böser Geist gibt dem Knaben ein, auf einem harmlos aussehenden Stier zu reiten, der plötzlich wild wird und den Knaben abwirft, der so unglücklich stürzt, daß er stirbt.

Dionysos ist untröstlich, bedeckt die Leiche des noch im Tode schönen Knaben über und über mit Blumen und stimmt eine rührende Totenklage an. Danach betet er zu seinem Vater Zeus, daß er den Geliebten nur noch auf eine kurze Stunde ins Leben zurückrufe, damit er noch ein einziges Mal von seinen Lippen Worte der Liebe höre; ja, er verwünscht seine Unsterblichkeit, weil er nun nicht mit dem Knaben die ganze lange Ewigkeit im Hades zusammen sein kann.

Mit der Verzweiflung des maßlos Trauernden hat Eros selbst Mitleid, der in der Gestalt eines Satyrs zu ihm tritt, ihm liebevoll zuspricht und ihm rät, seinen Schmerz durch eine neue Liebe zu beenden, „denn," so sagt er, „das einzige Heilmittel einer alten Liebe ist eine neue; suche dir darum einen noch prächtigeren Knaben. So machte es Zephyros, der nach dem Tode des Hyakinthos sich in Kyparissos verliebte".

Um den Dionysos zu trösten und zu neuer Liebe zu ermutigen, erzählt er ihm dann ausführlich die Geschichte von Kalamos und seinem Lieblinge Karpos[1]. Eine Lücke im Text läßt uns nicht erkennen, wie das alles auf Dionysos gewirkt hat. Wahrscheinlich sehr wenig, denn es wird nun mit sinnlicher Glut ein üppiger Reigentanz der Horen geschildert, der an dieser Stelle doch nur den Sinn haben kann, den vor Sehnsucht sich verzehrenden Gott auf andere Gedanken zu bringen. Mit dieser „Orgie der Beine, die im rasenden Wirbel des Tanzes durch die hauchdünnen Gewänder hindurchschienen", entläßt uns das elfte Buch der Dionysischen Geschichten.

Im zwölften wird erzählt, wie die Götter aus Mitleid mit dem Schmerze des Dionysos den Knaben Ampelos in einen Weinstock verwandeln. Entzückt nimmt der Gott das herrliche Gewächs, das ihm

---

[1] Kalamos, ein Sohn des Flußgottes Maiandros, war mit Karpos, dem Sohne des Zephyros und einer der Horen, einem Jünglinge von hervorragender Schönheit, in zärtlichster Liebe vereinigt. Als beide einst im Maiandros badeten und um die Wette schwammen, ertrank Karpos; in seinem Schmerze ward Kalamos in ein Schilfrohr verwandelt, aus dessen vom Winde bewegtem Rauschen und Säuseln die Alten Klagetöne heraushörten; Karpos aber ward zur Feldfrucht, die jedes Jahr wiederkehrt. So erzählt Eros hier bei Nonn. Dion. XI 370—481; vgl. auch Servius zu Verg. ecl. 5, 48.

fortan heilig ist, entgegen und erfindet so die köstliche Gabe des Weines, die er in einer begeisterten Ansprache preist. Danach findet das erste Lesen und Keltern des neuerschaffenen Weines statt, worauf eine bacchische Orgie das aus tiefster Traurigkeit zu rauschender Lebenslust gewordene Fest abschließt.

Zwischen Rom und Florenz fand man eine schöne Marmorgruppe des Dionysos und Ampelos, die heute zu den kostbarsten Schätzen des Britischen Museums gehört. Der Knabe ist dargestellt, wie er, eben in der Verwandlung begriffen, den ihm zärtlich umarmenden Dionysos eine Traube darbietet.[1]

Alles was bisher aus Nonnos mitgeteilt wurde, ist den ersten zwölf Büchern, also einem Viertel des gewaltigen Gedichtes entlehnt. Zwar enthalten auch die anderen 36 Gesänge noch zahlreiche homoerotische Episoden und viele Schilderungen pueriler Schönheit, doch heischt die Rücksicht auf den Raum, die Besprechung der Nonnosdichtung, dieses letzten epischen Ausläufers hellenischer Schönheit und Sinnenfreudigkeit, mit diesen Proben abzubrechen.

II. DIE LYRISCHE DICHTUNG

156. Da die Lyrik der unmittelbarste Ausdruck der persönlichen Stimmungen und Gefühle ist, so ist es selbstverständlich, daß auch in der lyrischen Poesie der Griechen die gleichgeschlechtliche Liebe einen breiten Raum einnimmt; ja, Professor Erich Bethe hat durchaus recht, wenn er sagt, daß die gleichgeschlechtliche Liebe die Lyrik der Griechen überhaupt erst hervorgebracht hat. Nun ist aber von der Lyrik der Griechen nur ein beklagenswert geringer Rest auf uns gekommen, und nicht weniges, was systematisch hier zu behandeln wäre, mußte schon früher erwähnt werden; trotzdem kann noch mancherlei hier nachgetragen werden.

1. THEOGNIS

Unter dem Namen des Theognis, der in der Mitte des sechsten vorchristlichen Jahrhunderts meist in Megara lebte, ist eine Sammlung von Sentenzen und Lebensregeln in 1388 Versen auf uns gekommen. Die letzten 158 Verse sind ganz der Liebe zu Jünglingen, insbesondere zu

---
[1] Nach Ovid. fast. III 407 ff. verunglückte der Knabe dadurch, daß er von einem an einer Ulme sich aufrankenden Weinstock eine Rebe brechen wollte, worauf er von Dionysos als Vindemitor (Winzer) unter die Sterne versetzt wurde.

des Dichters Liebling Kyrnos gewidmet. Dieser, Sohn des Polypais, war ein edler und schöner Jüngling, dem der Dichter mit väterlicher, aber auch sinnlicher Liebe zugetan war. Er will ihn Lebensweisheit lehren und ihn zu einem wahren Aristokraten erziehen. Die Sammlung ist daher reich an ethischem Gehalt, weswegen sie im Altertum als Schulbuch verwendet wurde, gleichzeitig enthält sie eine Menge Liebesworte von starker, bisweilen glühender Sinnlichkeit.

Der Dichter schwankt zwischen Liebe und Gleichgültigkeit; er kann nicht von ihm lassen, und doch ist es schwer, den Spröden zu lieben. Ja, er droht seinem Leben ein Ende zu machen; dann wird der Knabe schon merken, was er an ihm verlor. Ein andermal klagt er über gekränkte Liebe und daß er zwar des Kyrnos Leid mitempfindet, aber nicht umgekehrt. Der Geliebte wird durch ihn berühmt werden, bei allen Festlichkeiten wird man von ihm singen, und auch nach dem Tode wird man ihn nicht vergessen.

2. PLATON

157. Unter dem Namen des Platon, des großen Philosophen und Schülers des Sokrates, sind mehrere homoerotische Epigramme auf uns gekommen. Zart ist das Epigramm:

> „Als ich, meine Agathon, dich küßte,
> Fühlt' ich die Seele auf den Lippen schweben,
> Als wenn sie selber fließen müßte
> Mir in die Seele ein mit Sehnsuchtsbeben."

Ein anderes Epigramm ist eine Grabschrift auf den Liebling Dion, der „das Herz mit Liebestollheit füllte". Zwei Epigramme verdanken der Liebe zu dem schönen Aster (Stern) ihre Entstehung. Der Dichter beneidet den Himmel, der mit vielen Augen auf seinen Aster herabblickt, wenn dieser, selbst ein Stern, zu den Sternen aufschaut.

3. ARCHILOCHOS UND ALKAIOS

158. Selbst unter den Fragmenten des Archilochos von Paros, der durch seine leidenschaftliche Liebe zu Neobule, dem schönen Töchterlein des Lykambes, bekannt ist, findet sich eins mit dem Bekenntnis, daß ihn „gliederlösende Sehnsucht zum Knaben bewältigt".

159. Von Alkaios aus Mitylene, der ein Sänger war und ein Held zugleich, sagt Horaz:

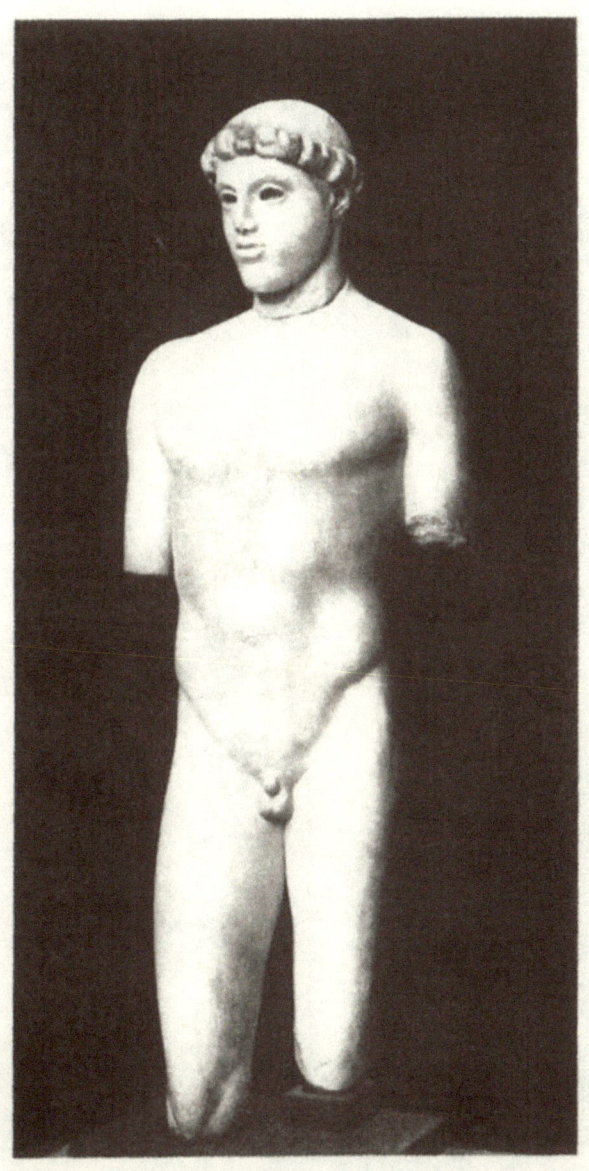

Sieger im Wettkampf. Athen, Akropolismuseum

Satyr und Mänade. Athen, Nationalmuseum

> „Stets von Bacchus, Venus und Musen sang er,
> Von dem Knaben, der stets sich an Venus klammert,
> Von des Lykos Reiz mit den schwarzen Augen,
> Schwarzem Gelocke."

Dieser Lykos begegnet uns, wenn Bergks Lesart richtig ist, in einem Bruchstück, in dem der Dichter in einer Anwandlung von Unmut sagt, daß er ihn in seinen Liedern nicht mehr feiern werde. In einem andern der wenigen auf uns gekommenen Bruchstücke bittet er, daß man den „anmutigen Menon herbeirufe, sonst würde er an dem Gelage keine Freude haben".

4. IBYKOS

160. Nur wenigen, die sich an Schillers schöner Ballade von den „Kranichen des Ibykus" erfreuen, wird es bekannt sein, daß der Held des Gedichtes, dessen Tod durch ruchlose Mörderhand allgemeiner Teilnahme gewiß ist, im Altertum der „Auf Knabenliebe allertollste" hieß. Daß er sein ganzes Leben lang Knaben huldigte, wird uns von Cicero und einem Epigramm der Palatinischen Anthologie bezeugt. Selbst noch im Alter loderte diese Leidenschaft, wie Plato ausdrücklich hervorhebt. Er habe in seinem Leben die süße Blume überzeugender Rede und schöner Knaben gepflückt, wird in einem poetischen Kataloge der lyrischen Dichter von ihm gesagt. Das alles bestätigt seine Dichtung, von der freilich nur ganz wenige Bruchstücke erhalten sind; zu den schon früher (S. 103) erwähnten seien noch die Verse zitiert:

> „Frühling ward's, die Quittenbäume blühen,
> Reich durchtränkt vom Lebenssaft des Flusses;
> Üppig grünt der Nymphen ew'ger Garten,
> Unter dunklem Weinlaub quillt die Beere.
> Alles Frieden. Doch in meinem Herzen
> Wütet Eros wieder ohne Ruhe,
> Wie der Nord, der aus dem Thrakerlande
> Unter Blitz und Donner jäh hereinbricht.
> Also glüht in mir ein nächtlich dunkles
> Liebessehnen nach dem schönen Knaben
> Und erschüttert meines Herzens Tiefen."

5. ANAKREON UND DIE ANAKREONTEA

161. Von Anakreon aus Teos, dem allzeit heiteren und liebenswürdigen Dichter, der auch im Alter von Wein und Liebe nicht lassen mochte, hatten die Alexandriner noch mancherlei Lieder in zusammen fünf Büchern, von denen das meiste durch die Ungunst der Zeit verloren ist. All seine Poesie ist der Liebe geweiht, sagt Cicero. Wenn er auch die weibliche Liebe nicht verschmähte, sich beispielshalber einmal halb scherzhaft darüber beklagt, daß ein zierliches Lesbiermädchen nicht mit ihm spielen will, so war es doch zeit seines Lebens der eben erblühte Ephebe, dem Herz und Lied geweiht war, und es ist uns eine stattliche Zahl von Namen bekannt, deren Träger ihm das Herz entflammt hatten. Nach einer Zeit des Aufenthaltes in Abdera in Thrakien finden wir ihn zusammen mit Ibykos am Hofe des Polykrates, des bekannten feinsinnigen, Kunst und Pracht liebenden Herrschers von Samos, der sich mit einem Hofstaat der ausgesuchtesten Edelpagen umgeben hatte. Maximus Tyrius sagt: „Anakreon liebt alle, die schön sind, und preist sie alle; seine Lieder sind voll vom Lobe der Locken des Smerdis, der Augen des Kleobulos, der Jugendblüte des Bathyllos. Aber man beachte die Zurückhaltung des Dichters:

„Spielen, Knabe, möcht' ich mit dir, denn du hast der Grazien Liebreiz."

Und wieder sagt er, daß der Liebe alles schön sei, was gut ist. Auch seine Liebeskunst verrät er einmal:

„Meiner schönen Verse willen mögen mich die Knaben leiden,
Denn ich weiß mit liebem Singen, liebem Wort ihr Ohr zu weiden."

Von der Liebe des Dichters zu seinem Smerdis legen auch mehrere Epigramme Zeugnis ab, und von den erhaltenen Fragmenten sind mindestens vier an ihn gerichtet. So lesen wir eine stürmische Liebeswerbung, in der er ihm gesteht, daß Eros ihn wieder niedergeschmettert habe, so mächtig, wie der Schmied seine Axt schwingt.

Die Liebe zu Kleobulos war von der rächenden Nemesis selbst im Dichter entflammt, wie Maximus in einer Anekdote ausplaudert. Diese Liebe erfüllte den Dichter mit heißer Glut; er bittet den Dionysos, daß er ihm das Herz des Knaben zuneige, und gesteht, daß er „den Kleobulos liebt, nach ihm rast, nur nach ihm ausspäht".

Auf den Liebling Bathyllos bezieht Bergk das Fragment, in dem es heißt, daß niemand, wenn jener Flöte spielt, dazu tanzen mag, weil er den Blick nicht von der lieblichen Gestalt abwenden kann. Ein anderes Bruchstück ist an Megistes gerichtet, der am Gelage teilnimmt, nur mit einer dünnen Weidengerte bekleidet, worüber die Alten tiefsinnige Untersuchungen anstellten.

Andere Bruchstücke handeln von der Liebe zu Leukaspis und Simalos, wieder andere sind ohne den Namen des geliebten Knaben überliefert. Der Knabe am Mischkrug soll Wein und Kränze bringen, „damit ich nicht im Faustkampf gegen Eros unterliege". Aus einem Sang an Eros, „dem Götter wie Menschen gleich unterworfen sind", haben sich fünf Verse erhalten. Auch über verschmähte Liebe hat der Dichter zu klagen, und ein andermal droht er:

> „Fliegen aufwärts zum Olympos werde ich mit leichten Schwingen, Eros klagen, daß mein Junge nicht mit mir umher will springen."

Er klagt, daß Eros, als er ihn schon so ergraut gesehen habe, achtlos, die goldglänzenden Flügel schwingend, an ihm vorbeigeflogen sei. Drollig droht er dem Eros, daß er kein schönes Lied zu seinem Preise mehr singen werde, wenn er ihm nicht den begehrten Epheben mit seinem Pfeile verwunde.

Aus den ziemlich späten Zeiten angehörenden Nachahmungen des Anakreon, den sogenannten Anakreontea, in denen der Knabenliebe mehrfach gehuldigt wird, sei das Liedchen erwähnt, in dem der Dichter sich beklagt, daß eine Schwalbe durch ihr frühes Zwitschern ihn aus seinen Träumen vom schönen Bathyllos erweckt habe. Ein anderes faßt den Inhalt dieser Poesie geschickt zusammen:

> „Der singt von Thebens Söhnen,
> Von Kampf und Schlachtgefild,
> In seinen Liedern tönen
> Des Kriegs Drommeten wild.
>
> Ich sing' von andern Kriegen,
> Die ich durchkämpfen muß,
> Wo deine Augen siegen,
> Bathyllos, und dein Kuß.
>
> Dem Trosse der Hopliten
> Hielt' ich wohl mutig still,
> Doch deiner Jugend Blüten
> Besiegen mich, Bathyll."

6. PINDAROS

162. Von Pindar, dem größten und gewaltigsten aller griechischen Lyriker, der von 522 bis 442 v. Chr. lebte, besitzen wir außer einer stattlichen Anzahl von Fragmenten noch 45 Oden so gut wie vollständig, Siegeslieder, die für die gedichtet waren, die in den großen Nationalspielen den Kranz errungen hatten. Die Frömmigkeit des

Dichters ließ ihn die manchen Sagen anhaftende Unehrerbietigkeit human umdeuten. Eine bekannte Sage erzählt, daß Tantalos, „den Jupiter zu Rat und Tafel zog", seinen Sohn Pelops geschlachtet und zum Mahle aufgetischt habe um die Allwissenheit der Götter auf die Probe zu stellen, die aber das gräßliche Mahl durchschauten, die einzelnen Stücke wieder zusammensetzten und belebten, Tantalos aber schwer bestraften. Solcher Greuel ist dem frommen Dichter unerträglich: nach seiner Darstellung ist Pelops nicht einem schändlichen Verbrechen des Vaters zum Opfer gefallen, vielmehr entflammte seine Schönheit das Herz des Poseidon, so daß er den Knaben entführte, wie später Zeus den Ganymedes.

So dachte das Altertum, so Pindar über die Freundschaft zum Epheben. Ihm verdanken wir das Fragment, leider nur das Fragment eines der herrlichsten Gedichte, das je geschrieben wurde (s. S. 116). Auch die Götter freuten sich über den Bund mit Theoxenos. Man erzählte, daß Pindar die Götter gebeten habe, sie möchten ihm das Schönste schenken, was es auf dieser Welt gäbe. Als er darauf in Argos einem Wetturnen beiwohnte, habe er sich in einem Anfall von Schwäche in den Schoß seines Knaben gelehnt und sei in dessen Armen gestorben.

Seine Asche wurde nach Theben gebracht, wo ihm vor dem Proitidentore sein Grabmal errichtet wurde.

7. THEOKRITOS

163. Von den dreißig unter dem Namen des Theokrit, der etwa von 310—245 v. Chr. lebte, überlieferten Gedichten sind nicht weniger als acht ausschließlich der Jünglingsliebe gewidmet, und auch in den andern ist oft von Knaben und der Liebe zu ihnen die Rede.

Das eine, vielleicht das schönste der Jünglingslieder des Theokrit, überschrieben Παιδικά, der Liebling, enthält ein Gespräch des nicht mehr jugendlichen Dichters mit seinem eigenen Herzen. Zwar rät ihm sein Verstand, den Liebesgedanken zu entsagen,

> „Denn unaufhaltsam stürmt dahin das Leben
> Des Knaben gleich der Hindin schnellem Fuß,
> Und morgen schon siehst du ihn weiter streben
> Nach andrer Liebe unbeständigem Kuß.
> Nicht dauernd ward indes auch ihm gegeben
> Der Jugendblüte holdester Genuß.
> Doch du verzehrst dein Mark in Sehnsuchtsqualen,
> Sein holdes Bild nur wird dein Traum dir malen",

aber das Herz belehrt ihn, daß der Kampf mit Eros ein vergebliches Unterfangen ist.

In einem andern Gedichte, das aber schwerlich von Theokrit selbst stammt, lesen wir die letzten Klagen eines unglücklich Liebenden, der durch Selbstmord seine Qualen beendet, und die Rache, die der beleidigte Eros an dem spröden Knaben vollzieht: während er im Gymnasium sich am Bade erfreut, wird er von dem herabstürzenden Marmorbilde des Eros erschlagen.

Ein drittes, ebenfalls Παιδικά überschriebenes Gedicht klagt über Unbeständigkeit des Geliebten, mahnt ihn zur Treue und erinnert ihn bei seiner zarten Jugendblüte an das drohende Alter. Darum solle er seine Liebe erwidern, damit man von ihrem Liebesbunde einst reden könne wie von dem des Achilles und Patrokles.

Zart und weich ist ein Gedicht, das der Freude über das Wiedersehen mit dem Liebling nach drei Tagen der Trennung Ausdruck gibt und dem Wunsche, daß ihre Liebe immer der ähnlicher werden möge, wie sie in Megara blühte, wo Diokles den Wettkampf der Knaben im Küssen eingesetzt hatte (s. Bd. I, S. 105):

„Wie selig beide in der Liebe Freude!
Es leuchtet uns ihr Bild aus alter Zeit,
Wie er dem Knaben seine Liebe weiht!"

Entzückend ist das „Erntefest" betitelte Gedicht, das schon der alte Heinsius die Königin unter den Dichtungen Theokrits nannte und das der Erinnerung an einen auf der Insel Kos froh verlebten Tag geweiht ist. Der Dichter erzählt, wie er mit zwei Freunden aus der Stadt aufs Land wandert. Unterwegs treffen sie einen Ziegenhirten namens Lykidas, dem nach kurzem Gespräch der Dichter den Vorschlag macht, zu rasten und sich mit ihm in einem bukolischen Wettgesange zu versuchen. Gern geht Lykidas darauf ein und singt nunmehr ein Propemptikon, ein Geleitslied, in dem er seinem geliebten Ageanax glückliche Fahrt über das Meer wünscht:

„Nun wünsch' ich, mein Liebling, dir günstige Fahrt,
Ageanax, glückliche Reise!
Am Morgen, am Abend sei Sturm dir erspart,
Sanft gleite dein Schifflein und leise!

O möchten glätten die wogende See
Die Halkyonen[1] in Scharen,
Denn sonst ich vor liebender Sorge vergeh',
O mög' dir kein Leid widerfahren!
Und bist du dann glücklich gelangt ans Ziel,
Dann schmück' ich das Haupt mit dem Kranze,
Dann ruh' ich auf blumenbedecktem Pfühl,
Und zwei Hirten drehn sich im Tanze.
Auf dein Wohl trink' ich den herrlichsten Wein,
Dazu wird Tityros singen,
Wird singen von Daphnis' Liebespein
Und anderen herrlichen Dingen."

Danach spricht Theokrit dem Freunde aus, wie sehr ihm das Lied gefallen hat, und erwidert mit einem Liede, in dem er seinem eigenen Liebesglück das Leid seines Freundes Aratos, eines namhaften Arztes und Dichters in Milet, gegenüberstellt, der sich in den schönen, aber spröden Philinos verliebt hatte. Darin heißt es:

„Doch ihr, der Eroten beflügelte Schar,
Mit pfirsichrötlichen Wangen,
Nun trefft den Philinos im lockigen Haar,
Erweckt ihm zum Freunde Verlangen.
Auch ist er ja nicht so jugendlich noch,
Schon necken die Mädchen den Toren:
‚Ei, ei, Philinos, das siehst du doch,
Schon ging deine Schönheit verloren!'
Doch nun vernimm meinen herzlichen Rat:
Laß laufen den törichten Knaben
Und laß hübsch andre, mein bester Arat,
Um diesen Herzeleid haben.[2]"

Um seinen Freund Aratos zu trösten, dem seine ärztliche Kunst nicht helfen konnte gegen die Wunden, die ihm Eros geschlagen hatte, schrieb

---

[1] Nach einer, am schönsten von Ovid (Met. XI 410 ff.) erzählten Sage wurde das sich zärtlich liebende Ehepaar Keyx und Halkyone mit ihrem Knaben nach schwerem Leid von den Göttern in Eisvögel (Halkyonen) verwandelt. In Erinnerung an die Liebe und Treue der beiden Gatten lassen, wie die Alten sinnig weitererzählen, die Götter, wenn das Weibchen des Eisvogels brütet, das Meer sich glätten und alle Stürme schweigen; daher noch heute der Ausdruck „halkyonische Tage".

[2] Alle diese Gedichte Theokrits sind hier aus Raummangel stark gekürzt; vollständig habe ich sie übersetzt und die nicht übersetzten analysiert in Hirschfelds Jahrbuch für sexuelle Zwischenstufen VIII 661 ff. So (Seite 668) das achte Gedicht, in dem manches Pädophile vorkommt. Ebenso ausführlich das dreizehnte, die Liebe des Herakles zu Hylas.

Theokrit ein längeres episches Gedicht, in dem die leidenschaftliche Liebe des Herakles zu Hylas, dessen Raub durch die Quellnymphen und die Verzweiflung des vereinsamten Helden ausführlich geschildert wird.

8. KLEINIGKEITEN AUS ANDEREN LYRISCHEN DICHTERN

164. Praxilla, die liebenswürdige Dichterin gesunder Fröhlichkeit und sinniger Lebensweisheit, hatte in einem ihrer Gedichte von dem Raube des Chrysippos durch Laïos, in einem andern von der Liebe des Apollo zu Karnos erzählt.

Nach Athenaios hat Stesichoros, „der ein nicht geringer Erotiker war, auch diese Art von Liedern gedichtet, die man schon in alter Zeit Knabenlieder nannte". Erhalten hat sich aber nichts davon.

Bakchylides nennt unter den Werken des Friedens die Beschäftigungen der Jünglinge in den Gymnasien, die Gelage und das Aufflammen der Knabenlieder.

Skolia hießen die Trinklieder, wie sie nach dem Mahle, wenn der Wein die Zunge löste, meist in augenblicklicher Improvisation von den Gästen der Reihe nach gesungen wurden. Ein solches Liedchen lautet:

> „O wäre ich doch eine Leier,
> Eine Leier aus Elfenbein,
> Daß mich beim Feste trügen
> Die Knaben schön und fein!"

Gering ist der dichterische Nachlaß des Bion aus Smyrna, eines jüngeren Zeitgenossen des Theokrit. Aus seinem Gedichte an Lykidas erwähne ich die Verse:

> „Hab' ich von einem andern als Lykidas gesungen,
> Gleich einem kläglich Stammeln hat dann mein Lied geklungen;
> Sang ich von Eros' Wundern und Lykidas, dem schönen,
> Dann mochte hoch und herrlich mein Liebeslied ertönen."

In einem andern Gedichte redet er Hesperos, den Abendstern, an: „Hesperos, du goldnes Licht der holden Liebesgöttin, du liebes, heiliges Auge der schwärzlichen Nacht, so viel schwächer als der Mond, wie herrlicher als die andern Sterne, sei gegrüßt, lieber Freund, und spende mir, der ich meinem geliebten Hirtenknaben ein Ständchen bringen will, anstatt des Mondes das Licht, da dieser heut nicht zu sehen ist. Ist's doch kein Raub, auf den ich ausgehe, auch will ich nimmer einen harmlosen Wanderer nächtlich überfallen. Nein, Liebe zwingt mich; dem Liebenden zu helfen, sei dir Pflicht!"

Das elfte Gedicht endlich ist ein Katalog berühmter Freundespaare und preist die, die das Glück der Gegenliebe fanden, Theseus und Peirithoos, Orestes und Pylades, Achilles und Patroklos.

III. DIE GEDICHTE DER ANTHOLOGIE

165. Aus den Tausenden von Epigrammen, die in dem Codex Palatinus der Heidelberger Universitätsbibliothek gesammelt sind, haben wir schon so oft Belegstellen anführen müssen, daß hier in diesem Überblick über die homoerotische Literatur nur noch Nachträge[1] gegeben zu werden brauchen, die besonders Charakteristisches bringen sollen. So Antistios: „Des Eumenes Sohn Kleodemos ist noch ein Kleinchen, doch er tanzt schon mit den Knaben im gelenken Reigen. Prächtig kleidet seine Hüften buntgefleckter Hindin Fell, und es ziert der Efeukranz sein blondes Haar. O gütiger Bacchus, laß ihn heranwachsen, daß er dann die Reigentänze der Jünglinge anführe."

Fast modern mutet das Epigramm des Lucilius an:

„Um dem Verdacht zu entgehn, Apollophanes nahm sich ein Weibchen,
    Mitten über den Markt wandelt der Bräutigam stolz:
,Bald kommt der Tag, dann hab' ich ein Kind.' — Zwar kamen die Tage,
    Aber das Kind blieb aus, und der Verdacht blieb bestehn."

166. Das zwölfte Buch der Palatinischen Anthologie, das mit nicht weniger als 258 Epigrammen von zusammen fast 1300 Versen ganz ausschließlich der Jünglingsliebe gewidmet ist, führt in der Handschrift den Titel „Die Knabenmuse des Straton". Außer Straton, dessen Gedichte am Anfang und am Schluß der Sammlung stehen, sind noch neunzehn andere Dichter vertreten, darunter Namen von gutem, ja von bestem Klange; außerdem sind 35 Epigramme ohne den Namen des Verfassers auf uns gekommen. Man kann das Buch ein Hoheslied des Eros nennen; immer wieder dasselbe Thema, aber so mannigfaltig, so unendlich variiert wie die Natur selbst.

---

[1] Die homoerotischen Epigramme der Palatinischen Anthologie habe ich analysiert und zum größten Teil übersetzt in Hirschfelds Jahrbuch für sexuelle Zwischenstufen Bd. IX, Leipzig 1908, S. 213—312.

Flora. Pompejanisches Wandgemälde. Neapel, Nationalmuseum

Antinous. Neapel, Nationalmuseum

1. STRATON AUS SARDES

Dieser Dichter, der zur Zeit des Kaisers Hadrian lebte, veranstaltete eine Sammlung von Epigrammen auf schöne Knaben; 94 Gedichte sind unter seinem Namen im zwölften Buche der Anthologie enthalten.

Nicht ein Anruf der Musen, mit dem sonst die Dichter des Altertums beginnen, eröffnet die Sammlung, sondern des Zeus, der in uralter Zeit durch die Entführung des Ganymedes selbst den Menschen das Beispiel gegeben hatte und seitdem als Beschützer der Knabenliebe galt.

Das Thema, das der Dichter zu behandeln gedenkt, weicht von dem bisher üblichen erheblich ab:

„Priams Tod am Altar wirst hier vergeblich du suchen,
Oder Medeas Leid, Niobes trauriges Los,
Oder des Itylus Tod, den die Nachtigall immer beklaget:
All dies sangen genug Dichter in früherer Zeit.
Eros walte, der süße, vereint mit der Grazien Liebreiz,
Bacchus als dritter im Bund, Traurigkeit fliehe hinweg."

Den Knaben gilt auch des Straton Muse, aber da ist kein Unterschied und keine Wahl, er liebt alle, die schön sind. Gegen diese Liebe ist kein Widerstand möglich, sie ist stärker als der Dichter, der wohl manchmal das Joch abschütteln möchte, aber doch immer wieder einsieht, daß dies ein vergebliches Beginnen ist. Wenn der Knabe schön ist, vor allem das Antlitz so lieblich, daß man sieht, die Grazien haben an seiner Wiege gestanden, dann kann der Dichter nicht genug jubeln; freilich, je größer die Schönheit ist, desto näher liegt die Klage, daß sie vergänglich ist und sobald dahinschwindet.

Die große Leidenschaft findet ihren Niederschlag auch in der Poesie, und so enthält das zwölfte Buch der Anthologie auch eine Menge stark erotischer, ja viele nach dem heutigen Empfinden höchst obszöne Epigramme[1].

2. MELEAGROS

167. Meleagros aus Gadara in Koile-Syrien, von dessen erotischen Gedichten an Mädchen schon früher (Bd. I, S. 219 ff.) die Rede war, lebte in seiner Jugend in Tyros. Dort wollte er von Mädchen nichts wissen, desto empfänglicher aber war er für Knabenschönheit, und wenn

---

[1] Einige dieser Epigramme werden im Ergänzungsbande mitgeteilt; die meisten hat Dr. Otto Knapp übersetzt und kurz erläutert (Anthropophyteia III 254 ff.).

auch die Zahl derer, für die er glüht, recht ansehnlich ist[1], so ist es doch ein Jüngling namens Myiskos, den er am meisten liebt und der uns in den Eipgrammen am häufigsten begegnet.

Von den 60 Gedichten des Meleagros, die wir im zwölften Buche der Anthologie lesen, sind 37 an Knaben gerichtet, die mit Namen genannt werden, und zwar finden wir nicht weniger als 18 Knaben, denen eigene Gedichte gewidmet sind; daneben werden aber noch so viele andere erwähnt, daß man über die leichte Empfänglichkeit des Dichters auch dann noch staunt, wenn man manche Gedichte nur als ein poetisches Spiel auffaßt, dem ein wirklicher Hintergrund mangelt, oder wenn man annimmt, daß derselbe Knabe vielleicht unter verschiedenen Namen auftritt. Meleagros ist jedenfalls davon fest überzeugt, daß der Knabenliebe der Vorzug gebühre, und er weiß dieses Resultat der oft erörterten Frage mit einer neuen und überraschenden Pointe zu begründen:

„Kypris, die weibliche, weckt die weibverlangende Liebe,
Eros, der männliche, lenkt knabenbegehrende Glut.
Wem nun folg' ich? Dem Sohn? Der Mutter? Doch glaube ich, Venus
Selber würde gewiß sagen: ‚Der Knabe hat recht.'"

Wenn das Wunder des Eros aufflammt, dann ist es mit der Vernunft vorbei und die Leidenschaft herrscht. Das ist auch begreiflich, denn Eros hat schon im zartesten Alter mit der Seele des Dichters wie mit Würfeln gespielt. An allem aber sind die Augen des Dichters schuld, die begierig die Schönheit der Knaben trinken, so daß Eros über die Seele Macht gewinnt.

Nun hilft nichts mehr, die Seele ist gefangen und müht sich, zu entkommen, wie ein Vögelchen aus dem Käfig zu fliehen strebt. Eros selbst hat der Seele die Flügel gebunden, ein Feuer in ihr entzündet und der Dürstenden nichts als heiße Tränen gegeben. Aller Jammer ist vergeblich, da sie ja den Eros in ihrem Innern hat aufwachsen lassen.

Das ist aber alles, meint der Dichter, ganz natürlich, denn der Knabe ist so schön, daß sogar Aphrodite ihn lieber anstatt des Eros zum Sohne haben möchte. Seine Schönheit hat er von den Grazien selbst, die dem Knaben einst begegneten und ihn in ihre Arme schlossen; so erklärt sich die holde Anmut seines jugendlichen Körpers, sein süßes Plaudern und die stumme, aber doch so beredte Sprache seiner Augen. Sehnsucht tritt an Stelle der Liebe, wenn er fern weilt, etwa gar eine Seefahrt hat

---

[1] Katalog der geliebten Knaben in A. P. XII 256.

antreten müssen. Dann beneidet der Dichter das Schiff, die Wellen, den Wind, die sich des Einzigen freuen dürfen, und er wünscht zum Delphine zu werden, um ihn auf gefälligem Rücken sanft an das ersehnte Ziel zu tragen. Die liebeheischenden Gedanken des Dichters verdichten sich auf einsamem Lager zu süßen Träumen.

„Führte in süßem Traum das Bild eines holden Epheben,
Achtzehnjährig, jedoch noch in der Knaben Gewand
Eros ins Lager mir heut. Ich preßte den wonnigen Körper
Fest ihn umschlingend ans Herz, pflückte das eitele Glück.
In der Erinnerung quält mich nun die Sehnsucht, denn immer
Schwebt mir vor Augen der Traum, ruft die Erscheinung zurück.
Unglückseliges Herz, laß ab an den Bildern der Schönheit
Nächtlich zu schwelgen im Traum, wenn dir die Wirklichkeit fehlt."

Den Dichter ergreift Unwillen, wenn er aus solchen Träumen vorzeitig erweckt wird. Das törichte Krähen eines Hahnes, der sein Traumleben beendet, bringt ihn zu einer durch ihr Pathos komisch wirkenden Verwünschung des gefühlsrohen Tieres.

Ein andermal hat der Dichter eine Seefahrt unternommen. Schon sind alle Gefahren des Meeres glücklich überstanden, freudig verläßt er das schwankende Schiff und betritt den festen Boden, da tritt ihm wieder das Schicksal entgegen in Gestalt eines schlanken Knaben: neue Liebe, neues Leben. Ein andermal sagt er:

„Süß ist's mischen den Wein mit der Bienen lieblichem Honig,
Süß auch ist es zu sein schön, wenn man Knaben begehrt.
Wie da Alexis liebt den Lockenkopf Kleobulos:
Solche Liebe ist süß, kyprisches Honiggetränk."

Über Myiskos[1] (der Name bedeutet „Mäuschen"):

„Ja, der Knabe ist süß und süß sein Name ‚mein Mäuschen',
Warum sollt' ich ihn nicht küssen so herzig und lieb?
Denn er ist schön, ja schön, bei Kypris — doch stellt er sich spröde:
Gern dem Honige mischt Eros das Bittere bei."

*

„Herzige Jungen gibt es in Tyros, aber Myiskos
Unter der Sterne Heer strahlt er als Sonne hervor."

*

---

[1] Myiskos hieß auch einer von den Edelpagen des Antiochos. Polyb. V 82, 13. Auch auf einer Vase aus Thasos findet sich der Name (C. I. G. IV 8518, III 11, S. 259).

> „Eins nur schön mir erscheint, nur eins begehren die Augen
> Sehnend, Myiskos zu schaun, bin für das andere blind."

Besonders sind es die Augen des Myiskos, deren Schönheit der Dichter mit Entzücken preist:

> „Fest gekettet an dich sind mir die Seile des Lebens,
> Was von der Seele mir blieb, lebt nur, Myiskos, in dir:
> Bei deiner Augen Paar, das auch für Blinde beredt spricht,
> Bei deiner Brauen Kranz schwör' ich, dem strahlenden, dir:
> Blickst du mal finster mich an, so sehe ich stürmischen Winter,
> Zeigst du mir freundlich den Blick, leuchtet mir lieblich der Lenz."

*

> „Leuchtende Anmut strahlt: wie Blitze sprühn deine Augen.
> Hat dir Eros den Blitz, Knabe, als Waffe geschenkt?
> Heil Myiskos, du bringst den Menschen die Flammen der Liebe,
> Strahle den Sterblichen du, mir als entzückender Stern."

Früher freilich hatte der Dichter wohl über die leicht verliebten Toren sich lustig gemacht, doch Eros läßt nicht mit sich spotten:

> „Der ich doch sonst gelacht, wenn verliebt die Jünglinge schwärmten,
> Vor des Geliebten Haus, zapple nun selber im Netz.
> Eros heißt mich nun stehn an deiner Türe, Myiskos:
> Seines Triumphes freut sich der geflügelte Gott."

Doch nicht nur Eros freut sich seines Triumphes, auch Myiskos selbst jubelt beglückt, daß es ihm gelang, den Trotzigen zu unterjochen.

> „Mich, dem die Liebe noch fremd, traf mitten ins Herze Myiskos,
> Aus den Augen den Pfeil schießend und jubelte laut:
> ‚Fing ich den Trotzkopf ein, und den Stolz, der im Auge dir blickte,
> Den deine Weisheit dir gab, tret' ich mit Füßen in Staub!'
> Sagte ihm seufzend darauf: ‚Geliebter Knabe, was willst du?
> Selbst der Olympische Zeus folgte des Eros Gebot.' "

Gern aber hat er sich bekehren lassen, und nun, da er der Liebe seines Myiskos sicher ist, wird sein Glück nur durch die Sorge getrübt, daß ihm Zeus den Knaben entführen könnte.

168. Von den zahlreichen Gedichten, die den anderen Sternen gewidmet sind, sei hier noch eine kleine Auswahl geboten.

„Durstig hab' ich geküßt des Knaben zärtliche Lippen,
   Sprach dann, als ich den Durst hatte am Küssen gestillt:
,Vater Zeus, der du trinkst Ganymeds nektarische Küsse,
   Bietet solch einen Wein dir mit den Lippen er dar?
Da Antiochos jetzt, den schönsten der Knaben, ich küßte,
   Trank seiner Seele Tau ich von den Lippen ihm weg.'"

*

„Sehe den Theron ich an, dann seh' ich alles, doch seh' ich
   Alles, aber nicht ihn, sehe ich finstere Nacht."

*

„Schlank hinwandelnd den Pfad um Mittag sah ich Alexis,
   Als man die Früchte schnitt, die uns der Sommer beschert,
Doppelter Strahl versengt mir das Herz, der eine der Liebe,
   Der im Auge ihm strahlt, jenen die Sonne verschickt.
Diesen verlöschte die Nacht, doch jener flammte im Traume
   Hold erneuend das Bild nur um so heftiger auf.
Andre erquickt der Schlaf, mir schafft er Kummer und Sorge,
   Wenn versengend das Herz nächtlich die Schönheit er malt."

*

„Günstig den Schiffern bläst der Süd, mir bringt er nur Kummer,
   Der mir Andragathos nahm, der mir die Seele erfüllt.
Dreimal glücklich das Schiff und dreimal glücklich die Wogen,
   Viermal glücklich der Wind, der mir den Knaben entführt.
Wäre ich ein Delphin, daß von meinen Schultern getragen
   Er nach Rhodos, der Stadt reizender Knaben gelangt!"

*

„Liebende Pein beschleicht mir das Herz: zu nächtlicher Stunde
   Hat es mir Eros, der Gott, leis mit dem Nagel geritzt.
Lachend sprach er sodann: ,Glück auf zu der zärtlichen Wunde,
   Närrchen, von Liebe betört brennt dir im Herzen das Gift.'
Wenn Diophantos ich seh', so schlank wie ein Bäumchen und biegsam,
   Hab' ich zum Bleiben nicht Kraft, noch auch zu gehn ich vermag!."

3. ASKLEPIADES

169. Asklepiades aus Samos gilt als Lehrer des Theokrit, von dem er als Mensch und Dichter gleich hochgeschätzt wurde. Die unter seinem

---

[1] Auch auf der Leier des Meleagros erklingen stark erotische Töne, doch tritt das rein Sinnliche bei ihm viel mehr zurück als bei Straton, so daß hier nur drei Epigramme zu nennen sind, von denen zwei (A. P. XII 95 und 41) schon früher erwähnt wurden, während das dritte (Nr. 94) mit falschen Lesarten überliefert ist.

Namen überlieferten Epigramme zeichnen sich durch graziöse Form und zarte Empfindung aus; elf seiner Epigramme sind in der Knabenmuse der Anthologie erhalten. Hier eine Probe:

> „Wein die Liebe verrät, und daß er so häufig mir zutrank,
> Hat Nikagoras mir endlich, den spröden, betört.
> Tränen perlen im Aug', schwer sinkt das Köpfchen hernieder
> Und der geflochtene Kranz fällt von den Locken herab."

In einem andern Gedichte stellt sich der Dichter vor, wie der kleine Amor von seiner Mutter in die Geheimnisse des Lesens und Schreibens eingeführt wird. Das Resultat der pädagogischen Bemühung ist aber wesentlich anders als man erwartet: anstatt des Lesetextes liest der gelehrige Schüler nur immer wieder die Namen zweier schönen Knaben, die in herzlicher Freundschaft einander zugetan sind, eine zarte Verherrlichung der Knabenfreundschaft, wie sie auch im Epigramm 163 geschildert wird (vgl. auch Meleager Nr. 164, Seite 167).

4. KALLIMACHOS

170. Kallimachos aus Kyrene in Nordafrika lebte etwa von 310 bis 240 v. Chr. Er ist der weitaus bedeutendste Elegiker der alexandrinischen Zeit. Nachdem er in Athen gemeinsam mit dem uns schon bekannten Dichter Aratos studiert hatte, finden wir ihn in Alexandria zunächst als gefeierten Lehrer und Grammatiker, dann aber am üppigen Hofe des Ptolemaios Philadelphos als einen der wichtigsten Mitarbeiter an den weitverzweigten Geschäften der weltberühmten Bibliothek. Erstreckte sich seine schriftstellerische Tätigkeit auch zum größten Teil auf gelehrtes Gebiet, so war er doch der Poesie nicht abgeneigt. In den von ihm hinterlassenen Epigrammen wird der erotische Ton mit Vorliebe angeschlagen, und nicht weniger als zwölf Epigramme des Kallimachos sind in dem zwölften Buche der Anthologie erhalten, die das Lob schöner Knaben singen und den Mysterien des Eros gewidmet sind.

Mit einer überraschenden neuen Pointe weiß er das unerschöpfliche Thema zu variieren:

> „Unermüdlich verfolgt der Jäger die Spuren des Hasen,
> Unermüdlich im Wald folgt er dem flüchtigen Reh,
> Spottend dem Eise und Schnee; doch wenn die Beute erlegt ist,
> Achtlos geht er vorbei, spähend nach anderem Wild.
> Dies meiner Liebe Bild: den Fliehenden muß ich verfolgen,
> Nichts mehr kümmert mich der, der sich mir willig ergab."

5. DIE ANDEREN DICHTER

171. Neben den bisher erwähnten großen Dichtern sind im zwölften Buche der Anthologie noch 24 Dichter geringeren Grades mit pädophilen Epigrammen vertreten. Von Dioskorides liest man:

„Zephyr, wehe du sanft und bring mir gesund meinen Jungen,
Wie du den süßen empfingst, glücklich zum Ufer zurück.
Kürze der Monate Maß, denn selbst nur wenige Tage,
Ewig scheinen sie dem, welchen die Liebe ergriff."

Rhianos aus Kreta im dritten vorchristlichen Jahrhundert war, aus dem Sklavenstande hervorgehend, ursprünglich Aufseher einer Knabenringschule gewesen. Die Vorliebe für Jünglinge ist denn auch in seiner Dichtung zu erkennen; so wissen wir, daß er den Frondienst des Apollo bei dem Könige Admetos auf erotische Gründe zurückführte. Unter den elf erhaltenen Epigrammen sind sechs auf Knaben gedichtet, ein wenig leichtfertig, aber gewandt und voll Anmut. Mit Erfolg war er auch auf philologischem Gebiete tätig, veranstaltete anerkennenswerte Ausgaben von Homers Ilias und Odyssee und hat auch als epischer Dichter, zumal als Sänger des zweiten Messenischen Krieges, sich einen guten Namen gemacht.

Nachdem wir sein Gedicht „Das unentrinnbare Knabenlabyrinth" schon früher mitgeteilt haben, begnügen wir uns hier mit noch einer Probe:

„Dexionikos stellt im Schatten der grünen Platane
Jüngst einer Amsel nach, fing sie am Flügel behend.
Laut aufklagend erscholl die Stimme der hurtigen Amsel. —
Hört, ihr Grazien, mich, höre Gott Eros mich an:
Könnte ich tauschen mit ihr! Wie gern von dem Knaben gefangen
Süß mit der Tränen Tau möcht' ich ihm netzen die Hand."

172. Zart und fein empfunden ist ein Epigramm des Alkaios aus Messene:

„Pisa beherrschender Zeus, mit olympischem Siege bekränze
Meinen Pithenor du, der wie ein Eros so schön.
Aber du darfst ihn nicht mit Adlersfängen entführen,
Denn Ganymedes genügt dir zu kredenzen den Wein.
Wenn mit der Musen Geschenk ich je eine Freude dir machte,
Neige des Knaben Herz, daß er mein Flehen erhört."

Eine neue Pointe findet Alpheios aus Mitylene, wenn er am Schluß eines sechszeiligen Epigrammes sagt:

> „Fliehet sie nicht, nein, suchet die süßen Freuden des Eros,
> Gleich einem Schleifstein schärft Eros den liebenden Geist."

Einen launig-neckenden Ton schlägt Automedon an:

> „Gestern war ich zu Tisch bei Demetrios, welcher den Knaben
> Weiset des Turnens Kunst, wahrlich, ein herrliches Los.
> Denn ein Knabe ihm lag an der Brust, der saß auf der Schulter,
> Einer brachte den Trank, dieser die Speisen herbei.
> Welch ein schönes Quartett! Und scherzend sprach ich zum Meister:
> ‚Mit den Knaben, mein Freund, turnst du wohl auch in der Nacht?'"

Euenos findet eine neue Formel für das von Catull in die unnachahmbar kurzen Worte zusammengefaßte Odi et amo:

> „Hassen ist Pein, und Lieben ist Pein, und bitter ist beides:
> Drum erwählt mein Herz, wonnig zu leiden in Pein."

Eine eigene Pointe verwendet Julius Leonidas:

> „Wieder erfreut sich Zeus an äthiopischem Gastmahl,
> Oder in Danaës Schoß strömt er als goldener Quell.
> Sah Periander er nicht, daß er ihn von der Erde nicht raubte?
> Oder lassen den Gott liebliche Knaben jetzt kühl?"

173. Endlich sind im zwölften Buche der Anthologie noch 35 Gedichte enthalten, die ohne den Namen des Verfassers überliefert sind. Auch von diesen seien einige Proben mitgeteilt.

> „Eros, leidiger Gott, nie weckst du mir Liebe zum Mädchen,
> Knabenersehnender Glut wirbelst du ständig den Blitz.
> Bald von Demon entzückt, bald wenn Ismenos ich sehe,
> Langandauernde Pein leidet mir immer das Herz.
> Und nicht diese allein sieht wohlgefällig mein Auge,
> Alle ziehen im Netz rasender Liebe mich hin."

Ein andermal führt die Sehnsucht den Dichter nach tüchtigem Umtrunk sicheren Wegs:

> „Reichlich hab' ich gezecht, nun laßt mich schwärmen. Ergreife,
> Sklave, den Kranz vom Tau quellender Tränen benetzt.
> Nicht gedenke ich weit zu gehn im nächtlichen Dunkel:
> Themison strahlet als Licht herrlich und zeigt mir den Weg[1]."

---

[1] Themison hieß auch der Liebling des Königs Antiochus I. Er stammte aus Kypros und liebte es, sich als jugendlichen Herakles zu kleiden, d. h. nackt mit einem Löwenfell um die Schultern, mit Pfeilen und Bogen und einer Keule bewaffnet. Als solchem opferte ihm das Volk (Pythermos bei Athen. VII 289 F).

Satyr und Nymphe. Pompejanisches Wandgemälde. Neapel, Nationalmuseum

Das Erotennest. Pompejanisches Wandgemälde

Unbekannt ist auch der Dichter dieses Epigramms:

„Ihm, der im Faustkampf gesiegt, des Antikles Sohn Menecharmos,
Hab' ich mit wollenem Band zehnmal umwunden das Haupt.
Dreimal küßt' ich ihm weg das Blut, das reichlich hervorquoll,
Süßer als Myrrhen zu sein schien mir der köstliche Saft."

Damit haben wir den weiten Weg durch das zwölfte Buch der Anthologie, die „Knabenmuse Stratons", in freilich nur knappster Auswahl der überreich am Wege blühenden Blumen beendet. Wie sagt doch Hölderlin einmal:

„Wer das Tiefste gedacht, liebt das Lebendigste,
Und es neigt am Ende der Weise dem Schönen sich[1]."

174. Erwähnt werden mag hier noch die sogenannte Kinädendichtung, deren bedeutendster Vertreter Sotades schon früher (Bd. I, S. 223) besprochen wurde.

Unter einem Kinäden (Kinaidos) versteht man zunächst einen Knabenliebhaber im obszönen Sinne, dann nannte man so auch die berufsmäßigen Tänzer gewisser unanständiger Ballette, wie sie uns aus Plautus und Petronius und aus den Wandgemälden der Villa Doria Pamphili in Rom bekannt sind, die mit sehr freien, nach unseren Begriffen höchst indezenten Liedern begleitet wurden. Erhalten haben sich davon nur ganz unbedeutende Bruchstücke. Der Faustkämpfer Kleomachos aus Magnesia hatte sich in einen solchen Kinädendarsteller und ein von ihm unterhaltenes Mädchen verliebt und wurde dadurch zu ähnlichen dialogischen Charakterdarstellungen angeregt. Von Seleukos aus dem Anfange des zweiten vorchristlichen Jahrhunderts sang nach Athenaios „alle Welt ein die Knabenliebe verherrlichendes Lied", aus welchem uns noch die beiden Verse erhalten sind:

„Knaben liebe auch ich, schöner ist dies als schmachten im Ehejoch:
Denn in mördrischer Schlacht steht dir der Freund schützend zur Seite noch."

IV. DIE PROSA

175. Einen vollständigen Überblick über die Bedeutung der Knabenliebe in der griechischen Prosa zu geben erübrigt sich, weil in der bis-

---

[1] Systematisch müßte hier der Überblick über die Knabenliebe in der dramatischen Dichtung der Griechen folgen, doch ist darüber schon alles Nötige in dem Kapitel über das Theater (Bd. I, S. 122 ff.) gesagt.

herigen Darstellung die griechischen Prosaiker schon hinlänglich zu Worte gekommen sind. Es wird daher genügen, einige Schriften zu nennen, die sich speziell mit der Knabenliebe beschäftigen.

Unter dem Namen des Demosthenes ist eine „Erotikos" betitelte Schrift auf uns gekommen, die sichtlich von Platons „Phaidros" beeinflußt, in Briefform eine begeisterte Lobrede auf einen Knaben namens Epikrates darstellt. So anmutig und lesenswert dieses Werkchen ist, so kann es doch, wie die philologische Kritik erwiesen hat, nicht von dem großen Redner herrühren.

Die wichtigste homoerotische Prosaschrift der altgriechischen Literatur ist natürlich das „Symposion" (Gastmahl) des Plato, mehrere Jahre nach dem Festmahl geschrieben, das der Tragiker Agathon aus Anlaß eines dramatischen Sieges im Jahre 416 v. Chr. seinen Freunden Sokrates, Phaidros, Pausanias, Eryximachos, Aristophanes gegeben hatte. Nachdem das Mahl abgeräumt ist und das Zechen beginnt, wird auf den Vorschlag des Phaidros Bedeutung und Macht des Eros zum Thema des Gesprächs gewählt. So gestaltet sich diese schönste und farbenreichste Schrift Platos zu dem in der Weltliteratur einzig dastehenden hohen Liede des Eros, der auf das anregendste von den verschiedensten Seiten beleuchtet und in wundervoller Darstellung und reichster Abwechslung von Stufe zu Stufe vertieft wird. Mit einem geistreich erdachten Mythos bezeichnet Aristophanes die Liebe als das Suchen der einen Hälfte des einst einheitlichen, aber von Gott auseinandergeschnittenen Urmenschen nach seiner anderen Hälfte. Den Höhepunkt bildet die Rede des Sokrates, der die Liebe als den Trieb nach Unsterblichkeit definiert, der den Leib der Frauen mit Kindersamen und die Seele der Knaben und Jünglinge mit Weisheit und Tugend befruchte. Der Eros erreicht in der Definition des Sokrates das erdenkbar höchste Ideal: Sinnliches und Geistiges verschmilzt zu wundervoller Harmonie, aus der sich mit logischer Folgerichtigkeit die Forderung ergibt, daß der wirklich gute Lehrer auch ein guter Pädophile sein müsse, d. h. daß Lehrer und Schüler sich im gemeinsamen Bemühen um möglichste Vervollkommnung durch wechselseitige Liebe fördern sollen. Kaum ist Sokrates mit seiner Rede, dem Schönsten, was in griechischer und damit überhaupt in menschlicher Sprache geschrieben ist, zu Ende, da tritt Alkibiades leicht berauscht von einer andern Feier kommend in das festliche Gemach und hält die berühmte Lobrede auf Sokrates, die ebensosehr von leidenschaftdurchglühter Begeisterung für den geliebten Lehrer überquillt, wie sie ihn in die Höhe übersinnlicher Geistigkeit und fast übermenschlicher Selbstbeherrschung erhebt[1].

176. Neben dem „Symposion" muß der Platonische Dialog „Alkibiades" verblassen. Er knüpft an die Liebe des Sokrates zu dem schönen, von allen verzärtelten und vergötterten Alkibiades an und entwickelt, wie ein künftiger Volksberater erst mit sich selbst auszumachen habe, was gerecht und dem Volke zuträglich sei.

Das Thema der Knabenliebe wird auch im „Phaidros" des Plato behandelt, benannt nach dem Jugendgeliebten Platos. Unter der idyllischen Platane, am Ufer des Baches Ilissos in mittäglicher Stunde beim Grillengezirp in einer zaubervollen Natur, die selbst einen Sokrates zur Begeisterung bringt, findet das Gespräch statt, das in allmählicher Steigerung zu der sokratischen Definition des Eros führt, daß die Pädophilie das Verlangen nach dem Urschönen und der Welt der Ideen darstelle.

Ob die „Erastai" (Die Liebhaber) betitelte Schrift dem Plato mit Recht zugeschrieben wird, ist noch nicht sicher entschieden. Sie hat ihren Namen von den Geliebten zweier Knaben, mit denen Sokrates sich darüber unterhält, daß Vielwisserei mit wahrer philosophischer Bildung durchaus nicht gleichbedeutend sei.

177. Sehr beliebt in der philosophischen Literatur war die Erörterung der Frage, ob die mannweibliche den Vorzug vor der Knabenliebe verdiene. Von den zahlreichen diesem Problem gewidmeten Schriften ist an erster Stelle zu nennen die wohl fälschlich unter Lukians Namen überkommene Abhandlung „Erotes", d. h. „Die zwei Arten der Liebe". Nachdem ich im Jahre 1920 dieses Kleinod der griechischen Literatur, das noch Wieland von seiner klassischen Lukianübersetzung fernhalten zu müssen glaubte, zum ersten Male ins Deutsche übertragen und eingehend erläutert habe[2], darf ich mich hier mit einem kurzen Hinweis begnügen.

---

[1] Vgl. die im Ergänzungsbande aus dem „Symposion" mitgeteilte Stelle. Den Eintritt des Alkibiades hat bekanntlich Anselm Feuerbach zum Gegenstande eines berühmten Gemäldes gemacht; erste Fassung (1869) in der Galerie zu Karlsruhe, zweite (1873) in der Berliner Nationalgalerie.

Vom „Gastmahl" des Plato veranstaltete Paul Brandt einen Luxusdruck der von ihm modernisierten Übersetzung Schleiermachers im Verlage Paul Aretz, Dresden 1924.

[2] Erotes. Ein Gespräch über die Liebe. Von Lukian. Aus dem Griechischen zum ersten Male ins Deutsche übersetzt und eingeleitet von Hans Licht. Mit acht Steinzeichnungen nach Originalen von Werner Schmidt. München, Georg Müller 1920; 188 Seiten.

In einer sehr reizvollen Rahmenerzählung wird der Wettstreit zweier Freunde vorgeführt, des Korinthers Charikles, der die mannweibliche Liebe, und des Atheners Kallikratidas, der die Knabenliebe verteidigt. Der als Schiedsrichter fungierende Lykinos faßt schließlich das Urteil in folgende Worte zusammen, die die griechische Auffassung der Liebe am besten charakterisieren: „Die Ehe ist für die Menschen eine lebenerhaltende Notwendigkeit und ein köstlich Ding, wenn sie glücklich ist; die Knabenliebe aber, soweit sie um die heiligen Rechte der Zuneigung wirbt, ist meiner Meinung nach eine Frucht der Lebensweisheit. Deshalb soll die Ehe für alle sein, die Knabenliebe aber bleibe allein das Vorrecht der Weisen, denn eine vollendete Tugend ist bei den Weibern schlechterdings undenkbar. Du aber, mein Charikles, sei nicht böse, wenn Athen und nicht Korinth die Palme gebührt."

Daß sich die „Erotes" im Altertum großer Beliebtheit erfreuten, geht schon daraus hervor, daß das Werkchen mehrere Nachahmungen fand, von denen die bekannteste die des Achilles Tatios ist. In den Schlußkapiteln des zweiten Buches seines Liebesromans wird das Problem, das den „Erotes" zugrunde liegt, ebenfalls in der Form zweier gegeneinander streitenden Reden behandelt.

178. In dem Roman des Xenophon Ephesios, der die Liebesgeschichte des Habrokomes und der Antheia enthält, findet sich eine homoerotische Episode. Hippothoos erzählt, wie er in seiner Vaterstadt Perinth einen Knaben namens Hyperanthos leidenschaftlich liebte. Aber der Knabe wird von Aristomachos, einem reichen Kaufmann aus Byzanz, gekauft; Hippothoos folgt ihm dorthin, tötet den Aristomachos und entflieht mit dem Geliebten. Bei Lesbos wird ihr Schiff von einem schweren Sturme überrascht, bei dem Hyperanthos im Meere ertrinkt; dem völlig fassungslosen Hippothoos bleibt nichts weiter übrig, als dem toten Liebling ein schönes Grabmal zu errichten, worauf er sich in seiner Verzweiflung dem Räuberleben zuwendet.

Der zur Zeit des Kaisers Commodus (180—192 n. Chr.) lebende Philosoph Maximus Tyrius hat in seinen zahlreichen Schriften wiederholt das Problem der Knabenliebe erörtert. So haben wir von ihm Diatriben, d. h. Vorträge über den Eros des Sokrates, ein Thema, das auch der Zwitter Favorinus, der angesehenste und gelehrteste Philosoph der hadrianischen Epoche, schon behandelt hatte.

16. DIE KNABENLIEBE
IN DER GRIECHISCHEN MYTHOLOGIE

179. Nach allem, was bisher von der griechischen Knabenliebe auf Grund der Quellen gesagt wurde, liegt die Vermutung nahe, daß sie auch in der Mythologie der Hellenen eine bedeutende Rolle spielt. In der Tat ist die gesamte Götter- und Heldensage der Hellenen so reich an pädophilen Motiven, daß R. Beyer darüber eine eigene Monographie schreiben konnte[1]. Sicherlich wäre es lohnend, diese Knabenliebschaften der griechischen Götter und Helden nachzuerzählen, da sie zum großen Teile zu den schönsten Blüten in der hellenischen Dichtung gehören. Und doch müssen wir es uns versagen, die pädophilen Mythen der Griechen hier im Zusammenhange darzustellen, weil sonst der Umfang des Buches über Gebühr anschwellen würde und weil wir in der fleißigen und wertvollen Dissertation Beyers eine, wenn auch immer noch nicht vollständige, so doch durchaus zureichende Zusammenstellung der pädophilen Motive in der griechischen Mythologie haben. Wir müssen also den Leser auf dieses Buch verweisen und wollen hier nur erwähnen, daß man bereits im Altertum mehr oder weniger ausführliche Verzeichnisse schöner Knaben der Sage und ihrer Liebhaber niederschrieb. Spuren dieser Knabenkataloge haben sich mehrfach erhalten, so bei Hyginus, Athenaios und anderen; am ausführlichsten ist das Verzeichnis des frommen und gelehrten Kirchenvaters Clemens Alexandrinus, der folgendes zusammengestellt hat: „Zeus liebte den Ganymedes; Poseidon den Pelops; Apollo Kinyras, Zakynthos, Hyakinthos, Phorbas, Hylas, Admetos, Kyparissos, Amyklas, Troïlos, Branchos, Tymnios, Paros, Potnieus, Orpheus; Dionysos liebte Laonis, Ampelos, Hymenaios, Hermaphroditos, Achilles; Asklepios den Hippolytos; Hephaistos den Peleus; Pan den Daphnis; Hermes liebte Perseus, Chryses, Therses, Odryses; Herakles liebte Abderos, Dryops, Iokastos, Philoktetes, Hylas, Polyphemos, Haimon, Chonos, Eurystheus.

Schon aus diesem Verzeichnis, das doch nur die Namen weniger Liebhaber unter den Göttern enthält, ersieht man die erstaunliche Menge pädophiler Motive in der Mythologie der Griechen.

---
[1] Rudolf Beyer, Fabulae graecae quatenus quave aetate puerorum amore commutatae sint. Diss. inaug. Lips. 1910.

17. SCHERZ UND SPOTT
AUF HOMOEROTISCHER GRUNDLAGE

180. Bisher haben wir die griechische Knabenliebe von ihrer ernsten Seite aus betrachtet, aber das bekannte Wort des Horaz, daß nichts hindere, mit lachendem Munde die Wahrheit zu sagen, gilt wie von allen Erscheinungsformen des menschlichen Lebens so auch von der Ephebophilie der Griechen. Auch sie gab zu manchen Scherzworten Veranlassung, von denen uns eine große Menge erhalten ist. Da natürlicherweise nicht der seelische Inhalt der Liebe, sondern in viel höherem Grade ihr sinnliches Moment zur Zielscheibe von Scherz und Spott wird, kann ich hier von den zum Teil sehr geistreichen Witzen nur wenig mitteilen und muß das meiste in den Ergänzungsband verweisen.

181. Das schon früher erläuterte Wort Kinaidos (Kinäde) wurde allmählich der Spottname für solche Halbmänner, die durch weibisches Gebaren, durch Schminken und andere weibliche Toilettengebräuche sich allgemeine Verachtung zuzogen. Ein Spottgedicht der Anthologie sagt von ihnen: „Sie wollen nicht Männer sein und sind doch nicht als Weiber geboren, sie sind auch keine Männer, da sie sich als Weiber gebrauchen lassen; sie sind auch keine Weiber, da sie die Geschlechtsmerkmale der Männer haben: Männer sind sie den Weibern und Weiber den Männern." Das gezierte Auftreten solcher Leute wird oft verspottet, so von Aristophanes:

> „Ich will, o Jüngling, falls du einer bist,
> Dich jetzt befragen:
> Woher, du Weibling, welche Heimat sandte dich?
> Was will der Aufzug? Welch Verwirren alles Brauchs?
> Was sagt die Leier zum Safrankleid? Was Kithara
> Zu Busenband und Schleife und Schminknapf? Nimmer paßt's!
> Was hat der Spiegel für Gemeinschaft mit dem Schwert?
> Wer bist du selbst, Sohn? Wächst du als ein Mann heran?
> Wo sind die Hoden? Wo das Wams, die Lakonerschuh?
> Doch, wenn du Weib bist, sprich, wo ist dein Busen dann?"

Menander schildert einmal das Benehmen eines Kinäden mit einem Seitenhieb auf den Ktesippos, des Chabrias Sohn, von dem es hieß, daß er sogar die Steine aus dem Grabmal seines Vaters verkauft habe, um seinem Wohlleben frönen zu können[1]:

---

[1] Ein Verzeichnis von θηλυδρίαι gibt Liban. III 379 Reiske; vgl. Apul. de mag. cap. 10.

> „Und doch bin jung auch ich gewesen einst,
> Doch nahm nicht fünfmal täglich ich ein Bad,
> Noch trug ich Unterhosen, aber jetzt,
> Noch salbte ich das Haar, doch jetzt, und bade oft,
> Entferne jedes Haar an Arm und Bein."

In der Komödie werden solche Weichlinge mit Frauennamen genannt. So spricht Aristophanes einmal von Frau Sostratos, d. h. er gebraucht statt des maskulinen Namens Sostratos das Femininum Sostrate, statt Kleonymos sagt er Kleonyme. Kratinos verspottet Lustknaben, indem er sie „Mädchenlinge" nennt; oder auch setzte man zu dem männlichen Namen den weiblichen Artikel.

182. Mehr Witz war natürlich erforderlich, um wirklich neue Spottnamen zu erfinden; aus dem reichen Vorrat sei zunächst das derbe Wort καταπύγων genannt, das am häufigsten vorkommt und jedem Leser der griechischen Komödien so geläufig ist, daß dafür keine Belegstellen angeführt zu werden brauchen[1].

Ebenso häufig ist das noch derbere Schimpfwort εὐρύπρωκτος, was Droysen etwas zahm mit „Steißling" übersetzt[2].

183. Der ohne weiteres verständliche Name „Bürschchen-Dreht-Euch" kommt nur einmal bei Aristophanes vor, während der Name „Batalos" häufiger ist. Das Wort erklärt sich aus einer Stelle des Eupolis, an der es gleichbedeutend mit πρωκτός gebraucht wird; es erinnert so an das „Hans Arsch" in unsern mittelalterlichen Schwänken, wie es auch noch von Goethe gebraucht wird, nur daß es da lediglich skatologische, nicht erotische Bedeutung hat. Übrigens existierte das Wort auch als wirklicher Eigenname; so erzählt Plutarch von einem weibischen Flötenspieler Batalos aus Ephesos, den Antiphanes in einer Komödie verspottet habe. Harmloser sind die ebenfalls in der Komödie üblichen Namen παιδοπίπης (Knabengaffer), wovon πυρροπίπης (Goldlockenknabenäugler) wieder eine scherzhafte Verdrehung ist.

184. Ein spaßhafter Spottname für die Pädophilen war ἀλφηστής, was zunächst irgendeine Fischart bedeutet. Die satirische Übertragung des Namens erklärt sich daher, daß nach Athenaios diese Fische, die von gelblich-blassem Aussehen und an einigen Stellen purpurfarben sind, „immer zu zweien gefangen würden, indem der eine immer hinter dem

---

[1] Abgeleitet von πυγή (Popo); man könnte etwa „Poponte" übersetzen.
[2] Abgeleitet von εὐρύς und πρωκτός. Eine groteske Übertreibung dieses Wortes ist λακκόπρωκτος, von λάκκος = Zisterne.

Schwanze des anderen herschwimmt. Weil nun der eine immer dem anderen nachfolgt, haben einige alte Schriftsteller den Namen dieser Fische auf die in der Wollust Unmäßigen und Abwegigen übertragen". Der Scherz gewinnt noch dadurch, daß dies Wort bei Homer und späteren ein häufig vorkommender, und zwar auszeichnender Beiname der Männer ist. In einem geistreichen, aber unübersetzbaren Epigramm des Straton, in dem Ausdrücke aus der Theorie der Musik in obszönem Sinne verwendet werden, wird auch auf die pädophile Bedeutung des Wortes ἀλφηστής angespielt.

18. KLEINIGKEITEN UND NACHTRÄGE

185. Phanias aus Eresos hat folgende Geschichte erzählt: „In der unteritalischen Stadt Herakleia hatte sich Antileon in einen Knaben aus vornehmster Familie, namens Hipparinos, verliebt. Trotz aller Bemühungen gelang es ihm aber nicht, sich die Gunst des Knaben zu erwerben. In den Gymnasien war er beständig an seiner Seite, ihm immer wieder beteuernd, wie sehr er ihn liebe und daß er ihm zuliebe jedweder Mühe sich unterziehen und jeden seiner Wünsche ihm von den Augen ablesen wolle. So sagte ihm denn der Knabe aus Mutwillen, er solle aus einem von Archelaos, dem Beherrscher von Herakleia, streng bewachten Orte die Glocke herbeischaffen, da er überzeugt war, daß der Liebende dieses gefährliche Wagestück nicht werde ausführen können. Antileon aber schlich sich heimlich an die Wachtposten heran, tötete den an der Glocke Diensttuenden und brachte die erbeutete Glocke dem Knaben, der ihn mit offenen Armen aufnahm und seitdem auf das freundschaftlichste behandelte. Nun geschah es aber, daß der eben genannte Regent nach dem Knaben verlangte, was den Antileon natürlich sehr betrübte, da jener Macht genug hatte, seine Wünsche auch zu verwirklichen. Um seinen Knaben aber nicht in Gefahr zu bringen, riet er ihm, er solle scheinbar auf die Wünsche des Tyrannen eingehen. Er selbst aber lauerte dem Tyrannen auf und tötete ihn. Danach ergriff er die Flucht und wäre auch sicherlich entkommen, wenn er nicht durch eine ihm auf der Straße begegnende Schafherde aufgehalten worden wäre. Da nun durch den Tod des Tyrannen die Stadt freigeworden war, errichtete man dem Antileon und seinem Knaben Standbilder und erließ das Gesetz, daß künftig keine Schafherden durch die Straßen getrieben werden dürften."

186. Bei der Wertschätzung der puerilen Schönheit ist es schließlich

Der Triumph des Bacchus. Pompejanisches Wandgemälde, Neapel, Nationalmuseum

Odysseus' Freiermord, mit Inschrift „Die Schöne"

Ödipus und die Sphinx. Berlin, Antiquarium

kein Wunder, daß schöne Knaben auch zu Tributzahlungen verwendet wurden. Schon bei Homer erbietet sich Agamemnon, dem beleidigten Achilles einige Jünglinge zur Sühne zu schenken. Weiter lesen wir bei Herodot, daß die Äthiopen dem Perserkönige ein Jahr ums andre neben reinem Golde, zweihundert Stämmen Ebenholz und zwanzig Elefantenzähnen auch fünf Knaben abliefern mußten; die Kolchier sandten alle vier Jahre sogar hundert Knaben und hundert Mädchen: beide Tribute bestanden noch zu Herodots Zeit. Diese Knaben dienten den persischen Großen als Pagen, Mundschenken und Lieblinge. Daß solchen Knaben auch schlimmeres Los drohte, geht aus einer anderen Stelle des Herodot hervor, an der er erzählt, daß Periander, der bekannte Herrscher von Korinth, dreihundert Knaben aus Kerkyra (Korfu), Söhne der angesehensten Männer dieser Insel, an den Hof des lydischen Königs Alyattes nach Sardes geschickt habe, damit sie dort kastriert würden und die den Eunuchen zukommenden Dienste verrichteten. Wie dann die Bewohner der Insel Samos, an der dieser Transport anlegt, die Knaben retten und zum Andenken daran ein noch zu Herodots Zeiten bestehendes Fest feiern, mag man bei dem Geschichtsschreiber selbst nachlesen. Aus einer späteren kulturhistorisch sehr interessanten Stelle geht hervor, daß manche das Kastrieren von Knaben gewerbsmäßig betrieben. Herodot erzählt: „Aus Pedasa in Karien stammte Hermotimos, dem nach früher erlittener Unbill die größte Ehre zuteil wurde. Als Kriegsgefangener wurde er nämlich verkauft, und zwar an einen Mann auf der Insel Chios, namens Panionios, der durch ein schändliches Gewerbe seinen Lebensunterhalt fand. Wo er nur Gelegenheit hatte, kaufte er Knaben, die durch Schönheit ausgezeichnet waren, kastrierte sie und verkaufte sie dann nach Sardes und Ephesus um hohen Preis; bei den Persern nämlich stehen die Eunuchen wegen ihrer Zuverlässigkeit[1] in höherem Preise als die Vollmänner. So hatte Panionios schon viele entmannt und nun auch den Hermotimos, der später an den Hof des Xerxes kam und dort bis zur Stellung des Obereunuchen emporstieg." Auch unter König Dareios waren Eunuchen am persischen Hofe angestellt: Babylon und das übrige Assyrien mußten ihm jährlich als Tribut neben tausend Talenten Silber auch fünfhundert kastrierte Knaben liefern.

---

[1] Warum die Eunuchen für besonders zuverlässig galten, wird ausführlich dargelegt von Xenophon Cyr. VII 5, 60 ff. Über die Kastration vgl. auch P. Brandt in seiner erklärenden Ausgabe von Ovids Amores (Leipzig, Dieterich'sche Buchhandlung 1911) Seite 212.

187. Die an sich unbedeutende Stadt Lebadeia in Böotien war durch das uralte hochheilige Traumorakel des Trophonios berühmt. Pausanias, der das Orakel selbst befragt hat, teilt uns ausführlich die verschiedenen Vorbereitungen mit, die nach dem ehrwürdigen Zeremoniell dem vorgeschrieben waren, der vom Orakel Auskunft begehrte. Unter anderem führte man ihn zu dem in einem Tale vor der Stadt fließenden Herkynabache, „wo zwei Knaben aus der Stadt von etwa dreizehn Jahren, die man Hermen nannte, ihn mit Öl salben und baden und ihm sonst alle Dienste erweisen, wie sie eben Knaben verrichten". Der Name erklärt sich vielleicht daher, daß Hermes der Schutzgott der Knaben und Jünglinge war, weshalb in keinem griechischen Gymnasium Altar und Standbild des freundlichen Gottes fehlte[1].

Ein hübsches Epigramm des Nikias in der Planudeischen Anthologie schildert, wie Knaben das Standbild des Hermes im Gymnasium, „der als Schutzherr des liebreizenden Gymnasiums dasteht, mit Immergrün, Hyazinthen und Veilchen bekränzen[2]".

Aus dem verlorenen Buch „Erotika" des Klearchos aus Soloi auf Zypern ist uns folgender Ausspruch erhalten: „Kein Schmeichler kann ein beständiger Freund sein, denn die Zeit beeinträchtigt die Lüge dessen, der die Freundschaft heuchelt. Der wahre Liebhaber aber ist ein Schmeichler der Liebe wegen der Jugendblüte und der Schönheit."

---

[1] Nach Plut. Num. 7 wurde der dem Jupiterpriester als Helfer dienende Opferknabe Camillus genannt, „wie ja auch Hermes als Helfer von den Griechen manchmal Kadmilos ($Καδμῖλος$) genannt wurde"; vgl. dazu Serv. Verg. Aen. XI 543 und 558 und schol. Ap. Rhod. I 917. Interessant ist, daß nach der Apostelgeschichte 14, 12 der Fanatiker Paulus nach der Heilung des „von Mutterleib an Gelähmten" in Lystra von der begeisterten Menge für den auf die Erde herniedergestiegenen Hermes gehalten wurde.

[2] Hier mögen auch die zahlreichen Epigramme erwähnt werden, die man auf Erosbilder schrieb oder sich auf ihnen geschrieben dachte; siehe Anth. Plan. ep. 194 ff.

SECHSTES KAPITEL
Die Abwege des griechischen Geschlechtslebens

188. Wie gesund das Geschlechtsleben der Griechen war, ergibt sich daraus, daß die seit dem bekannten Buche von Krafft-Ebing unter dem Namen Psychopathia Sexualis zusammengefaßten sexuellen Erscheinungsformen im griechischen Liebesleben eine außerordentlich geringe Rolle spielten. Diese Behauptung würde nicht zutreffen, wenn man die Homoerotik zur sexuellen Psychopathie rechnet; daß dies aber für die griechische Homoerotik wenigstens nicht zulässig ist, dürfte das vorhergehende Kapitel erwiesen haben.

Gefehlt aber haben die abwegigen Formen der Liebe auch im alten Griechenland nicht, und ihre wissenschaftliche Darstellung kann man mit Recht von dem Verfasser einer Sittengeschichte verlangen; doch darf ich mich hier kurz fassen, weil die bekannten Bücher von Rosenbaum, Bloch, Vorberg und anderen schon einiges Material gesammelt haben.

1. MIXOSKOPIE

189. Wie der Name[1] dieser Abart nicht altgriechisch ist, die darin besteht, daß sich Personen durch den heimlichen Anblick sexueller Akte erregen und befriedigen, so war auch diese Perversion in Griechenland so selten, daß ich dafür überhaupt keine Belegstelle anführen kann; ob sich irgendeine bildliche Darstellung eines Voyeurs erhalten hat, vermag ich nicht zu sagen. Wenn Kandaules, wie früher erwähnt, Freude daran findet, seine Gemahlin seinem Freunde Gyges nackt zu zeigen, so kann man dabei von Mixoskopie nur in erweitertem Sinne sprechen, da ja nicht Gyges es ist, der sich an dem Schauspiel erfreuen will, sondern der Gatte ihn dazu verleitet, sei es, daß er selbst in dem Gedanken an die erhoffte sexuelle Erregung des Beschauers Befriedigung empfindet, oder daß er damit nur seiner maßlosen Eitelkeit über den Besitz der schönen Frau frönen will.

2. TRANSVESTITISMUS

190. Für Leute, die sexuelle Erregung oder Befriedigung darin finden, daß sie sich in der Kleidung des anderen Geschlechts zeigen, hat M.

---

[1] Der Name ist von Dr. Moll geprägt, aus μῖξις = geschlechtliche Vereinigung und dem Stamm σκοπ — von σκέπτειν = zuschauen. Der übliche Name für solche Leute ist Voyeurs.

Hirschfeld den Ausdruck Transvestiten geprägt. Diese letzten Endes auf die embryonal-androgyne Natur jedes Menschen zurückgehende Abart war auch den Griechen nicht fremd, wenn wir auch in unseren Quellen verhältnismäßig nur selten davon hören. Transvestitische Gebräuche im religiösen Kultus habe ich schon früher mehrfach erwähnt. Bei dem Kotysfeste in Athen, das man der Göttin der Sinnlichkeit, Kotys oder Kotytto, feierte, fanden Tanzvorführungen von Männern in Frauenkleidern statt, wobei die zunächst wohl nur symbolisch auf das Geschlechtliche hindeutenden Zeremonien allmählich in Orgien übergingen, so daß nach Synesius ein „Teilnehmer an den Kotysorgien mit einem Kinäden identisch war". Die auf der Vertauschung der Geschlechter beruhende Erotik wurde durch das Anlegen weiblicher Kleidung und Verweiblichung des Haares mit Perücken zur denkbar höchsten Illusion gebracht. Besonders berüchtigt waren die italischen Kotysfeiern, deren Horaz gedenkt, die aber nur Orgien von Frauen gewesen zu sein scheinen.

Ein Epigramm des Asklepiades spricht von einem schönen Mädchen namens Dorkion (Rehlein), das es liebte, sich als Knaben zu verkleiden und so, „Schultern und Beine kaum von der Chlamys bedeckt, aus ihren Augen Liebesglut zu blitzen".

Ktesias hatte erzählt, daß Annaros, der Statthalter von Babylonien, in weiblichem Kleide und Schmuck zu erscheinen liebte und daß ihm, während er so kostümiert war, 150 Sängerinnen und Tänzerinnen die Freuden der Tafel erhöhten[1].

3. EXHIBITIONISMUS

191. Wenn man unter Exhibitionismus die ostentative Entblößung der Genitalien vor Personen des eigenen oder anderen Geschlechts versteht, so ist begreiflich, daß diese Abart im alten Griechenland sehr selten war. Man hatte damals oft genug Gelegenheit, völlig nackte Menschen zu sehen, so daß niemand auf den Gedanken kam, durch teilweise Entblößung bei einem anderen sexuelle Neugierde und dadurch bei sich selbst Lustgefühle auszulösen. Im Gegensatz zu den heute von den Ärzten und Juristen beobachteten Tatsachen ist in der älteren Griechenzeit, wenn überhaupt, so von weiblichen Exhibitionisten die Rede. Das

---

[1] Die unter dem Namen Narcissismus bekannte Abart wird im Ergänzungsbande behandelt.

älteste Beispiel ist Baubo, die Frau des Dysaules in Eleusis, bei der Demeter mit dem kleinen Iakchos einkehrte, als sie ihre von Hades geraubte Tochter Persephone suchte. Um die trauernde Mutter zu erheitern, entblößt sich Baubo, was den Iakchos zu solch naivem Freudenausbruch treibt, daß auch Demeter unwillkürlich lachen muß; vgl. S. 16.

Auch die absichtlichen Entblößungen bei dem früher (Bd. I, S. 144) genannten Kordaxtanze entbehren nicht des exhibitionistischen Charakters.

Von den ägyptischen Frauen erzählt Diodor: Wenn nach dem Tode des heiligen Apisstieres ein neuer ausfindig gemacht ist, dürfen ihn vierzig Tage lang nur die Frauen anschauen; sie tun dies aber, „indem sie ihre Kleider hochheben und dem Gotte ihre Scham zeigen."

Ausgesprochen exhibitionistisch sollen die meisten Priapos- und viele Hermaphroditosbilder wirken, was des näheren schon dargelegt ist (Bd. I, S. 118 und 186).

Alles bisher Erwähnte würde die moderne Sexualwissenschaft nur mittelbar zu den exhibitionistischen Akten rechnen. Die einzige mir bekannte Stelle, an der von eigentlichem Exhibitionismus die Rede ist, steht bei Theophrast, wo es in der Charakteristik des Unkeuschen heißt: „Ein solch schamloser Gesell liebt es auch, wenn er Frauen begegnet, den Chiton hochzuheben und sich ihnen so zu zeigen[1]."

4. PYGMALIONISMUS

192. Pygmalion, sagenhafter König von Kypros, hatte an einem von ihm erschaffenen Mädchenstandbilde solches Wohlgefallen, daß er sich in das Elfenbeinwerk verliebte und nicht eher ruhig ward, als bis Aphrodite auf seine unablässigen Bitten das Bild belebte, worauf er mit der Jungfrau den Paphos zeugte, nach dem die bekannte Stadt auf Cypern benannt wurde. Daher heißt die Liebe zu Statuen und anderen Kunstwerken Pygmalionismus.

193. Ausführlich wird ein Fall von Pygmalionismus in den „Erotes" geschildert: Ein Jüngling aus bester Familie hatte sich in die berühmte Aphroditestatue des Praxiteles in Knidos verliebt, ganze Tage brachte er im Tempel zu und „ward nicht müde, ununterbrochen das Götterbild anzuschauen. Leise flüsternde Seufzer entrangen sich seinen Lippen und verstohlenen Gekoses verliebte Klagen. Zum Zeichen seiner immer zunehmenden Leidenschaft füllte sich jede Wand mit verliebten Inschriften, und in alle Rinden schnitt er die Worte ‚Schöne Aphrodite'.

---

[1] Vgl. aber auch, was im Ergänzungsbande von Peregrinos Proteus erzählt wird.

Den Praxiteles verehrte er wie den Zeus selbst, und was er an Schmucksachen und Kostbarkeiten besaß, das alles legte er als Weihgeschenke der Göttin zu Füßen.

194. Das war nicht das einzige Mal, daß sich ein Jüngling in die knidische Aphrodite verliebte. Philostratos erzählt, wie dem Apollonios von Tyana ein solcher Fall berichtet wurde, er sich darauf den Jüngling kommen ließ und ihn von seiner Leidenschaft heilte. Er sagte ihm, daß es den Menschen nicht zukäme, Götter zu lieben und erinnerte warnend an das Beispiel des Ixion, der in der Unterwelt schwere Strafe erleidet, weil er nach der Hera verlangt hatte. „So gelang es ihm, diesen Wahnsinn zu heilen, und der Jüngling durfte gehen, nachdem er, um die Verzeihung der Göttin zu erbitten, ein Opfer dargebracht hatte."

Ailian erzählt von einem jungen vornehmen Athener, „der sich glühend in die vor dem Prytaneion stehende Statue der Agathe Tyche verliebte. Er küßte und umarmte sie, lief dann rasend und halbverrückt vor Verlangen zu den Ratsherren und flehte sie an, ihm die Statue um teueres Geld zu verkaufen. Da ihm das abgeschlagen wurde, schmückte er das Bild mit Bändern, Kränzen und Kostbarkeiten, opferte und tötete sich nach unendlichen Wehklagen."

Nach Plinius hatte sich Alketas, ein Jüngling aus Rhodos, in eine nackte Erosstatue des Praxiteles, die man in Parium am Hellespont bewunderte, verliebt.

5. FLAGELLANTISMUS, SADISMUS, MASOCHISMUS

195. Flagellantismus pflegt mit religiösen Motiven verbunden zu sein, indem naive oder auch überhitzte Anschauung glaubt, daß man ein den Göttern besonders wohlgefälliges Werk verrichte, wenn man sich durch Geißeln des Körpers oder gar teilweise Selbstverstümmlung freiwillig demütigt. So erklären sich die früher besprochenen Geißelungen und die Selbstentmannung, die in verschiedenen Kulten vorkamen, wie bei den rauschend orgiastischen Festen der Kybele (s. oben Bd. I, S. 182 ff). In zahlreichen Epigrammen der Palatinischen Anthologie hat diese Selbstentmannung ihren literarischen Niederschlag gefunden.

Daß solche Grausamkeiten, so sonderbar es zunächst klingt, ihren letzten Grund in dem Wunsche sexueller Erregung haben, hat die moderne Sexualwissenschaft erwiesen, wodurch der Zusammenhang zwischen Religion und Erotik eine neue überraschende Bestätigung findet.

Aus diesem Urgrunde heraus glaubte ich auch die bekannten Züchtigungen der spartanischen Knaben am Altar der Artemis Orthia erklären zu können (vgl. den Ergänzungsband), wozu die Züchtigungen der Mädchen am Skiereia genannten Dionysosfeste zu Alea in Arkadien ein Gegenstück bilden, ebenso das auch schon erwähnte (Bd. I, S. 119) Fest der „Unheiligen Aphrodite".

196. Sadistische oder masochistische Szenen habe ich in der altgriechischen Literatur nirgends gefunden. Es ist dies ein neuer Beweis für die von mir immer wieder betonte Gesundheit des griechischen Liebeslebens. Wohl könnte ich aus der römischen Literatur einige Belegstellen anführen (vgl. Ergänzungsband).

197. Masochistischen Charakter zeigt die Sage von Herakles und Omphale. Der gewaltige Held gerät in die Knechtschaft der lydischen Königin Omphale, in deren Dienst er sich soweit demütigt, daß er weibliche Arbeiten verrichtet, während Omphale, mit dem Löwenfell des Helden bekleidet, ihm zuschaut. Doch wird man auch hier kaum von eigentlichem Masochismus sprechen können, da das für diesen Charakteristische, nämlich das Wollustgefühl, das der Leidende empfindet, in der Sage von Herakles und Omphale nirgends betont wird.

Auch in der Erzählung von Demetrios Phalereus, der deutliche Narben von den Bissen der Hetäre Lamia an verschiedenen Körperteilen trug, fehlt bei Plutarch die ausdrückliche Versicherung, daß diese Bisse dem Demetrios Wollust bereitet hätten, wenn es auch an sich nicht unwahrscheinlich ist.

6. SODOMIE

198. Sodomie, wie man nach völlig falscher, aber nun einmal eingebürgerter Definition den Verkehr mit Tieren benennt, wird im griechischen Altertum nicht selten erwähnt, aber entweder nur in Fabeln und Utopien oder, wie bei den sizilischen Hirten des Theokrit, als ein gelegentlicher Notbehelf.

Von sodomitischen Sagen erwähne ich: Zeus nähert sich der Leda als Schwan, der Persephone als Schlange; Pasiphaë verliebt sich in einen Stier und verkehrt mit ihm, indem sie sich ihm in einer vom Baumeister Daidalos gefertigten hölzernen Kuh hingibt. Die Frucht dieser Leidenschaft war der Minotauros, ein „halbmenschlicher Ochs, ein halbochsiger Mensch", wie Ovid ihn nennt.

7. NEKROPHILIE

199. Für die greuliche Verirrung, Leichen zu mißbrauchen, kann ich aus dem Altertum nur drei Belegstellen anführen, deren eine, die von Dimoites handelt, der mit einem ertrunkenen Mädchen verkehrte, schon früher (Bd. I, S. 208) mitgeteilt wurde. In der zweiten Stelle handelt es sich nicht um Griechen, sondern um die Ägypter. Herodot erzählt, daß einmal ein Einbalsamierer zur Anzeige gekommen sei, weil er die Leiche einer schönen Frau, die ihm zum Einbalsamieren anvertraut war, gemißbraucht habe. Seitdem sei es üblich geworden, die Leichen besonders schöner oder vornehmer Frauen erst drei oder vier Tage nach dem Tode den Einbalsamierern auszuhändigen.

Endlich berichtet derselbe Herodot, daß sich Periandros, der bekannte Herrscher von Korinth, nach dem Tode seiner Gattin Melissa noch an ihrer Leiche vergangen habe.

Bacchantin auf Panther. Wandgemälde aus Stabiae. Neapel, Nationalmuseum

Aphrodite und Mars. Pompejanisches Wandgemälde.

SIEBENTES KAPITEL
Nachträge zu dem Geschlechtsleben der Griechen

1. GESCHLECHTSTEILE UND KALLIPYGIE

200. Von Meleagros besitzen wir das Epigramm: „Wenn du Kallistion nackt siehst, wirst du sagen, hier steht der Doppelbuchstabe der Syrakusaner auf dem Kopf[1]."
Backwerk wurde oft in phallischer oder ktenischer Form gestaltet. Solches Gebäck hieß ὀλισβοκόλλιξ.

201. Wie schon erwähnt, liebten es die Männer, wenn die Frauen ihre Schamhaare entfernten, was durch Abrupfen und Absengen, aber auch durch Anwendung gewisser ätzender Drogen geschah. Von dem „mit der Hand abgerupften Myrtensträußchen" hatte der Komiker Plato gesprochen, und nach Aristophanes nahmen die Frauen zu dieser Operation wohl auch eine brennende Lampe, wie es, wenn die Deutung richtig ist, auf einem von Moll veröffentlichten Bilde zu sehen ist; auch heiße Asche wurde dazu verwendet. Die Depilation geschah offenbar deshalb, weil bei dem starken Haarwuchs der Südländerinnen sonst von den Geschlechtsteilen selbst nichts zu sehen war. Jedenfalls legen viele Stellen davon Zeugnis ab, daß nicht der behaarte, sondern der glatte weibliche Schoß dem griechischen Mann zusagte. So sagt bei Aristophanes Lysistrata:

> „Säßen daheim wir frisch gebadet und schön geputzt,
> Und zeigten uns den Männern im leichten Morgenkleid,
> Halb nackt die Brüste und den Schoß recht glatt und blank,
> Gleich fühlten sie's prickeln, streckten nach uns die Arme aus" usw.

Als Gegenstück schildert Aristophanes nicht selten auch Szenen weiblichen Verlangens. So in der „Lysistrata":

> „Wenn aber der Hauch Aphrodites uns und der sehnsuchtinnige Eros
> In Busen und Schoß hold lächelnd erweckt die schlummernde Glut des Verlangens,
> Und den Männern der Kraft süßschwellenden Reiz und der Wollust raschere Pulse" usw.

---

[1] Nach dem Scholiasten war der aus p + s (π + σ) entstandene Doppelkonsonant ps (ψ) von dem Syrakusaner Epicharmos erfunden, vgl. Plin. h. n. VII 56. Wenn man das ψ auf den Kopf stellt (ѧ), sieht man mit einiger Phantasie die männlichen Geschlechtsteile; Kallistion wäre demnach ein Zwitter gewesen. Weniger wahrscheinlich ist die Erklärung, daß man zwei Buchstaben im Namen Kallistion ändern müsse, nämlich das K in Th und das t in ch, dann käme Thallischion heraus, was „mit üppigen Glutäen" bedeuten würde.

202. Nicht mitteilbar, weil die Wortspiele in der Übersetzung nicht nachzubilden sind, ist eine ganze Reihe von Versen aus den „Thesmophoriazusen" des Aristophanes, in denen beständig von den Glutäen die Rede ist. In der „Lysistrata" ruft der Lakonier bewundernd aus: „Ganz unsagbar schön ist ihr Popo!" und im „Frieden" sagt der Knecht: „Das Mädchen ist gebadet, schön und blank ist ihr Popo!" Das kokette Bewegen des Gesäßes, womit nach einem Fragmente aus der Komödie Frauen die Männer anzulocken suchten, bezeichnete man mit dem Worte περιπρωκτιᾶν.

Daß dieser Körperteil auch herhalten mußte, wenn die Kinder mit Rute oder Stock gestraft werden sollten, ist aus Vasenbildern und einer Stelle des Herondas bekannt.

Eine Vase in Neapel stellt zwei auf einem Ruhebett liegende halbnackte Jünglinge dar, die die Köpfe zu einer vor ihnen stehenden bekleideten Frau wenden, die ihr Kleid hochhebt und ihnen die nackten Glutäen zeigt.

2. KASTRATION. BESCHNEIDUNG. INFIBULIERUNG

203. Von der Selbstentmannung der Priester im Kult der „Syrischen Göttin", die man Gallen (Γαλλοί) nannte, erzählt Lukian: „An bestimmten Tagen versammelt sich das Volk in großer Menge am Tempel. Dort verrichten viele Gallen und andere heilige Leute den mystischen Dienst, wobei sie sich in die Arme schneiden und mit den Rücken gegeneinander stoßen. Eine Anzahl steht dabei und bläst die Flöte, andere schlagen die Handpauke, wieder andere singen begeistert heilige Lieder. Alles dies geschieht außerhalb des Tempels. Von der Raserei werden auch viele Umstehende ergriffen und manche, die nur zum Zuschauen kamen, reißen sich die Kleider vom Leibe, rennen unter lautem Geschrei umher und raffen ein Messer an sich, deren viele zu diesem Zwecke bereit liegen; dann verstümmeln sie sich, laufen durch die Stadt, indem sie die abgeschnittenen Schamteile in den Händen halten, und aus jedem Hause, in das sie sie werfen, erhalten sie ein Weiberkleid mit dem dazu gehörigen Schmuck." War der orgiastische Rausch der Selbstentmannung verflogen, wurde von den Kastrierten der „großen Mutter" manche Weihegabe dargebracht, wie die Zymbeln und Handpauken, das Messer, mit dem die unselige Tat vollführt wurde, und „das blonde Haar, das der Jüngling vordem so stolz zurückwarf". So heißt es in einem namenlosen Epigramme der Anthologie und ähnliches wird auch sonst bezeugt.

Wenn auch dieser orgiastische Kultus asiatischen Ursprungs ist, so kam er doch, ebenso wie der mit ihm verwandte der Rhea Kybele frühzeitig nach Griechenland, wo er gemildert wurde, so daß die Selbstentmannung, wenn überhaupt, so doch nur selten vorgekommen sein dürfte.

204. Selbstentmannung konnte auch aus anderen Gründen erfolgen. Sehr ausführlich, wenn freilich abweichend von der antiken Quelle, hat eine solche Geschichte Wieland dargestellt in seiner poetischen Erzählung „Kombabus".

Lukian hatte von den Priestern der „Syrischen Göttin" sich folgendes erzählen lassen: Als Stratonike, die Gattin des Assyrerkönigs, eine Wallfahrt zum Bau eines Tempels unternahm, wollte ihr der König seinen vertrauten Freund Kombabos als Beschützer und Begleiter mitgeben. Vergeblich bat ihn der Jüngling, der bei seiner Jugend das lange Alleinsein mit der schönen Frau fürchtete, davon abzustehen. Alles was er erreichte, war ein Aufschub von sieben Tagen, nach deren Ablauf er dem Könige in Gegenwart vieler Zeugen ein versiegeltes Kästchen überreichte, mit der Bitte, es ihm getreulich aufzubewahren, da es das Kostbarste enthielte, was er besäße. Der König versiegelt ebenfalls das Kästchen und gibt es seinem Schatzmeister zur Aufbewahrung. Dann tritt man die Reise an und es kommt nun alles so, wie Kombabos befürchtet hatte. Die so lange die ehelichen Freuden entbehrende Stratonike verliebte sich in den schönen Jüngling, wird aber von ihm zurückgewiesen und nun wiederholt sich die Geschichte von der Potiphar oder der Phädra. Die Verschmähte verleumdet in Briefen ihren keuschen Begleiter bei ihrem Manne, oder, was Lukian für wahrscheinlicher hält, der Verdacht wird von andern dem Könige eingeblasen, der den Kombabos zurückbeordert und wegen Verführung seiner Frau ins Gefängnis werfen läßt. Als der Tag der Gerichtsverhandlung gekommen war, fordert Kombabos den König auf, das ihm anvertraute Kästchen zu öffnen, da es den Beweis seiner Unschuld enthielte. Nachdem der König die Siegel unverletzt befunden hat, öffnet er das Kästchen und findet darin die einbalsamierten Genitalien des unglücklichen Freundes. Unter vielen Tränen umarmt ihn der König und zeichnet ihn mit den höchsten Ehren aus. Später zeigte man noch eine Bronzestatue des Kombabos in männlicher Kleidung aber weibischer Bildung. Zur Erinnerung soll sich dann die Sitte eingebürgert haben, daß sich alljährlich viele Gallen selbst entmannten, die danach weibliche Kleidung trugen und weiblichen Beschäftigungen nachgingen.

205. Herakleides Pontikos hatte in seinem Buche „Über die Wollust" erzählt, daß ein gewisser Deinias, Inhaber einer Parfümerie, ein sehr ausschweifendes Leben geführt und damit sein Vermögen verschwendet hatte. Als er nun auch am Ende seiner physischen Kräfte angelangt war, habe er sich die Werkzeuge der Wollust aus Trauer, daß sie ihm nichts mehr nützen konnten, selbst abgeschnitten.

Wie die Odyssee berichtet, lebte in alten Zeiten „auf dem Festlande" ein König namens Echetos[1], „der Zerstörer aller Menschen". Man drohte Landstreichern und Bettlern, sie zum Echetos zu senden, damit er ihnen „mit erbarmungslosem Messer Nase und Ohren abschnitte und die Schamteile herausreiße und sie roh den Hunden zum Fraße hinwerfe".

Ob unter Echetos eine historische Persönlichkeit zu denken ist, läßt sich heute nicht mehr entscheiden. Sicher aber ist, daß im ältesten Griechenland Kastration als Strafe vorkam. So bestraft Odysseus den ungetreuen Ziegenhirten Melanthios, dem Nase und Ohren, dazu noch die Hände abgeschnitten und die herausgerissenen Schamteile den Hunden vorgeworfen werden.

206. Wenn man bei dem Schicksale des Melanthios nicht eigentlich von Kastration sprechen kann, sondern mehr von grausamer Verstümmlung vor der Tötung, so sind doch Beispiele von wirklicher Kastration, d. h. an Personen, zumal an Knaben, die als Kastrierte weiterleben sollen, nicht selten. Freilich handelt es sich fast immer um orientalische, selten um griechische Sitte. So sollen nach Hellanikos die Babylonier die ersten gewesen sein, die Knaben kastrierten, eine Scheußlichkeit, die nach Xenophon vom älteren Kyros in Persien eingeführt wurde. Nach weitverbreiteter Annahme hat eine Frau dies zuerst eingeführt, nämlich keine geringere als die assyrische Königin Semiramis.

Eunuchen wurden auch als Tempeldiener an den Heiligtümern der Kybele und Artemis in Sardes und Ephesos verwendet. Mit der Drohung, ihre Knaben kastrieren zu wollen, suchten vor der Seeschlacht bei der Insel Lade die Führer der Perser die Ionier auf ihre Seite zu bringen und nach ihrem Siege machten sie diese Drohung auch wahr.

Kastration wurde gelegentlich auch zu wollüstigen Zwecken vorgenommen, doch ist mir derartiges nicht von den Griechen bekannt,

---

[1] Der Name bedeutet Zwingherr, Gewaltmensch, und wurde sprichwörtlich, so daß man nach Eunap. 110 und Suidas sub Φῆστος noch unter Kaiser Valens in Asien den Konsul Festus so nannte. Weiteres bei Pape-Benseler, Wörterbuch der griechischen Eigennamen unter Ἔχετος.

Jugendlicher Dionysos. Neapel, Nationalmuseum

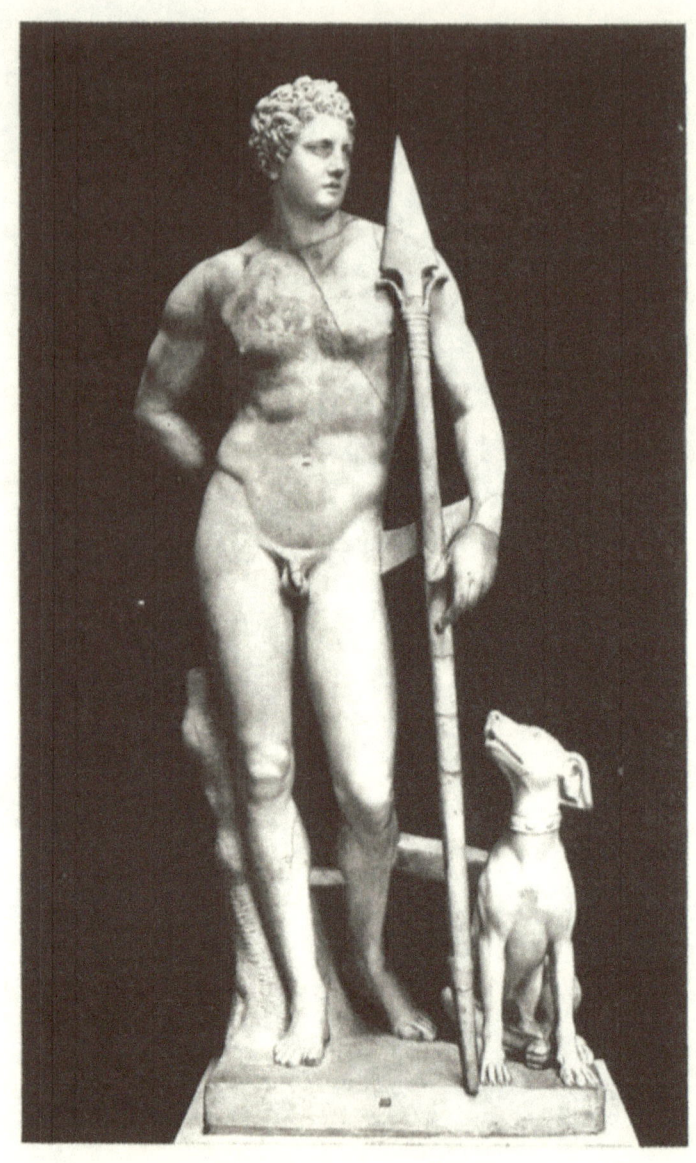

Meleager. Berlin, Antiquarium

wohl aber von den Medern, die nach Klearchos „viele der Umwohnenden kastrierten zur Erhöhung der Wollust".

Daß mit der Kastration die erotischen Triebe keineswegs erlöschen, da diese nicht in den Geschlechtsteilen, sondern im Gehirn zentralisiert sind, war natürlich auch den Griechen bekannt, wie unter anderem ein Epigramm des Straton beweist, in dem von einem Eunuchen die Rede ist, der sich einen ganzen Harem von Knaben hielt.

Bei Philostratos lesen wir: „Auch die Eunuchen empfinden noch Liebe, und die verlangende Sehnsucht, die durch die Augen sich in ihnen entzündet, erlischt keineswegs bei ihnen, sondern bleibt heiß und glühend."

207. Bei Frauen wurde die Kastration gelegentlich vorgenommen, um sie unfruchtbar zu machen. Freilich handelt es sich auch hier nicht um das eigentliche Griechenland. So berichtete Xanthos in seinen „Lydischen Geschichten", „daß der lydische König Adramytes der erste war, der Frauen kastrieren ließ, um sie statt männlicher Eunuchen zu gebrauchen". Die Stelle ist zwar nicht völlig klar, doch darf man vermuten, daß es sich um eine Exstirpation des Ovariums handelt, wodurch die mit den so operierten Frauen verübte Wollust kinderlos blieb.

Anders scheint die Notiz des Strabo gemeint zu sein, daß die Ägypter „die neugeborenen Kinder beschneiden und das Weibliche herausnehmen, wie es auch bei den Juden Brauch ist". Offenbar handelt es sich hier um Beschneidung der Vorhaut der Klitoris, eine Sitte, die noch heute bei den Mädchen der Araber, Kopten, Äthiopen und einiger Teile Persiens und Zentralafrikas üblich ist, wozu die Enzyklopädie von Ersch-Gruber in dem Artikel „Beschneidung" zahlreiche Belegstellen bietet. Diese Beschneidung war auch sehr zweckmäßig, da nach Moll „das praeputium clitoridis bei Afrikanerinnen als bedeutender Hautlappen hervorragen kann".

208. Man wird als Resultat des hier Dargelegten aussprechen dürfen, daß den Griechen die Kastration zwar nicht unbekannt war, von ihnen aber nur außerordentlich selten ausgeführt wurde. Das feine Gefühl der Hellenen sträubte sich gegen solche Barbarei, man schätzte nicht, wie das im Orient geschah, die Wirkungen der Kastration, die Lukian folgendermaßen schildert:

„Jene bedauernswerten, unglücklichen Geschöpfe bleiben zwar länger Knaben, werden aber keine Männer, ein doppeldeutiges Rätsel zwitterhaften Geschlechts, indem man sie weder das werden läßt, wozu sie geboren sind, noch auch es ihnen möglich ist, ihren Zustand zu verändern.

Die in ihrer Kindheit künstlich verlängerte Zeit der Jugendblüte läßt sie in vorzeitigem Alter verwelken. Denn zu der Zeit, da sie noch den Knaben zugezählt werden, sind sie schon alt geworden, ohne eigentlich Männer gewesen zu sein. So führt schändliche Wollust, die jegliche Schande lehrt, schamlose Lüste immer von neuem ersinnend, schließlich in den Schlamm dieser mit einem ehrbaren Worte nicht zu nennenden Leidenschaft[1], um nur ja jede Art von Ausschweifung durchzukosten."

Allerdings haben wir dazu auch ein sehr anders urteilendes Gegenstück. In der „Kyropaideia" Xenophons kommt Kyros zu dem Resultate, daß es keine treueren und zuverlässigeren Freunde und Diener geben könne als die Eunuchen. Ich brauche auf diese an sich hochinteressanten Gedankengänge hier nicht näher einzugehen, da es sich nicht um griechische, sondern orientalische Anschauungen handelt.

209. Sehr üblich war in Griechenland vor Ausführung von Leibesübungen die Infibulation. Man zog das praeputium nach vorn über die Eichel und umwickelte es mit einer Schnur oder einem schmalen Bande. Dadurch sollte verhütet werden, daß beim Turnen die glans membri, falls das praeputium zurückrutschte, Verletzungen ausgesetzt wurde. Einen sich infibulierenden Jüngling in der Palästra sieht man auf einem Vasenbilde Band I, Seite 96, links. Wenn auf Vasenbildern besonders oft Satyre infibuliert erscheinen, so ist das meist scherzhaft gemeint, als eine Art Keuschheitsgürtel, wenn man sich so ausdrücken darf. Bei den Römern wurde, wie nicht selten erwähnt wird, eine Heftnadel (fibula) durch das praeputium gezogen, um eine Begattung unmöglich zu machen, doch kann ich mich nicht erinnern, dies auch bei einem griechischen Autor gelesen zu haben.

3. APHRODISIAKA

210. Mittel, um die Erektion zu befördern oder Impotenz zu beheben, kannte man schon im Altertum in großer Zahl. In den klassischen Autoren ist die älteste Stelle wohl bei Euripides, wo Medea dem alten Ägeus sagt, daß sie Heilmittel wisse, um ihm zu Nachkommenschaft zu verhelfen. Man kannte Mittel, um eine möglichst häufige Wiederholung

---

[1] Unter den „Dingen, die sich nicht aussprechen lassen", sind nach griechischem Sprachgebrauch orale Akte gemeint; vgl. darüber Forberg Apophoreta cap. III (Weigelscher Neudruck S. 246 ff.); Bloch, Ursprung der Syphilis II 612 ff.

des Koitus zu ermöglichen, wie Satureia (Pfefferkraut), oder gestoßenen Pfeffer mit Nesselsamen gemischt oder alter Wein, dem man zerriebenes Pyrethron beigefügt hatte. Diese drei Mittel werden von Ovid als schädlich für den Organismus bezeichnet; er nennt dann einige nach seiner Meinung harmlose Mittel, Zwiebeln, wilde Rauke (brassica erica L.), Eier, Honig, Pinienäpfel.

Alle diese und noch viele andere Mittel waren auch den Griechen bekannt. In den griechischen Zauberpapyri sind uns zahlreiche Rezepte erhalten, die eine Stärkung der Erektionsfähigkeit bezwecken. Reiches Material solchen Liebeszaubers findet sich zumal in dem großen Louvre-Papyrus und dem Londoner Papyrus Anastasy, die beide von Wessely herausgegeben sind.

211. Es würde keinen Zweck haben, die sämtlichen von den Griechen angewandten Aphrodisiaka aufzuzählen und näher zu besprechen. Wenn je, können wir uns in diesem Kapitel mit Proben begnügen.

Das Pyrethron gibt sich schon durch seinen Namen als ein „das Liebesfeuer anfachendes" Kraut zu erkennen. Die Zwiebel wird unter den griechischen Reizmitteln am häufigsten genannt; neben Steckmuscheln, Krabben, Schnecken, Eiern, Schweinsrüssel wird sie vom Komiker Alexis als besonders wirksam erwähnt. Diphilos sagt: „Die Zwiebeln sind schwer verdaulich, aber nahrhaft und magenstärkend, sie sind zum Reinigen geeignet und schwächen das Augenlicht, reizen aber zur Wollust."

In einem Epigramm des Lukian ist von einem Kyniker die Rede, der beim Mahle Lupinen und Rettiche verschmäht, weil „der Tugendhafte nicht dem Bauche frönen dürfe". Als aber schneeweiße herbe Zwiebeln aufgetragen werden, ißt er diese mit großer Begierde. Wieland dürfte mit seiner Erklärung, daß damit die Sinnlichkeit der Kyniker verspottet werden soll, das Richtige getroffen haben.

212. Im Jahre 414 hatte Aristophanes ein Lustspiel namens Amphiareos auf die Bühne gebracht, in dem dargestellt war, wie ein „höchst-bedauernswerter" Alter (δεισιδαίμονα ἐν τοῖς μάλιστα) mit seinem jungen Weibchen zum Orakel des Amphiaraos bei Oropos auf der Grenzscheide zwischen Böotien und Attika pilgert, bei dem zumal die Kranken vorsprachen, denen nach Fasten, Weinenthaltung und Opfer im Traume die gewünschte Offenbarung zuteil ward. So wurde auch dem Alten im Lustspiel des Aristophanes die ersehnte Jugendkraft zurückgegeben. Wodurch das geschah, darüber geben die spärlichen Bruchstücke keine genügende Auskunft, doch lassen sich einige Fragmente immerhin so kombinieren, daß dem Alten ein offenbar als stimulierend gedachtes Linsengericht vorgesetzt wird[1].

213. Wenn in dem Lustspiel des Aristophanes zur Behebung der Impotenz auch lokale Massage erwähnt wird, so war das überhaupt im Altertum wie wohl zu allen Zeiten ein sehr beliebtes Mittel, das, wenn auch nicht immer erfolgreich, oft von den alten Autoren erwähnt wird.

Der Arzt Theodorus Priscianus im vierten nachchristlichen Jahrhundert schrieb ein noch erhaltenes medizinisches Werk, in dem er auch auf die Heilung der männlichen Impotenz zu sprechen kommt. Da heißt es: „Man umgebe den Patienten mit schönen Mädchen oder Knaben; auch gebe man ihm zur Lektüre Bücher, die zur Wollust reizen und in denen Liebesgeschichten einschmeichelnd behandelt werden."

4. OBSZÖNE AUSDRÜCKE UND ZOTEN

214. Die griechische Sprache ist reich an obszönen Ausdrücken und mehr oder weniger geistreichen Zoten und Wortspielen, von denen eine stattliche Anzahl schon Moritz Schmid gesammelt hat. Am meisten findet sich derartiges begreiflicherweise in den Resten der Komödie, wovon schon öfters Proben mitgeteilt wurden, so daß ich mich hier mit einigen Ergänzungen begnüge.

In den „Rittern" des Aristophanes heißt es:

WURSTHÄNDLER

Auf diese Bedingung nimm den Feldstuhl hier, dazu
Den reifen Knaben, der ihn dir nachtragen wird,
Und wenn du magst, so kann er selbst dir Feldstuhl sein.

VOLK

Wie glücklich bin ich, die alte Zeit kehrt mir zurück.

WURSTHÄNDLER

So wirst du sagen, wenn ich die dreißigjährigen
Verträge dir übergebe. Schnell, Verträge, kommt.

(Schöne Mädchen, als Symbole der Verträge, treten auf)

---

[1] Übrigens war das Lustspiel nicht etwa nur Spaß und Ulk, sondern hatte wie alle Komödien des Aristophanes einen sehr ernsten politischen Hintergrund, denn wie man wenigstens mit ziemlicher Wahrscheinlichkeit vermuten darf, war mit dem impotent gewordenen Alten das athenische Volk gemeint, das durch 17 lange Kriegsjahre bedeutend geschwächt war und an dessen Heilung sich manche mehr als bedenkliche Kräfte versucht hatten.

VOLK
O Zeus im Himmel, wie schön sie sind!
Ist's mir erlaubt, sie durchzudreißigjährigen?

215. Indessen ist bei Aristophanes und überhaupt in der alten Komödie die αἰσχρολογία, d h. das offene und unverhüllte Aussprechen von Unanständigkeiten viel häufiger als die ὑπόνοια, die versteckte Zote und zweideutig-lüsterne Ausdrucksweise, die mehr der neueren Komödie eignet, worauf schon Aristoteles mit Recht hingewiesen hat.

Ein charakteristisches Beispiel findet sich in dem Liebesroman des Achilles Tatios, wo der Artemispriester einen Teil seiner Rede in lauter Zoten unter scheinbar harmlosen Worten hält.

In einem Epigramme der Palatinischen Anthologie, das an eine Tänzerin gerichtet ist, werden Ausdrücke aus der musikalischen Technik verwendet, worunter sich obszöner Sinn verbirgt.

Die überall und zu allen Zeiten übliche Sitte, mehr oder weniger obszöne Worte, Sätze, Verse und Bilder an den Wänden der Abortanlagen anzuschreiben, dürfen wir auch für Altgriechenland mit Sicherheit voraussetzen, wenn auch direkte Zeugnisse darüber begreiflicherweise kaum auf uns gekommen sind. Wie Kalinka mitteilte, hat sich ein nicht obszönes Epigramm des Palladas an der Wand einer Latrine zu Ephesos wiedergefunden.

5. INZEST

216. Über den Inzest dachten die Griechen wie alle naiven Völker weniger streng als die modernen, was sich schon in ihrer Mythologie zeigt, denn Zeus, der Vater der Götter und Menschen, ist der Gemahl seiner Schwester Hera. Trotzdem wurde der Inzest von der öffentlichen Meinung verworfen, wenn auch freilich nirgends und zu keiner Zeit in Griechenland sehr strenge Strafen darauf bestanden zu haben scheinen. Aus Isaios lernt man, daß die Ehe unter Aszendenten und Deszendenten verboten war, in der älteren Zeit wurde, wie es scheint, auch die Ehe unter Geschwistern verpönt, später duldete man sie, wofern die Gatten nicht dieselbe Mutter hatten. Von diesen Einschränkungen abgesehen, waren Ehen unter Verwandten nicht selten, ja selbst die Geschwisterehe war in konservativen Adelsfamilien bis zum fünften Jahrhundert nicht unerhört, wie das Beispiel von Kimon und seiner Schwester Elpinike lehrt, ja das Beispiel der Ägypter, bei denen Geschwisterehe zu allen Zeiten bestanden hat, wurde von den dort wohnenden Griechen

nachgeahmt, was ja den Vorzug hatte, daß die Mitgift in der Familie blieb. Bekannt ist, daß der König Ptolemaios II. (285—247 v. Chr.) nach der Ehe mit seiner Schwester Arsinoë den Beinamen Philadelphos erhielt. Um die Mitgift in der Familie zu erhalten, war es übrigens gesetzliche Bestimmung, daß die Erbtochter ($ἐπίκληρος$), d. h. ein Mädchen, dem das Vermögen seiner Eltern alleinig zufiel, ihren nächsten noch ledigen Verwandten heiraten mußte.

217. Natürlich kamen hier und da auch manche Ausartungen vor. So wird einem Athener von Andokides vorgeworfen: „Darauf heiratete er die Tochter des Ischomachos und nachdem er ihr kaum ein Jahr beigewohnt hatte, nahm er auch ihre Mutter, wohnte Mutter und Tochter bei und hatte beide in seinem Hause." Noch toller soll es Alkibiades getrieben haben, wenn wir dem Berichte des Lysias glauben dürfen, den wir schon früher (Bd. I, S. 33) mitteilten.

Jedenfalls verwarf im allgemeinen die öffentliche Meinung den Inzest, wie man schon aus den zahlreichen mythologischen Erzählungen schließen kann, in denen er als verabscheuungswürdig dargestellt wird; ich erinnere an die allbekannten, zum Teil schon besprochenen Sagen von Ödipus, der — freilich ahnungslos — seine Mutter Iokaste heiratete oder von Kaunos, der seine Schwester Byblis liebte.

Motive der Blutschande wurden nicht selten auch auf der Bühne vorgeführt, wie von Euripides im „Aiolos". Das Drama ist nicht erhalten, aber aus der Erzählung des Sostratos kennen wir seinen Inhalt. Der König Aiolos hatte sechs Töchter und sechs Söhne, von denen der älteste, Makareus, sich in seine Schwester Kanake verliebte und sie zwang, sich ihm hinzugeben. Als das der Vater erfuhr, sandte er der Tochter ein Schwert, mit dem sie sich tötete. Mit demselben Schwerte nahm sich dann Makareus das Leben. Als in dem Drama der Vers vorkam:

„Denn nichts ist schimpflich und gemein, wenn's nur gefällt,"

kam es im athenischen Theater zu einem Skandal, indem die Zuschauer über solche Frivolität sich entrüsteten, bis sie von Antisthenes beruhigt wurden, der den Vers so abänderte:

„Schimpflich bleibt schimpflich, ob es behagt, ob nicht behagt."

Auch von Aristophanes wird der „Aiolos" mehrfach als anstößig getadelt. An anderer Stelle hat Euripides die Blutschande als verwerflich und „Barbarensitte" bezeichnet; übrigens fand er das Motiv schon bei

Homer angedeutet, der die sechs Söhne des Aiolos mit ihren sechs Schwestern in friedlicher Ehe zusammenleben läßt[1].

Erwähnenswert ist endlich, daß auch der geträumte Inzest, selbst homosexueller Art nicht gar zu selten vorkommen mochte, wie man wenigstens aus der Ausführlichkeit schließen kann, mit der er in den Traumbüchern behandelt und erklärt wird.

6. SKATOLOGISCHES

218. Der in der heutigen Sexualwissenschaft übliche Ausdruck skatologisch kommt von dem Worte τὸ σκῶρ, gen. σκατός, das Unrat, Kot bedeutet. Die unappetitlichen Ausscheidungen des menschlichen Körpers, ja die Exkremente selbst beschäftigen die Phantasie der Kinder und damit auch das Volk, das ja zeitlebens Kind bleibt, in viel höherem Grade als mancher glaubt. Die Hauptstätten, in denen sich skatologische Wünsche kundgeben und erfüllen, sind die Bedürfnisanstalten, deren Wände mit grob erotischen und skatologischen Inschriften und Bildern beschmiert werden. Daß das auch im alten Griechenland nicht anders war, versteht sich von selbst, wenn wir es auch im einzelnen natürlich nicht mehr nachweisen können. Aber der wesentliche Unterschied ist der, daß die Skatologie damals selbst in Literatur und Kunst ihren Niederschlag fand und nicht etwa nur in der Pornographie wie in heutiger Zeit. Begreiflicherweise finden sich die meisten Skatologien in der komischen und satirischen Dichtung, wenn auch ernste Stellen über den Ausscheidungsprozeß der menschlichen Stoffwechselprodukte nicht fehlen, wie z. B. die schon erwähnten, uns so seltsam anmutenden Vorschriften des biederen Bauerndichters Hesiod über das Urinlassen.

Ähnlich berichtet Herodot, daß es bei den Persern verboten war, in Gegenwart eines andern auszuspucken oder zu urinieren.

219. Wenn die kleinen Kinder urinieren sollten, so sagte ihre Mutter oder die Amme σεῖν, wenn sie die Brust haben wollten, sagten sie βρῦν.

Vom Wasserlassen ist in der Komödie mehrfach die Rede. So hatte sich in den „Wolken" des Aristophanes der einfältige Strepsiades den Regen durch die Annahme erklärt, daß Zeus durch ein Sieb uriniere. In

---

[1] Blutschande zwischen Vater und Tochter findet sich gelegentlich als mythologisches Motiv, so die Sage von Harpalyke, die von ihrem Vater vergewaltigt wird und sich auf furchtbare Weise rächt, worüber Parthenios cap. 13 ausführlich berichtet, oder die grauenvolle Geschichte von Mykerinos und seiner Tochter bei Herodot II 131. Vgl. auch Lysias Alcib. I, 41. Einen uns sonst unbekannten Kardopion, der mit seiner Mutter in Blutschande lebte, erwähnt Aristophanes vesp. 1178.

der „Lysistrata" klagt der Chorführer der Alten über die Frauen, die sie „mit Eimern begossen hätten, daß wir die Kleider abschütteln müssen, gleich als hätten wir uns bepißt". In den „Ekklesiazusen" erklärt der Bürger, daß er sich vor den Frauen nun erst recht hüten werde, daß „sie ihn nicht bepissen". Knaben, ihr Wasser abschlagend, werden im „Frieden" erwähnt.

Das Nachtgeschirr heißt im Griechischen meist ἡ ἀμίς. Bei ausgelassenen Gelagen mochte es vorkommen, daß man dem aufwartenden Knaben zurief: „Bringe den Nachttopf!" Nach einer schon früher (Bd. I, S. 32) erwähnten Stelle des Eupolis wurde diese Neuerung dem Alkibiades zugeschoben, während Athenaios sie den Sybariten zuschreibt[1].

Nach unseren Anschauungen sollte man es kaum für möglich halten, daß dieses Gerät selbst von den ernsten Tragikern erwähnt wird. Aber schon Aischylos hatte den Odysseus sagen lassen: „Hier ist der Mann, der einst nach mir ein lächerlich Geschoß, den übelriechenden Nachttopf warf und nicht sein Ziel verfehlte: mir um den Kopf geschlagen, erlitt er Schiffbruch, in Scherben zersplitternd anders als parfümenthaltende Krüge duftend." Ob diese Szene in einer Tragödie oder, wie Welcker vermutete, in einem Satyrspiel stand, ist nicht zu entscheiden[2]. Athenaios, der die Verse zitiert, tadelt den Aischylos, daß er Auswüchse seiner Zeit schon den homerischen Helden zutraue, aber auch Sophokles hat in der „Versammlung der Achaier", vermutlich einem Satyrdrama, dieselbe Szene und zum Teil mit den nämlichen Worten dargestellt.

Man hatte für den Nachttopf noch andere Ausdrücke wie οὐράνη und ἐνουρήθρα und οὐρητρίς, ja das für Frauen bestimmte Gerät hatte besondere Gestalt, nämlich die eines Schiffchens und hieß daher σκάφιον, ein Ausdruck, der in der Form scaphium in das Lateinische überging.

Von bildlichen Darstellungen erwähne ich ein Gefäß im Berliner Antiquarium, auf dem man ein schönes Mädchen in dorischem Chiton

---

[1] Noch geschmackloser ging es nach Petron. 27 bei dem reichen Emporkömmling Trimalchio zu: „Zwei Kastraten standen dabei, von denen der eine einen silbernen Nachttopf (matella) in der Hand hatte. Als Trimalchio mit den Fingern schnippte, setzte der Kastrat ihm den Topf unter. Nachdem er die Blase entleert hatte, forderte er Wasser, wusch sich die Hände und trocknete sie an den Haaren eines der hübschen Knaben."

[2] Pollux II 223 sagt wörtlich: „Die Tragödie nannte den Nachttopf οὐράνη", was von Eust. opusc. 296, 51 bestätigt wird. Nachweise über diese verschiedenen Ausdrücke in den Lexicis und bei Nauck² zu Aesch. fr. 180.

sieht, die, den Kopf neigend, mit ausgestrecktem Zeigefinger der rechten Hand einen als Eros gebildeten Jüngling herbeiwinkt, der mit einem ziemlich großen nachenförmigen Gefäß auf sie zueilt.

Auf einem Wandgemälde in Pompeji sieht man den trunkenen Herakles, dem der hinter ihm schreitende Silen auf das rechte Bein pißt. Wie ein ausgelassener, trunkener Satyr ein ursprünglich zu anderem Zwecke bestimmtes Gefäß als Nachtgeschirr benutzt, sieht man auf unserem in Bd. I, S. 141, wiedergegebenen Bilde. Derartige Abbildungen sind häufig anzutreffen.

220. Hier und da vorkommende Unmäßigkeit bei Schmausereien und Trinkgelagen führte zur Benutzung eines Speibeckens, das σκάφη oder λεβήτιον hieß. In einem Bruchstücke aus den Komödien des Aristophanes verlangt ein Gast eine Feder, um sich damit im Rachen zu kitzeln, und ein Speibecken. Sich übergebende Jünglinge und Männer sind auf Vasenbildern mehrfach dargestellt; Beispiele auf Vasen in Berlin, Antiquarium, und Rom, Vatikan.

221. Auch die Exkremente und ihre Abstoßung werden in der Komödie oft erwähnt; der gebräuchlichste Ausdruck ist im Lateinischen cacare, im Griechischen χέζειν oder κακκᾶν; letzteres war zumal in der Kindersprache üblich.

Nicht ohne Geist und im Original durch die gelungene Tonmalerei sehr drastisch wirkend, wird in demselben Stücke der Stuhlgang beschrieben. Sokrates belehrt Strepsiades darüber, daß durch das Zusammenkrachen der Wolken der Donner entsteht und sucht es ihm an seinem eigenen Leibe klarzumachen:

„Wenn am Feste der Panathenäen den Leib du gefüllt dir hattest mit Fleischbrüh,
Hat es dann nicht dir geknurrt im Gedärm und dich kullerndes Rollen durchpoltert?"

Worauf Strepsiades antwortet:

„Ja, so wahr mir Apoll! Ein gewaltig Geburr und Rumoren herüber, hinüber
Wie Donnern bewirkt solch Süppchen im Leib, so ein Knattern und Rollen und Drängen;
Ganz leise zuerst fängt's an burr burr, zunimmt es sodann burruburrburr;
Doch komm' ich zu Stuhl, flugs burrurururr losdonnre ich ganz wie die Wolken."

Der wohlhabend gewordene Knecht Karion im „Reichtum" des Aristophanes nimmt zur Reinigung nach der Defäkation jedesmal frischen Knoblauch.

Das Grotesteste, was an Skatalogischem auf einer Bühne dargestellt ist, dürfte die Szene in den „Fröschen" sein, in der Gott Dionysos in seiner Angst sich verunreinigt und von Xanthias mit einem Schwamme abgewischt wird.

Von bildlichen Darstellungen erwähne ich ein pompejanisches Gemälde, das Helbig so beschreibt: „Im Schilfe steht ein Hippopotamos und stiert mit aufgesperrtem Rachen nach einem nackten Zwerge empor, der auf dem Rande der Barke steht und das Hinterteil vorstreckend seinen Kot in den Rachen des Tieres streichen läßt. Er streckt dabei vergnügt die Hände aus und blickt sich wie fragend nach dem Tiere um."

222. Fast noch häufiger als die Abstoßung der Exkremente müssen Blähungen, freiwillige wie unbeabsichtigte, in der grotesken Dichtung zu Spaß und Spott herhalten. Die gebräuchlichsten Ausdrücke sind ἡ πορδή für das Substantiv, πέρδομαι für das Verbum, daneben βδόλος und βδέω.

Eine sehr drollige, aber wegen der Wortspiele kaum übersetzbare Unterhaltung darüber steht in den „Rittern" des Aristophanes[1]. Weiteres in Bd. I, S. 177 und 233.

Sehr ergötzlich ist in den „Wolken" die Parallele Furz und Donner:

„Nun denk' dir einmal, wenn vom Bäuchelchen schon ein mächtiges Knallen
hervorkracht,
So begreifst du gewiß sehr leicht, wie die Luft, die unendliche, donnernd hervorschießt."

7. KLEINIGKEITEN UND NACHTRÄGE

223. Sehr selten begegnet uns in der griechischen Literatur Osphreologisches, d. h. Stellen, in denen von den sexuellen Gerüchen die Rede ist. So heißt es in der „Lysistrata":

„Auf, ihr Frauen, legen schnell wir nun das Hemde ab,
Daß wir riechen lassen unser hitzig Temperament."

Philostratos schreibt einem Knaben, er solle die ihm gesandten Rosen, mit denen der Knabe sein Lager überschüttet hatte, später ihm

---

[1] Als lateinisches Gegenstück erwähne ich die Rede des Trimalchio über die Schädlichkeit zurückgehaltener Winde, die darin endet, daß er jedem der Tischgäste freistellt, sie ungescheut fahren zu lassen. (Petron. cap. 47; vgl. 117 a. E.)

zurückschicken, weil „sie dann nicht nur den Geruch der Rosen, sondern auch den Duft deines Körpers haben".

224. Die Bewohner von Argyra in Achaia erzählten, daß Selemnos ein schöner Jüngling war, der von der Meeresnymphe Argyra geliebt wurde. Nach kurzer Zeit habe der Jüngling seine Jugendblüte verloren, worauf er, von der Nymphe nunmehr verschmäht, aus Liebesweh gestorben, von Aphrodite aber in einen Bach verwandelt sei. Der Bach aber heilte Männer und Frauen, wenn sie sich in ihm badeten, von aller Liebesqual und ließ sie die Liebe ganz vergessen. Pausanias, der das berichtet, fügt hinzu: „Sollte etwas Wahres daran sein, so wäre das Wasser des Selemnos wertvoller als ein ganzes Vermögen."

Nach Ailianos hatte sich ein gewisser Archedikos in eine Hetäre zu Naukratis verliebt. „Diese aber war sehr eingebildet und forderte sehr hohe Bezahlung; wenn sie aber das Geld empfangen hatte, war sie nur ganz kurze Zeit willig und wollte dann von dem Liebenden nichts mehr wissen. So konnte der mit irdischen Gütern nicht sehr gesegnete Jüngling nicht an das Ziel seiner Wünsche gelangen. Als er aber eines Nachts geträumt hatte, daß er sie in seinen Armen hielt, war er auf einmal von seiner Leidenschaft geheilt."

Diese Geschichte wird auch von Plutarch erzählt, mit der Ergänzung, daß die Hetäre darauf von dem Jünglinge für die, wenn auch nur erträumte Liebesnacht Geld verlangt habe. Der Richter entscheidet, daß der Jüngling das Geld in einem Gefäße herbeibringen muß, die Hetäre aber nur nach dem Schatten des Gefäßes die Hand ausstrecken darf. Die Berufsgenossin Lamia fand dieses Urteil nicht gerecht, da der Traum doch den Jüngling befriedigt habe, der Schatten des Geldes der Hetäre aber keine Befriedigung gewähren könne.

225. Über das „Männerkindbett" berichtet Diodor: „Wenn auf der Insel Kyrnos (Korsika) ein Weib geboren hat, wird der Wöchnerin keinerlei Pflege zuteil. Wohl aber legt sich der Mann nieder, wie wenn er krank wäre und bleibt eine bestimmte Anzahl von Tagen im Wochenbett liegen." Ähnliches sagt Strabo von keltischen, thrakischen skythischen Volksstämmen und erzählt dann von einer Frau, die mit Männern zusammen auf dem Felde um Tagelohn arbeitete. Plötzlich habe sie ihre Wehen gespürt, sei ein wenig abseits gegangen, habe das Kind geboren und sei dann zu ihrer Arbeit zurückgekehrt, um ihren Lohn nicht einzubüßen. Als der Besitzer des Ackers sah, daß ihr die Arbeit schwer fiel, habe er sie, ohne zunächst den Grund davon zu wissen, mit ihrem Lohn heimgeschickt. Die Frau habe dann das Kind im nahen

Bache gebadet, aus dem, was sie gerade da hatte, notdürftig Windeln gemacht und das Würmchen darin nach Hause getragen. Apollonios, der Dichter des Argonautenzuges, bestätigt das und fügt hinzu, daß die Männer sich mit verbundenen Köpfen zu Bett legen und daß ihnen von den Wöchnerinnen das Essen gekocht und das Kindbettbad bereitet wird.

RÜCKBLICK

226. Wir sind am Ende unserer Wanderung. Wenn sich der Verfasser die Aufgabe gestellt hatte, eine bisher noch nicht geschriebene erschöpfende Darstellung der griechischen Sitte im engeren Sinne des Wortes zu geben, so hoffte er dieses Ziel erreicht zu haben. Freilich konnte in einem Werke, das sich nicht nur an den Gelehrten, sondern auch an den gebildeten Laien wendet, bei unseren gänzlich anders gearteten Anschauungen vieles nicht mitgeteilt werden, sondern mußte in den Ergänzungsband verwiesen werden. Immerhin dürfte auch das in den beiden Hauptbänden gesammelte und verarbeitete Material vollauf genügen, um dem Leser einen tiefen Einblick in die Sitten der alten Griechen zu ermöglichen. Dabei gewinnt er eine doppelte Erkenntnis. Einmal lernt er, daß die altgriechische Kultur in allen ihren Ausstrahlungen in den Urgründen der Erotik wurzelt. Nicht nur im eigentlichen Liebesleben, sondern auch in den religiösen Anschauungen, in Kunst und Literatur, in der Geselligkeit wie im öffentlichen Leben, in den Zerstreuungen und Vergnügungen, in den Festen wie in den theatralischen Aufführungen, kurz, überall ist die Sexualität die überwiegende Komponente. Die Erotik ist daher der Schlüssel zum Verständnis der griechischen Kultur überhaupt, die Kenntnis der griechischen Erotik also die unumgängliche Voraussetzung für ein tieferes Erkennen altgriechischen Lebens. Daher war das vorliegende Werk eine Notwendigkeit, um eine nicht länger mehr zu ertragende Lücke in unserem Wissen vom Hellenenvolke auszufüllen.

Wenn aber die Erotik die Grundlage altgriechischer Kultur und der Mittelpunkt hellenischen Lebens ist, so ergibt sich mit zwingender Folge daraus die weitere Erkenntnis, daß die Griechen der Erotik als etwas Selbstverständlichem mit einer Naivität und Natürlichkeit gegenüberstanden, die uns heute kaum noch begreiflich erscheint. Wie das Wort Sünde der Sprache der Hellenen fremd ist, so kannte ihre Moral nur Unrecht, Vergehen und Verbrechen. Aber diese Begriffe existieren für sie nicht im sexuellen Leben, es sei denn, daß es sich um Minderjährige oder um Anwendung von Gewalt gehandelt hätte. Sonst aber hatte bei ihnen jeder das Recht über den eigenen Körper: was Menschen, die die Pubertät hinter sich hatten, miteinander machten, kümmerte damals weder den Richter noch die öffentliche Meinung, und kein Mensch konnte daher Anstoß nehmen, wenn von geschlechtlichen Dingen mit der größten Offenheit und Ungeniertheit gesprochen wurde.

Das erstaunlich große Verständnis der Griechen für Schönheit, ihre dionysische Freude an der Herrlichkeit des menschlichen Körpers adelte ihnen jede Sexualität, wenn sie nur auf wahrer Liebe, d. h. auf Sehnsucht beruhte.

Daher war ihnen selbst die Knabenliebe kein Laster, sondern eine andere Form der Liebe, die sie nicht als Feindin der Ehe, sondern als notwendige und vom Staate anerkannte Ergänzung der Ehe betrachteten, über die man in der Öffentlichkeit mit ebensolcher Selbstverständlichkeit sprach, mit der sie von ihren größten Geistern wie Sokrates, Plato, Aristoteles in den Kreis ihrer philosophischen Gespräche gezogen wurde. Dadurch, daß das Sexuelle nicht mit dem Schleier des Geheimnisvollen bedeckt oder gar durch den Makel des Sündigen zur verbotenen und deshalb nur um so lockenderen Frucht gemacht wurde, ferner dadurch, daß die schier unbändige Sinnlichkeit der Griechen stets durch das Verlangen nach Schönheit veredelt wurde, entwickelte sich ihr Geschlechtsleben in überquellender Kraft, aber auch beneidenswerter Gesundheit. Das sieht man schon daraus, daß die sexuellen Perversionen, die im heutigen Leben eine solch beklagenswert große Rolle spielen, im alten Griechenland so selten vorkamen, daß man kaum hier und da in den Schriftquellen davon eine Spur findet.

So wird man nicht mehr daran zweifeln, daß man die griechische Sitte kennen muß, wenn man das Leben und die Kultur der Hellenen richtig beurteilen will; freilich muß auch der ernstliche Wille hinzukommen, sich in den Geist der altgriechischen Zeit zu versetzen, und man darf nicht die gänzlich abweichenden Anschauungen der modernen Menschen zum Maßstab der griechischen Ethik machen. Bringt man es aber wirklich fertig, sich im Geiste von den heutigen Anschauungen loszulösen und sich in altgriechisches Denken hineinzufühlen, dann wird man die hohe Ethik des Hellenenvolkes begreifen, deren höchstes Gesetz lautete: ΚΑΛΟΣ Κ’ΑΓΑΘΟΣ, das heißt auf deutsch

SCHÖN AN LEIB UND SEELE

BILDERVERZEICHNIS

	Seite
Betender Knabe. Berlin, Antiquarium . .	Titelbild
Aphrodite, das Schwert umhängend. Florenz, Uffizien	6
Bogenspannender Eros. Rom, Kapitol . . .	7
Liebesszene am Brunnen. Berlin, Antiquarium	7
Mädchen mit Becken. Rom, Vatikan	10
Baubofiguren. Berlin, Antiquarium	11
Griechische Idole	11
Bacchus und Ariadne. Pompejanisches Wandgemälde	14
Satyr und Hermaphrodit. Berlin, Antiquarium	15
Trinkgelage. Wandgemälde aus Herkulanum	20
Eros in einer Blüte	21
Schmückung der Pandora durch Athene und Hephaistos. London, Brit. Museum	21
Hetäre und Liebhaber. Berlin, Antiquarium .	28
Aushängeschild eines öffentlichen Hauses (?). Berlin, Antiquarium	29
Silen, eine Mänade verfolgend. Berlin, Antiquarium	29
Kopf der Aphrodite Kallipygos. Neapel, Nationalmuseum	32
Liebesszene. Pompejanisches Wandgemälde	33
Aphrodite in einer Muschel	48
Liebespaar. Innenbild einer Schale. Newhaven	48
Liebesszene. Pompejanisches Wandgemälde. Neapel, Nationalmuseum	49
Nackte Hetäre. Berlin, Antiquarium	52
Mädchen beim Ankleiden. Berlin, Antiquarium	52
Jünglinge und Hetären beim Gelage. Neapel, Nationalmuseum	53
Hetäre, ihre Kleider ablegend	53
Aphrodite. Berlin, Antiquarium	60
Apollo. Berlin, Antiquarium	60
Idol der Aphrodite. Zypern	60
Aphrodite. Zypern	60
Aphrodite mit Herme. Berlin, Antiquarium .	61
Bleitäfelchen aus Dodona	61
Aphrodite. Marmortorso. Berlin, Antiquarium	64
Schlafende Bacchantin. Pompejanisches Wandgemälde. Neapel, Nationalmuseum .	65
Mädchenraub. Pompejanisches Wandgemälde. Neapel, Nationalmuseum	80
Herakles und Omphale. Paris, Louvre . . .	81
Apollo. Rom, Nationalmuseum	84
Hermaphrodit. Rom, Museo Barracco . . .	85
Liebesszene. Athen, Nationalmuseum	92
Karikaturistische Darstellungen	93
Achilles verbindet den verwundeten Patroklos. Berlin, Antiquarium	96
Zeus. Berlin, Antiquarium	96
Zwei Knaben im Straßengewand. Rom, Museo Vivenzio	97
Mann und Knabe. Berlin, Antiquarium . . .	97
Dioskur. Kopenhagen, Glyptothek	100
Apollo. Neapel, Nationalmuseum	101
Chiron und Apollo. Pompejanisches Wandgemälde. Neapel, Nationalmuseum	108

	Seite
Perseus und Andromeda. Pompejanisches Wandgemälde. Neapel, Nationalmuseum .	109
Jüngling mit Helm und Schild	112
Abschied des Kriegers	112
Sieger. Mit Inschrift: „Der schöne Knabe". Paris, Louvre	113
Liebeswerben. (Ein Mann bietet einem Knaben einen Hasen als Geschenk.) Berlin, Antiquarium	113
Die knidische Aphrodite. Rom, Vatikan . .	116
Apollo. Neapel, Nationalmuseum	117
Aphrodite. Neapel, Nationalmuseum	117
Eros entführt einen Knaben. Berlin, Antiquarium	124
Semele mit dem jungen Dionysos, Apollon und ein kleiner Satyr. Berlin, Antiquarium	124
Schlafender Satyr. München, Glyptothek . .	125
Jünglinge und Knaben. Schale des Peithinos	128
Dionysos. Paris, Louvre	129
Jüngling, einen vollen Skyphos balancierend. Berlin, Antiquarium	132
Jüngling und Kottabosspiel	132
Jüngling, die Kynodesme anlegend. Berlin, Antiquarium	133
Hermaphrodit. Pompejanisches Wandgemälde. Neapel, Nationalmuseum	140
Musikunterricht. Schale des Duris. Berlin, Antiquarium	141
Hermaphrodit. Rom, Thermenmuseum . . .	144
Schlafende Mänade. Athen, Nationalmuseum	145
Blumenpflückende Psychen. Pompejanisches Wandgemälde	148
Der Raub der Europa. Pompejanisches Wandgemälde. Neapel, Nationalmuseum	149
Sieger im Wettkampf. Athen, Akropolismuseum	156
Satyr und Mänade. Athen, Nationalmuseum	157
Flora. Pompejanisches Wandgemälde. Neapel, Nationalmuseum	164
Antinous. Neapel, Nationalmuseum	165
Satyr und Nymphe. Pompejanisches Wandgemälde. Neapel, Nationalmuseum	172
Das Erotennest. Pompejanisches Wandgemälde	173
Ganymed mit dem Adler. Neapel, Nationalmuseum	176
Narziß. Pompejanisches Wandgemälde . . .	177
Der Triumph des Bacchus. Pompejanisches Wandgemälde. Neapel, Nationalmuseum .	180
Ödipus und die Sphinx. Berlin, Antiquarium .	181
Odysseus' Freiermord. Mit Inschrift: „Die Schöne"	181
Bacchantin auf Panther. Wandgemälde aus Stabiae. Neapel, Nationalmuseum	188
Aphrodite und Mars. Pompejanisches Wandgemälde	189
Jugendlicher Dionysos. Neapel, Nationalmuseum	192
Meleager. Berlin, Antiquarium	193

INHALTSVERZEICHNIS

Seite

ERSTES KAPITEL / DIE LIEBE DES MANNES ZUM WEIBE 7
ZWEITES KAPITEL / DIE MASTURBATION 14
DRITTES KAPITEL / TRIBADISCHE LIEBE 17
VIERTES KAPITEL / DIE PROSTITUTION 28

  1. Allgemeines 28
  2. Bordelle 30
  3. Die Hetären 35
  4. Der Aberglaube im Liebesleben 56
  5. Lukians Hetärengespräche 66
  6. Tempelprostitution 75
  7. Weiteres von den Hetären 81

FÜNFTES KAPITEL / DIE MÄNNLICHE HOMOEROTIK 94

  1. Allgemeines und Einleitendes 94
  2. Terminologie 96
  3. Knabentum und griechisches Schönheitsideal 98
  4. Die Knabenschönheit in der griechischen Literatur 102
  5. Die Knabenschönheit in der griechischen Kunst 109
  6. Neuere Stimmen über das altgriechische Knabenideal 112
  7. Analyse des griechischen Knabenideals 115
  8. Weitere Phasen der griechischen Knabenliebe 120
  9. Die männliche Prostitution 121
 10. Die Ethik der griechischen Knabenliebe 125
 11. Ablehnende und bejahende Stimmen 129
 12. Geschichte der griechischen Knabenliebe 132
 13. Lokale Einzelheiten 138
 14. Namhafte Homoeroten des griechischen Altertums 143

    a) Könige 143
    b) Feldherren 145
    c) Staatsmänner 147
    d) Philosophen 147
    e) Freundespaare 148

 15. Die Knabenliebe in der griechischen Dichtung 149
    I. DIE EPISCHE DICHTUNG 149

      1. Die mythische Vorzeit 149
      2. Der epische Kyklos 151
      3. Hesiodos 151
      4. Phanokles 152
      5. Diotimos und Apollonios 152
      6. Nonnos 153

		Seite
II. DIE LYRISCHE DICHTUNG		155
1. Theognis		155
2. Platon		156
3. Archilochos und Alkaios		156
4. Ibykos		157
5. Anakreon und die Anakreontea		157
6. Pindaros		159
7. Theokritos		160
8. Kleinigkeiten aus anderen lyrischen Dichtern		163
III. DIE GEDICHTE DER ANTHOLOGIE		164
1. Straton		165
2. Meleagros		165
3. Asklepiades		169
4. Kallimachos		170
5. Die anderen Dichter		171
IV. DIE PROSA		173
16. Die Knabenliebe in der griechischen Mythologie		177
17. Scherz und Spott auf homoerotischer Grundlage		178
18. Kleinigkeiten und Nachträge		180

SECHSTES KAPITEL / DIE ABWEGE DES GRIECHISCHEN GESCHLECHTSLEBENS 183

1. Mixoskopie 183
2. Transvestitismus 183
3. Exhibitionismus 184
4. Pygmalionismus 185
5. Flagellantismus. Sadismus. Masochismus 186
6. Sodomie 187
7. Nekrophilie 188

SIEBENTES KAPITEL / NACHTRÄGE ZU DEM GESCHLECHTSLEBEN DER GRIECHEN 189

1. Geschlechtsteile und Kallipygie 189
2. Kastration. Beschneidung. Infibulierung 190
3. Aphrodisiaka 194
4. Obszöne Ausdrücke und Zoten 196
5. Inzest 197
6. Skatologisches 199
7. Kleinigkeiten und Nachträge 202

RÜCKBLICK 204

www.ingramcontent.com/pod-product-compliance
Lightning Source LLC
Chambersburg PA
CBHW021704230426
43668CB00008B/717